왜 정치는 우리를 배신하는가
선거만능주의의 함정

초판 1쇄 발행/2014년 2월 5일
초판 2쇄 발행/2014년 3월 3일

지은이/남태현
펴낸이/강일우
책임편집/황혜숙 최지수
펴낸곳/(주)창비
등록/1986년 8월 5일 제85호
주소/413-120 경기도 파주시 회동길 184
전화/031-955-3333
팩시밀리/영업 031-955-3399 편집 031-955-3400
홈페이지/www.changbi.com
전자우편/human@changbi.com

ⓒ 남태현 2014
ISBN 978-89-364-8586-3 03300

왜 정치는 우리를 배신하는가

남태현 지음

창비

해방과 전쟁, 독재와 민주화의 시대를 거쳐오신
아버지와 어머니께 이 책을 바칩니다.

책머리에

어느 해를 돌아보아도 정치적으로 조용한 적은 없었습니다. 대통령을 둘러싼 비난과 분노는 한국정치의 일상이 되어버린 지 오래이고 국회에서의 몸싸움과, 정치의 실종을 개탄하는 목소리 또한 식상할 만큼 되풀이되었습니다. 노조의 파업이나 시민들의 시위가 경찰에 의해 진압되는 것도, 검찰이나 국정원의 정치개입 또한 잊힐 만하면 되풀이됩니다. 박근혜정부의 첫해인 2013년을 돌아보아도 참으로 법석(法席)인 한해였죠. 대통령은 국민과의 대화를 일절 거부한 채 권위적 행태로 일관했고 국회는 입법부로서 행정부를 견제하는 기능을 상실한 채 파행과 공전을 거듭했습니다. 더더군다나 대통령선거에서의 국정원 등 국가기관의 개입은 민주체제의 정당성에 치명적인 상처를 남기며 정국을 얼어붙게 했습니다. 동시에 목소리를 되찾고자 하는 시민들의 시위는 경찰들의 차벽에 갇혀버리고 철도노조의 파업에서 보듯 노동자의 파업은 여전히 불법이고 탄압의 대상이었습니다. 하지만 안타깝게도 이런 난리법석이 2013년만의 일도 아니었고 앞으로도 계속 되풀이될 일이라는 것을 우리는 경험으로 알고 있습니다.

이러한 경험은 우리가 정치를 대하는 태도를 규정하곤 합니다. 연일 넘쳐나는 정치 보도의 홍수 속에 우리는 고개를 내젓거나 혀를 차기 일쑤입니다. 정치의 과잉을 탓합니다. 정치의 후진성을 한탄합니다. 정치참여를 시도해보지만 원하는 변화는 쉽게 오지 않습니다. 실망과 좌절을 겪기도 합니다. 자연히 다른 곳으로 관심을 돌리고 결국 정치에 대한 무관심으로 이어지기도 합니다. 2013년 말 개봉한 영화 「변호인」에는 주인공 송우석(송강호 분)이 변호사로서 성공한 후 늘 가던 국밥집에서 동창들과 술을 마시는 장면이 나옵니다. 그곳에서 그는 민주화를 외치는 학생들을 세상 모르는 철부지로 몰아붙이죠. 계란으로 바위를 쳐봐야 깨지는 것은 계란이고 바위는 꿈쩍도 않는다며 무기력해하는 그 모습은 주위에서 흔히 볼 수 있는, 우리의 자화상입니다.

하지만 이렇게 정치에 대한 좌절 또는 무관심으로 이어지는 연결고리가 한국의 정치발전에 바람직하지 않음은 분명합니다. 민주체제는 말 그대로 권력이 민(民)으로부터 나오는 체제이므로 민의 적극적인 관심은 체제의 정당성의 근본이기 때문입니다. 민의 무관심은 그 정당성에 치명적이죠. 게다가 이러한 무관심은 당연히 민중의 정치참여를 가로막는, 스스로가 씌우는 굴레이기도 합니다. 무관심한 민이 행동을 할 리가 없습니다. 그러니 이 연결고리를 끊는 것은 한국의 정치발전을 위한 중요한 숙제일 것입니다.

이 숙제는 연결고리의 양쪽을 다 고민해야 풀 수 있습니다. 한쪽으로는 문제가 되는 정치의 판을 바꿀 방법을 모색해야 합니다. 다른 편으로는 좌절과 무관심을 극복하고, 더 확산된 그리고 다양한 민중의 정치참여를 이끌어내는 방안을 모색해야 할 것입니다. 그러기 위해서는 정치라는 것이 무엇인지, 정치적 문제는 왜 이렇게 해결하기 힘든지 곰곰이 생각해볼 필요가 있습니다.

이 책은 그러한 정치에 대한 근본적인 고찰을 시작하기 위해 기획되었습니다. 왜 정치인들은 싸움만 계속할까? 왜 민은 늘 졸(卒)인가? 한국에서 소수의 목소리가 힘을 얻지 못하는 것은 당연한가? 이렇게 우리의 일상적인 질문과 궁금증은 사실 정치의 근본적인 메커니즘과 닿아 있습니다. 그러므로 정치의 근본을 이해하면 더 쉽게 좋은 답을 얻을 수 있을 것입니다. 그럼으로써 우리는 해결책을 찾는 데 한걸음 더 가까이 갈 수 있을 것입니다.

우리의 정치문제는 한국의 독특한 역사적·구조적 체제의 반영입니다. 예를 들어 우리는 아직도 반공의 놀음에서 자유롭지 못합니다. 분단과 외국 군대의 주둔은 한국의 독특한 정치 이슈죠. 특정 지역의 정치적 열세나 좌파의 정치력 부재 또한 한국의 독특한 정치문제입니다. 이에 반해 우리와 비슷하게 식민지 경험을 한 아프리카의 여러 나라들에서 흔히 볼 수 있는 종족이나 종교의 분쟁은 찾아보기 힘듭니다. 미국에서는 심각한 인종 간 대립이나, 유럽에서 쉽게 볼 수 있는 극우정당의 득세도 한국에서는 큰 이슈가 아닙니다. 우리 정치의 독특한 일면이죠. 이렇게 한국의 정치현상이 독특한 면이 있는 것이 사실이긴 하지만 힘이 있는 자와 없는 자의 대립이라는 측면에서는 한국 고유의 문제이건 미국의 문제이건 간에 보편적이고 일반적이기도 합니다.

우리 대부분은 한국 고유의 정치문제에 관해 전문가 급입니다. 술집에서, 택시 안에서, 안방에서 우리는 정치인들을 꾸짖고 그들의 모자람에 답답해합니다. 모든 문제에 대해 나름의 해결책을 갖고 있습니다. 이러한 관심과 논의는 정치문제의 해결을 위해 꼭 필요하지만 그것만으로는 충분할 수 없습니다. 정치의 보편적인 측면을 이해함으로써 우리는 비로소 더 근본적인 논의를 할 수 있게 되는 것이죠. 그리고 그 첫발은 우리가 가진 의문을 조금 다듬어보는 것입니다. 민주주의가 꽃핀 나라라고 하는데 왜 매번 투표를 해도 세상은 이 모양 이 꼴일까? 우리는 왜 거듭 정치에 배신을 당하는 것일까? 왜 그럴까? 이 책을 통해 그런 논의가 더욱 활발해지기를 소망합니다.

이 책의 제1부 '정치와 선거의 참모습'에서는 정치에 대한 일반론적인 정의를 함으로써 문제제기를 시작해 외국과 우리나라의 사례를 통해 선거와 정치의 진정한 의미를 돌아봅니다. 제2부 '숨은 정치'에서는 정치권력만으로 설명할 수 없는, 정치를 움직이는 또

다른 권력의 정체를 경제와 종교의 상징적인 인물을 들어 설명했습니다. 마지막으로 제3부 '다른 정치를 위하여'는 그동안 우리 역사를 이끌어온 시민 정치참여 역사를 살펴보고 그 성과를 돌아본 후에 진정한 시민들의 정치참여의 근거와 동기를 제시해보고자 했습니다.

이 책의 제목으로 삼은 '왜 정치는 우리를 배신하는가'라는 말은 일견 이제 당연한 말처럼 들리기도 합니다. 그만큼 우리가 정치에 대한 신뢰를 잃은 탓이기도 하고 어쩌면 정치의 속성 자체가 그렇기 때문인 듯도 합니다. 그러나 최소한 민의 의지와 참여를 반영해야 하는 정치가 이토록 우리를 배신하게 된 데에는 민주체제가 성립한 후 투표만 하면 제 할 일을 다 했다고 생각하는 바로 우리의 태도에도 원인이 있지 않나 싶습니다. 오늘의 시점에서 다시 한번 정치가 우리를 배신하게 된 원인을 분석하고자 했던, 바로 그 지점에서 논의를 시작했습니다. 선거만능주의가 가져온 폐해를 정확하게 파악하고 건강한 정치참여의 길을 열어가기를 바라는 것도 이 책의 집필 동기입니다. 또한 이러한 논의는 결코 한국의 정치 상황에 대한 특수한 것이 아닐 것입니다. 전세계적으로 대의정치와 민주체제라는 명목 아래 시민들의 일상적인 정치참여를 오히려 배제하고 그에서 소외시키는 경향을 환기하고자 했습니다.

이 책이 세상에 나오기까지 수많은 분들의 도움을 받았습니다. 창비 편집팀은 모자란 원고를 수없이, 꼼꼼히 보고 고민해주셨습

니다. 이 책에서 직접 인용했거나, 인용하지는 않았지만 제가 읽고
지혜를 얻은 글의 저자들에게도 깊은 감사를 드립니다. 로널드 프
랜시스코, 폴 존슨, 앤서니 다운스, 마크 리시바크, 칼 맑스, 김규항,
김두식, 박노자, 서재정, 조정래 등은 그중 몇몇의 이름입니다. 좀
이상한 아이였던 저를 어려운 상황에서도 귀엽게 보고 열정으로
이끌어주신 중고등학교의 선생님들께도 이 자리를 통해 감사를 드
립니다. 권각, 김억관, 박양기, 박윤명 등은 그중 몇분이십니다.

늘 그렇듯, 가족들은 말할 수 없을 만큼 큰 힘이었습니다. 아내
김종숙은 원고의 첫 독자로서, 둘도 없는 친구로서, 차돌 같은 동반
자로서 조언과 격려를 아끼지 않았습니다. 희지, 윤서, 윤하, 세 아
이들은 따뜻한 미소와 눈부신 미래로 제게 한없는 용기를 주었습
니다. 저세상에서 굽어보시는 아버님의 눈길과, 병고를 굳세게 이
기고 계신 어머님의 용기도 없어서는 안 될 큰 자산이었습니다.

제가 이렇게 한가하게 글이나 쓰고 있는 것은 그럴 수 있는 세상
을 만들어온, 역사책에 이름 석자도 남기지 못한 수많은 이들의 공
이 있었기에 가능했습니다. 해방 이후 치열한 삶을 통해 역사를 엮
어온, 이 순간에도 춥고 낮은 곳에서 역사를 쓰고 있는 많은 분들
께 부끄러운 응원과 깊은 감사를 드립니다.

2014년 2월
남태현

차례

1부

정치와
선거의
참모습

1장

정치란 무엇인가

1990년대 말 어느 정치학 강의 시간이었습니다. 교수님께서 갑자기 정치의 뜻이 무엇이냐고 물어보셨죠. 그 질문이 좀 뚱딴지 같았던 것이 그 수업이 학부도 아니고 대학원 수업이었기 때문이었습니다. 수강생 대부분이 정치에 대해 진지하게 생각하는 사람들이고 정치와 관련된 일을 하고 있거나(국회의원 보좌관도 있었습니다), 정치를 업(業)으로 삼으려는 사람들이었으니까요. 당연히 쉽게 대답이 나올 법했는데 그게 그렇지 않았습니다. 저부터도 좀 막연하더군요. 물론 정치의 정의야 책에서 읽은 기억이 있었지만 자신의 생각을 말해야 하는 세미나니 답이 쉽지 않았습니다. 게다가 저만 그런 것이 아니었습니다. 10명 정도의 학생 중 그 누구도 대답을 못하고 생각만 골똘히들 하고 있었죠. 그러니 오히려 더 난처하더군요. 정치학을 전공하는 대학원생이 정치를 선뜻 정의하지 못하는 것, 좀 우습지 않습니까?

'정치'란 무엇인가

그럼 정치란 무엇인가를 함께 생각해볼까요? 이 질문에 답을 바로 하는 대신 좀 돌아가보도록 하죠. 연습을 간단히 해보죠. 새우깡, 바나나킥, 짱구, 이 세가지를 모두 포괄할 수 있는 말은 무엇일까요? 과자죠. 이런 식으로 한번 찾아보겠습니다. 자, 그럼 대통령, 국무총리, 부총리, 이 세사람을 모두 포괄할 수 있는 적당한 말은 무엇일까요? '행정부 지도자'가 적당할 것 같습니다. 그럼 이 '행정부 지도자'들에 국회의장, 대법원장을 추가해보죠. 이젠 이 그룹에 '행정부 지도자'라는 표현은 어색합니다. 국회와 사법부는 행정부와는 헌법상 다른 국가기관이니까요. 그러면 '정부 지도자'라는 말은 어떨까요? 정부란 말을 어떻게 쓰느냐에 따라 다르지만, 일단 괜찮아 보입니다. 자 이제 이 '정부 지도자'라는 그룹에 국세청장과 병무청장을 넣으면 어떨까요? '정부 지도자'라는 말이 아직은 괜찮네요. 그럼 삼성의 이건희 회장, 현대자동차의 정몽구 회장을 포함시켜보죠. '정부 지도자'는 안 어울립니다. 이들은 재계의 거물이니까요. 그렇다면 어떤 말이 어울릴까요? 어떤 말이 '정부 지도자'와 재계의 거물을 포괄할 수 있을까요? 이건 좀 힘드네요. 그럼 잠시 생각하는 동안에 경찰총수, 해병대 사령관, 주한 미국대사까지 넣어보죠. 이들을 다 포괄할 수 있는 말이 있을까요?

쉽지 않죠? 뭐 딱히 정답이 있는 것은 아닙니다만, '권력자'라고 하면 어떨까요? 이들이 활동하는 영역이 약간 또는 크게 다르기는 하지만 모두 자기 영역에서 커다란 권력을 행사한다는 점은 일치합니다. 삼성 회장이나 현대자동차 회장이 권력자라는 게 좀 이상하다 싶을 수도 있습니다. 그들은 사람을 구속하거나 나라의 세금을 올리는 것 같은 강제력을 갖고 있지는 않습니다. 하지만 국가경제의 상당 부분을 움직임으로써 권력을 행사합니다. 삼성이나 현대차의 자산총액은 각각 국내 GDP의 33퍼센트와 13퍼센트를 차지하고 있다죠.[1] 삼성 임직원의 수는 2011년에 21만명, 현대자동차 그룹은 13만 6000명입니다.[2] 수많은 젊은이들에게 일자리를 줄수도 있고 안 줄 수도 있습니다. 해고로 직장을 빼앗을 수도 있죠. 급여를 올릴 수도 있고 안 올릴 수도 있습니다. 이러한 결정은 직원들이 사는 동네의 구멍가게를 시작으로 나라의 경제를 좌지우지할 수 있는 것입니다. 엄청난 권력이죠. 미국대사도 마찬가지입니다. 한국의 어떤 정치인도 미국대사를 가벼이 볼 수가 없습니다. 한국경제의 큰 축이자 안보와 직접적으로 관계된 미국을 대표하는 인물이기 때문입니다. 미국 대사관이 정부청사 길 건너에 떡 버티고 있는 것도 우연은 아닙니다.

자 이번에는 '권력자'의 목록에 엄마를 한번 넣어보죠. 여러분의 엄마는 권력자의 대열에 낄 수 있을까요? 물론 일반화하는 데 조금은 무리가 있을 수 있습니다. 남편의 폭력에 노출된 엄마도 있을 테고 나이 든 자식의 눈치를 보는 엄마도 계실 테니까요. 하지만 많은 경우, 집안에서 엄마는 상당한 권력을 행사합니다. 특히 가사를 도맡아서 하는 엄마의 경우는 더욱 그렇습니다. 반찬 투정을 해보셨으면 알겠지만 보통의 경우 엄마가 차려주는 것을 먹어야 합니다. 용돈 인상이라든가 빨래의 빈도 역시 대부분 엄마의 결정에 따릅니다. 대개의 경우 집안에서 엄마의 권력은 막강합니다. 엄마의 권력에 저항해보셨나요? 그 댓가가 그리 가볍지 않습니다. 맛없는 반찬을 시작으로 더러운 집안, 빨래 안 된 옷들, 줄어드는 용돈, 냉랭한 집안 분위기 등이 이어지죠. 그렇다면 엄마도 권력자의 목록에 넣는 것이 그렇게 이상한 일은 아닌 듯하네요. 이렇게 본다면 권력자는 사실 우리 주위에 늘 존재합니다. 늘 여자친구의 눈치를 보는 사람이 있다면 그 여자친구가 그의 권력자인 셈입니다. 친구들이 모여 무얼 먹을까, 무슨 영화를 볼까 궁리할 때 목소리 큰 친구가 있다면 그가 어느정도의 권력을 행사한다고 볼 수 있죠. 교실에서도 선생님이 일어나라고 하면 대부분의 학생들은 일어납니다. 선생님의 권력을 보여주는 것이죠.

　권력은 정치의 핵심입니다. 권력을 행사하는 일이 정치의 시작이자 끝이라고 할 수 있으니까요. 그렇게 보면 권력을 행사하는 사람은 정치를 하고 있다고 할 수 있습니다. 당연히 한국의 박근혜 대통령뿐 아니라 미국의 오바마 대통령도 정치인이고 프랑스의 올랜드 대통령도 정치인입니다. 물론 그 명칭이 다르긴 하지만 독일의 메르켈 총리, 이스라엘의 네타냐후 총리도 정치인입니다. 국회의원도 마찬가지죠. 노무현도 이상득도 국회의원이었고 정치인이었습니다. 2012년 총선거로 국회에 들어온 임수경도 정치인이고 오랫동안 국회에 있어왔던 이재오도 정치를 업으로 하는 사람입니다. 권력을 행사한다는 점에서는 주한 미국대사도, 엄마도 정치를 하는 것입니다. 권력을 행사하는 여친이나, 교실에서의 선생님을 보면 정치라는 것이 우리의 일상에 늘 있다는 것을 알 수 있습니다. 그렇다면 정치란 무엇일까요? 어떤 정치학 개론서를 펼쳐보아도 답은 있고, 중·고등학교 교과서를 펴봐도 알 수 있을 테지만 한번 생각해보시죠.

정치란 여러가지로 정의될 수 있습니다. 저는 '〔공적 영역에서〕 권력을 추구·사용하여 특정 이익을 도모하는 권위적이고 강제력이 있는 행위'로 하겠습니다. 이것은 저의 정의일 뿐, 꼭 정답이라고는 할 수 없습니다. 다만 정치를 이렇게 보고 이를 기반으로 정치에 관한 이야기를 여러분과 나누어보겠다는 것이지요. 여기서 한가지 짚고 넘어갈 것이 있습니다. 말씀드린 대로 정치는 일상에서 늘 찾을 수 있습니다. 누군가는 권력을 쥐고 있고(엄마, 여친, 선생님, 아내, 상사, 집주인, 감독 등) 누구는 그 권력행사의 대상이 되니까요. 요즘 하는 이야기로 누구는 갑(甲)이고 누구는 을(乙)이죠. 하지만 이 모든 것을 다루기란 쉽지 않으므로 흔히 정치학에서는 공적 영역에서의 정치를 다룹니다. 앞의 정의에서 공적 영역이란 말에 괄호를 친 이유입니다. 공적인 영역에서의 정치라는 말은, 그 파장이 큰 행위를 중점적으로 다룬다는 것이죠. 파장이 크다는 것은 그 정치행위가 영향을 미치는 사람의 수가 많다는 의미입니다.

너무나 일상적인 정치

떡국을 먹고 싶은데 엄마가 시끄럽다고 무시하고 김치찌개를 끓여주면 마음은 아프지만 그 파장은 자신 혹은 가족에 국한됩니다. 하지만 대학등록금의 인하를 원하지만 강바닥을 파는 데 나랏돈을 써버리면 그 파장은 수백만 학생과 그 가족에게 미치게 됩니다. 엄청난 파장이죠. 그리고 이러한 공적인 영역에서의 정치라는 것은 대개 권위적일 뿐 아니라 강제성이 따릅니다. 엄마가 김치찌개를 끓였고 내키지 않아도 그냥 먹는 것은 그녀의 결정이 권위적이라는 증거입니다. 하지만 강제성이 크지는 않습니다. 기껏해야 덜 먹는다든지 하는 소극적인 저항을 할 수도 있고, 적극적이래봐야 숟가락을 휙 던지고 일어나는 정도랄까요? 이러한 경우에 엄마가 아들에게 밥을 안 해준다거나, 소리를 지른다거나, 용돈을 줄이는 식의 제재를 가할 수는 있습니다. 하지만 공권력만큼 그 힘이 크지는 않습니다. 공적인 권력은 강제성을 수반합니다. G20 서울정상회의 홍보 포스터에 이명박 대통령을 희화화하는 '쥐' 그림을 그려넣은 혐의로 기소된 대학강사 박정수의 예에서 볼 수 있듯이 대통령을 쥐로 표현하면 법적인 제재를 받고, 군대에 가기를 거부하면 감옥에 갑니다. 제주도 강정마을 해군기지 건설을 반대하다 구속된 송강호 박사를 비롯한 활동가나 주민들의 경우를 보면 생존권이나 환경보호를 앞세워 국가산업을 반대하는 것 또한 구속의 이유가 될 수 있습니다.

여기서 한가지 생각해보아야 할 것은 정치는 필연적으로 사회의 긴장을 상정한다는 점입니다. 만약에 모든 사람이 행복하다면 정치는 필요없겠죠. 많은 사람들이 조용히 모여 앉아서 음악을 듣고 가는 공연장에서는 정치가 거의 벌어지지 않습니다. 그럴 일이 없는 것이죠. 모든 사람들의 이익이 하나—음악 즐기기—인 까닭이 큽니다. 하지만 몇몇 사람이 술에 만취해 공연장에 들어가려 하면 문제가 생깁니다. 냄새도 나고 시끄럽게 해서 음악을 듣는 환경을 해칠 수가 있으니까요. 공연장 내의 음주를 금하거나 만취자에게 공연장에서 나가라고 요구할 수 있는 규정이 있는 이유입니다. 술에 취한 상태에서 음악을 즐기고 싶은 사람들과 다른 사람들 간의 갈등을 강제력이 있는 권력이 해결하는 것입니다. 밥을 먹고 싶은 형과 빵을 먹고 싶은 동생의 갈등, 똑같은 바지를 입고 싶어하는 형제의 갈등을 부모는 해결해줍니다. 그리고 대개 한쪽의 손을 들어주게 됩니다. 양쪽 다 들어주는 경우는 흔치 않습니다. 해군기지를 건설하고 싶은 사람들과 반대하는 사람들, 노조를 만들려는 사람들과 이를 막는 사람들, 집값이 내려서 행복한 사람들과 집값이 올라서 행복한 사람들, 교회 십자가가 아름답게 보이는 사람들과 눈에 거슬리는 사람들 사이에 갈등이 있고 권력은 이를 평화적으로, 하지만 권위적으로 해결해주는 것이죠. 지는 사람이 있는 법이나, 지고 싶지 않으니 다툼은 자연스레 정치권력 그 자체에의 다툼, 즉 정치권력을 획득하려는 투쟁으로 이어집니다. 정치판이 싸움과 대립으로 들끓는 것은 그래서 자연스러운 셈이죠. 그러니 정치인들이 만날 싸운다고 너무 뭐라 그러지 마세요. 그 싸움과 갈등을 정치의 장에서—총이나 주먹 대신—풀어나가는 것이 정치의 핵심입니다(그러므로 국회에서 주먹을 휘두르는 것은 참 안 좋은 일이죠).

사람 사는 데 긴장과 갈등이 늘 있듯이 정치도 우리의 삶과 뗄수 없습니다. 그냥 피상적으로 뗄 수 없는 것이 아니라 삶의 순간순간이 정치와 직접적으로 연결되어 있습니다. 이는 공적인 영역으로만 한정해도 마찬가지입니다. 개개인의 삶의 선택이 정치적결정으로 이루어진 사회의 틀 안에서 주로 행해지기 때문이지요. 예를 들어 북한과의 대치상태에서 안보를 최우선하는 우리의 정치적 틀은 병역의 의무를 신성한 것으로 만들어놓았습니다. 개인이싫다고 안 갈 수가 없는 상황이죠. 그뿐만이 아닙니다. 정부의 허가없이 북한 사람들과 왕래한다든가, 북한을 찬양·고무하는 것도 금지되어 있습니다. 실제로 2012년 1월에는 박정근씨가 고무찬양죄로 구속·수감되었죠. 압수수색 영장에 따르면 "박씨는 조국평화통일위원회에서 운영하는 트윗 계정인 '우리민족끼리' 트위터를 리트윗하는 취득 및 반포 행위를 했다"고 했습니다.[3] 트위터라는 인터넷 매체에서 북한 사람의 메시지를 다른 사람에게 전달한 것만으로도 수감이 되는 세상이죠. 그러니 많은 사람은 이 냉전 정치의 틀 안에서 자신의 행동을 조절하게 됩니다. 하지만 정치는 이렇듯 극적인 순간이나 심각한 사안뿐 아니라 우리의 일상을 지배하고 있습니다. 미국의 예를 들어볼까요?

비만은 요즘 미국의 사회적인 문제죠. 큰일입니다. (미국에서 저는 완전 날씬한 아저씨입니다!) 다이어트를 해서 3킬로그램을 빼고 바로 4킬로그램이 다시 찐 십대 소녀가 있다고 합시다. 물론 이 소녀의 문제는 극히 사적이고 비정치적인 일처럼 보입니다. 하지만 이렇게 극히 개인적인 듯한 상황도 넓게 보면 정치의 커다란 영향 아래 있습니다. 왜냐고요? 미국인들이 외식을 통해 접하는 음식의 대부분은 설탕, 지방, 그리고 소금에 절어 있습니다. 외식을 엄청 많이 합니다. 그러니 살이 찔 수밖에요. 게다가 잦은 외식으로 이러한 음식을 꾸준히 섭취한 사람들은 그냥 살만 찌는 것이 아니랍니다. 더욱 심각한 문제는 그런 음식이 뇌에 미치는 영향 탓에, 그런 음식을 먹고 싶어하는 욕구가 더 발달된다는 것이죠.[4] 엄청난 햄버거를 먹고 돌아서자마자 기름진 음식을 또 찾는 것은 개인의 의지가 약해서만이 아니라는 것입니다. 뇌가 화학적으로 바뀐 탓이죠. 이렇듯 비만이 사회문제인 이상 정부의 대책이 시급합니다. 하지만 미국의 외식산업은 정치적으로 잘 조직되어 있습니다. 정부의 간섭을 호락호락하게 당하고 있을 사람들이 아니죠. 자신들의 금전적 이익에 해가 될 수 있는 정부의 정책을 막는 데 밤

낮으로 쉬지 않습니다. 적당히 저항도 하고, 정치인에게 정치자금을 대주는 식으로 우회적인 방법을 취하기도 합니다. 결과적으로 정부는 적극적인 정책을 내놓지 못합니다. 정치적인 판단이죠. 물론 그 판단은 대중의 건강보다 외식업계의 이익을 더 중시한 것입니다.

한국에서도 수많은 예가 있습니다. 2012년 봄학기를 시작으로 서울시립대가 등록금을 대폭 삭감했습니다. "시립대의 연간 등록금은 2,044,000원(인문계열 기준)으로" 내려갔고 이는 2011년 "사립대 평균 등록금(7,677,000원)의 4분의 1 수준"밖에 되지 않습니다.[5] 이는 물론 박원순 서울시장의 정치적 결정의 결과입니다. 이에 따라 서울시립대에는 경제사정이 넉넉하지 않지만 우수한 학생들이 몰린다고 합니다. 이 반가운 소식을 뒤집어본다면 다른 학교들에서는 시립대만큼 등록금을 내리지 않기로 결정한 셈이죠. 이 또한 정치적 결정입니다. 등록금을 인하하려면 그 자체의 부대비용도 발생할뿐더러 재단전입금 등에서 수입을 끌어와야 하니 그만큼 돈이 드는 셈이고 혹은 그만큼 다른 곳에 쓸 돈이 줄기 십상입니다. 등록금이 대학운영의 절대적 비중(사립대의 경우 50% 이상)을 차지하는 만큼 이를 줄이면 다른 수입원, 즉 정부보조금, 재단전입금, 기부금으로 충당해야 하는데, 정부보조금이나 기부금이 당장 늘 리는 없으니 결국 재단의 돈이 학교로 더 들어와야 하는 것입니다. 그 돈과 연관된 사람들이 등록금을 쉽게 포기할 리가 없습니다. 정부가 방안을 내놓는다고 하지만 턱없이 미약한 수준이라 결과적으로 등록금은 계속 오르고 젊은이들은 빚더미에 앉아 졸업을 하게 됩니다. 싫건 좋건 정치적 싸움에서 대학생들이 진 결과입니다. 이런 것뿐 아니죠. 오늘날 당연하다고 생각하는 많은 것들, 예를 들면 노조를 결사해서 단체교섭을 하는 것, 비교적 자유롭게 대통령 욕을 하는 것, 맑스의 책을 버스 안에서 버젓이 읽는 것, 여자가 짧은 치마를 입는 것, 남자들이 머리를 기르는 것 등은 1980년대 이후 많은 사람들이 피를 흘리며 권위주의 정권과의 치열한 정치적 싸움 끝에 얻어낸 것입니다.

이렇게 우리의 사소한 일상에 이르기까지 정치는 커다란 영향을 미칩니다. 아니죠, 거꾸로 정치와 관련되지 않은, 또는 정치적이지 않은 일이 그리 많지 않다고 말하는 편이 더 맞을지도 모르겠습니다. 공적인 영역을 벗어나 포괄적으로 본다면 생활은 곧 정치인 셈입니다. 수많은 사람들은 정치적 결정에 영향을 받고―앞선 미국의 예에서 본 것처럼 다이어트 요요 현상, 대학등록금 마련을 위한 밤샘 알바, 도시개발로 인한 강제 이주, 입시지옥, 투기를 통한 부의 축적, 대기업의 호황, 종교단체의 면세 특혜―나름대로 삶을 꾸려갑니다. 어떤 사람들은 정치적 투쟁에 직접적으로―로비·교섭·법안 제정·구속·구금·단식 시위·파업―혹은 간접적으로―투표·정치인 후원·토론·후학 양성―관여합니다. 대영제국에 해가 지지 않는 날이 없는 것이 아니라, 정치가 그치지 않는 날이 없는 것이죠.

정치인만 정치를 한다?

이렇게 정치는 우리와 늘 함께합니다. 누구나 정치를 하고 있다고도 할 수 있습니다. 정치에 대한 논의가 무성한 것이 어쩌면 당연할 것입니다. 친구나 친지들이 모였을 때 종교와 정치 이야기는 피해야 한다는 말이 있지만, 그럼에도 불구하고 정치는 한국인들에게 최고의 술안주입니다. 이렇게 많이들 하는 정치·정치인에 대한 욕을 한번 들여다보겠습니다. 많이들 한다는 것은 그만큼 많은 사람들이 공감한다는 뜻이죠. 이렇게 공감하는 정치에 대한 욕, 다른 말로 하면 부정적인 인식 중 두가지만 자세히 살펴봄으로써 우리가 갖고 있는 정치에 대한 인식을 돌아보겠습니다.

대표적인 욕 중 하나는 정치인들은 다 더럽다는 것입니다. 무섭게 논쟁을 하다 서로 의견이 달라서 잠시 어색해지기도 하지만, 결국은 "그래, 뭐 그래도 정치인들 더러운 건 다 똑같지. 그만하고 술이나 먹자."라며 넘어가기가 일쑤입니다. 정치인이 더럽다는 것, 정치판이 시궁창이라는 것은 많은 사람들이 공감하는 사실입니다. 사실 정치인들의 말로(末路)를 보면 그런 말이 전혀 어색하지 않습니다. 그 대표적인 예가 대통령들일 테죠. 최고의 정치권력을 휘두르는 게 한국의 대통령이지만, 이들 중에 말년을 곱게 보낸 사람은 하나도 없습니다. 국민들의 봉기로 쫓겨나거나(이승만), 쫓겨나다시피 물러납니다(최규하, 전두환). 총에 맞아 죽거나(박정희) 스스로 목숨을 끊습니다(노무현 퇴임 후). 친인척이 잡혀 들어가는 것은 다반사고(전두환, 김영삼, 김대중, 노무현, 이명박) 본인들도 검찰에 불려갑니다(전두환, 노태우, 노무현). 대통령이 이러한데 국회의원이나 고위 공무원들은 말할 것도 없습니다. 특히 정권 말이 가까워지면, 뇌물수수와 선거법 위반으로 조사받고, 기소되는 정치인들이 줄줄이 검찰청 앞에서 플래시 세례를 받습니다. 정치적 혐의 말고도 성추행, 탈세, 투기 등으로 조사받는 이들도 부지기수죠. 언론의 카메라 앞에선 겸손한 척하고, 있는 권력 없는 권력 다 휘두르며 떵떵거리더니 법까지 어겨가며 사익을 도모하는 꼴을 보고 있노라면 더럽다는 생각을 안 하려야 안 할 수가 없습니다.

사람들이 정치가 더럽다고 하는 말은 이해가 갈 듯합니다. 하지만 누군가는 정치를 해야 하는 것 아닙니까? 하지만 정치에 대한 말들을 가만히 듣고 있노라면 아무도 정치를 하면 안 되는 것처럼 들리는 경우가 많습니다. 정치인마저도 그런 소리를 하죠. 다들 정치를 하면 안 된다고 하니, 도대체 누가 정치를 해야 하는지, 또는 정치를 하고 있는 사람이 있기나 한지 궁금해집니다. 신문을 한번 뒤적여보죠. 일단 보통 사람은 정치를 하면 안 됩니다. 일반 국민이나(「청와대 왜 버티나… 국민 반발을 '정치적 의도'로 판단한 듯」, 『경향신문』 2012.4.30) 선생님(「정치투쟁 오염 교사, 교단에 설 자격 없다」, 『문화일보』 2009.7.31), 또는 노동자(「민노총, 정치투쟁보다 조합원 권익 위해 일해야」, 『서울경제』 2009.3.19; 「신재민 차관 '언론노조 파업은 정치파업'」, 『동아일보』 2009.2.28)는 정치를 하면 정말 큰일이 나는 것 같습니다. 교수나 학생(「교수 이어 학생들도 정치로?」, 『중도일보』 2007.7.17)도 물론 마찬가지인 듯싶습니다. 국가권력이 정치를 하는 것도 바람직한 것 같지 않습니다. 법원이나 검찰은 물론 안 되겠지만(「검 '박연차 수사 정치적 의도 없다'」, 『파이낸셜뉴스』 2009.4.1; 「정치적 발언 법관 법복부터 벗어야」, 『세계일보』 2011.12.19), 심지어 정치를 위해 모인 정당도 정치를 하면 안 되나봅니다(「안상수, 민주, 전략적 정치투쟁 받아들일 수 없다」, 『머니투데이』 2009.7.13; 「"정치적 속내 있다" "무소속 출마" 친이계 집단반발 조짐」, 『서울신문』 2012.3.6; 「與 "민심은 경제… 정치투쟁 말라"」, 『한국경제』 2013.9.23; 「새누리 "장외투쟁은 정치적 노림수"」, MBC 2013.8.1). 아니, 그럼 도대체 정치는 누가 합니까?

우리는 이미 정치라는 것은 누구나가 거의 항상 하고 있고 공적인 분야에서도 치열하게 정치투쟁이 벌어지고 있다는 것을 보았습니다. 대통령이 강을 파겠다고 마음을 먹고 지위가 주는 힘을 이용해 그 뜻을 관철시키려는 것이나 검찰 등 국가기관을 통해 야당에 압력을 가하는 것은 지극히 정치적인 것이지요. 지역의 개발을 반대하고자 모여 농성을 하는 시민들 또한 마찬가지입니다. 모두 다 정치를 하고 있는데, 정치를 하면 큰일나는 것처럼 말하는 것, 그렇다면 다 말이 안 되는 소리이죠. 마치 꽉 막힌 고속도로에서 한 운전자가 다른 운전자들을 욕하는 것과 똑같습니다.

우리가 생각해보아야 할 것은 말도 안 되는 소리를 계속하는 이유입니다. 왜 이렇게 정치적이라고, 정치를 한다고 몰아붙이는 것일까요? 정부나 기업은 노동자가 스스로 노조를 조직하고 집단적인 의견을 제시하면 정치적이라고 하죠. 보수주의자들은 진보적인 사람들이 사회에 의견을 내려 하면 그들이 선생님이건 노동자건 정치를 한다고 난리입니다. 야당은 여당이 정치를 한다고 뭐라 하고 여당은 야당이 정치를 한다고 몰아붙이죠. 정치한다고 뭐라고 하는 것 자체가 너무나도 정치적인 셈입니다. 정치적이라는 것을 탐탁지 않아하는 사람들의 정서를 이용한, 말 그대로 정치공세입니다. 그리고 가만히 보면, 정치하면 안 된다고 유난히 목청을 높이는 이들은 대개 정치적 힘이 가장 센 사람들입니다. 노동자들이 정부에 대고 너무 정치적이라고 비난하거나, 전교조 교사들이 보수단체를 향해 정치적이라고 뭐라고 하는 일은 별로 없습니다. 양쪽다 정치를 하고 있는 것이 뻔하기 때문입니다. 이 뻔한 사실을 가지고 기득권세력들이 목에 핏대를 세우며 욕을 하는 것은 자신들이 해야 할 일을 어디 감히 너희가 하느냐는 분노의 표현이기 쉽습니다. 얼마 전까지만 해도 굽실굽실하던 것들이 조직을 하니 어쩌니 하더니 힘을 모아 자신이 휘두르던 권력에 맞서는 권력을 갖게 된 것이죠. 기분이 좋을 리가 없습니다. 하지만 이런 식으로 정치적 도전 자체마저 부정하는 것은 마치 조선시대 양반이 자기들은 글 읽고 공부하느라 평생 놀고먹으면서, 일반 백성들이 글을 배우려 하면 근엄하게 꾸짖던 것과 다름없습니다.

TV 드라마 「뿌리깊은 나무」(2011)에서 배우 한석규는 세종대왕의 인간적인 면을 선보이며 '역시 한석규'라는 평을 받았죠. 정말 재미있고, 상상력이 돋보이는 뛰어난 드라마였습니다. 드라마 초반에는 똘복이라는 인물이 좌충우돌하는 모습과 멋진 액션장면이 눈에 띕니다. 하지만 후반으로 갈수록, 세종대왕과 조선왕조를 부정하는 비밀세력 '밀본', 특히 밀본의 지도자 정기준과의 긴장이 주가 됩니다(세종의 신임을 받던 백정 가리온이 정기준이었죠! 역시 미스터리를 좋아하는 작가 박상연(대표작 「공동경비구역 JSA」 「고지전」)의 입맛이 느껴지는 대목이었습니다). 정기준이 자신이 이끄는 조직의 안위까지 희생시켜가며 세종을 암살하려던 이유는 바로 한글의 정치적 파장 때문이었습니다. 사대부의 정치적 권력은 글을 읽을 수 있는 독점적인 지식에서 나오기 때문에 한글처럼 쉬운—심지어 돌궐의 무사까지도 한글을 깨칩니다!—글이 퍼지면 백성들도 권력을 갖게 된다는 것이 정기준의 생각이었습니다. 물론 상상력을 바탕으로 한 드라마 속 이야기지만 정말 공감이 가는 부분이었습니다.

권력이라는 것은 그 속성상 소수의 사람이 독과점하는 것이고, 권력을 쥔 사람들은 그 힘을 정당화·유지하는 기제를 늘 공유합니다. 사대부의 권력은 지식의 독점에서 나왔듯이, 일본 사무라이들이나 중세 유럽 기사들의 권력은 그들이 행사하던 무력의 독점에서 나왔습니다. 그리고 권력을 가진 자라면 누구나가 그러하듯이 권력을 나누기를 꺼려합니다. 나누는 만큼 대개 자신들의 권력이 줄어드는 까닭이죠. 자신은 뻔히 정치를 하면서 상대방에게 정치한다고, 정치적이라고 말하는 것은 말도 안 되고, 지극히 정치적이자 어찌 보면 참 비열한 태도라고 하겠습니다. 그러므로 정치가 더럽다고 피하는 것은 그런 정치인들의 정치 장단에 춤을 추어주는 것이나 진배없습니다.

그런 면에서 프란체스꼬 교황의 발언은 참 신선한 충격이었죠. 그는 2013년 9월 한 강연에서 "좋은 가톨릭 신자라면 정치에 관여해야 합니다. 스스로 최선을 다해 참여함으로써 통치자들이 제대로 다스리게 해야 합니다"라며 정치가 통치자들만의 것이 아님과 민중 참여의 중요성을 강조했죠. 또한 정치가 일상적인 것임을, 그리고 그런 중요한 정치가 통치자들 손에서만 놀아나고 있음을 날카롭게 지적했습니다. 이전 교황들의 정치적인 행보가 극히 제한적이고 보수적이었던 것을 기억한다면, 프란체스꼬 교황의 발언은 정말 놀라운 것이 아닐 수 없습니다. 더욱이 이 발언이 한국의 언론에 널리 보도된 것은 공교롭게도 11월 25일이었습니다. 정의사제구현단 박창신 신부 등이 강론을 통해 박근혜 대통령의 사퇴를 촉구한 지 꼭 사흘 후였죠. 이 발언이 알려지자 사제의 정치참여는 옳지 않다는 지적이 쏟아졌습니다. 대한민국고엽제전우회 등 보수단체의 시위가 있었고 김진태 새누리당 의원은 박신부를 "신부라고 인정할 수가 없다. 사제복을 입은 그냥 혁명전사나 마찬가지"라고 했습니다.[6] 하지만 교황의 발언으로 이런 비난은 참 어색한 것이 되었죠. 다시 한번 말씀드리지만 정치라는 것은 늘 벌어지고 있는 것이므로 정치가 더럽고 피해야 한다고 말하면서 무관심해지는 것은 정치권력을 독점하고 있는 사람들의 정치행위만 쉽게 해주는 결과를 낳습니다.

정치인의 진짜 꿈

우리가 정치인들 욕을 할 때 한가지 더 짚고 넘어가야 할 점이 있습니다. 정치인 욕을 하면서 많이 하는 말 중에 하나가 자리에 연연한다는 것입니다(「(사설) 공정택 서울시교육감 자리 연연할 일 아니다」, 『동아일보』 2009.6.12;「(사설) 현오석 부총리는 더이상 자리에 연연하지 마시라」, 『한국경제』 2013.8.12). 거꾸로 좀 멋있게 보이려는 정치인들은 흔히 자기는 자리에 연연하지 않는다고 말합니다(「조현오 청장 기자간담회 "자리에 연연 안 해"… 사퇴냐 물으니 "그때 가서"」, 『경향신문』 2011.12.13;「최중경 장관 "자리에 연연하지 않겠다"」, 『아시아투데이』 2011.9.18;「정운찬, 세종시 수정안은 최선의 안… 자리 연연 안 해」, 『아시아투데이』 2010.6.14;「홍 원내대표 사퇴 의사 "자리에 연연한 적 없다"」, 『국민일보』 2008.9.17).

권력을 쥐고 있는 사람이나, 보통 사람들이나 자리에 연연하는 모습이 부정적이라는 것은 서로 알고 있습니다. 일은 안 하고 자리에만 붙어 있으려고 하는 권력자가 좋게 비칠 리 없겠죠. 보통 우리는 권력자들이 자리나 권력에는 욕심이 없는 '좋은 사람'이길 바랍니다. 공공의 이익을 위해서 몸과 마음을 바치는, 사욕은 조금도 없는, 그런 좋은 사람 말입니다. 그런 사람을 강조했던 것이 바로 유교적 가치였습니다. 유교적인 전통에서 보면 지도자가 가져야 할 최고의 자질이 덕(德)이죠. 덕이 있는 왕이 최선입니다. 아랫사람들의 아픔을 자기 것으로 아는 왕을 군자라고 했죠. 그러한 전통이 이어져서인지 우리는 유달리 좋은 사람을 지도자로 원합니다. 도덕적으로 결함이 있으면 큰일납니다. 사욕이 없고, 도덕적으로 뛰어난 지도자를 바라는 것 자체는 크게 나쁠 게 없습니다. 하지만 문제는 이런 시각을 갖게 되면 권력자들의 속성에 대해 착각을 하게 된다는 점입니다. 그들에게 최고의 목표는 공공의 선을 추구하거나, 덕을 쌓는 것이 아닙니다. 착하고 덕이 있는 사람처럼 보이는 것은 중요하겠지요. 자신이 가진 목표의 달성에 도움이 되니까요. 하지만 그것은 그들의 수단일 뿐 목표는 아닙니다. 그럼 과연 권력자들의 최고의 목표는 무엇일까요?

2012년 대선은 정치인들의 꿈을 알기에 좋은 기회였습니다. 당시 새누리당의 박근혜 후보는 "국민들이 살기 좋은 부강한 대한민국"을 만드는 것이 꿈이라고 밝혔고, 민주당의 문재인 후보는 "경제적 민주화, 복지국가의 시대를 이룩"하는 것이 자신의 목표라고 했습니다. 모두 나라와 국민을 생각하는 훌륭한 목표입니다. 하지만 과연 이러한 꿈을 이루는 것이 이들의 최고의 목표일까요? 많은 사람들, 특히나 이들의 지지자들은 그렇게 생각할 것입니다. 문재인 후보 지지자들은 박근혜 후보의 말은 믿지 않아도, 자신들이 지지하는 문재인 후보의 말은 굳게 믿을 것입니다. 어쩌면 후보 본인들도 그렇게 생각할지 모릅니다. 묘하게도 두사람은 연이어 「힐링캠프」라는 TV 예능프로그램에 나왔죠. 두사람 모두 진실해 보이고, 자기가 하는 정치와 정치적 목표에 대해 진지하고 심각해 보였습니다. 하는 말마다 보는 사람들을 위한 사탕발림처럼 들리지 않았습니다. 좋은 사람처럼 보였습니다. 하지만 모두들 간과하거나 잊고 있는 것이 있습니다. 이들이 이러한 원대한 목표를 이루기 위해서는 무엇을 해야 할까요?

여러가지가 필요하겠지만, 무엇보다 권력이 있어야겠죠. 권력이 없으면 이러한 목표를 이룰 수 없기 때문입니다. 민주주의 제도에서는 선거에 당선되는 것이 정치인들에게 최고의 목표입니다. 관료들이라면 자리에 붙어 있는 것이 최고의 목표가 되겠지요. 힘과 지위가 있고서야 비로소 자신이 생각하는 대의를 이룰 수 있습니다. 그런 면에서 정치는 자신의 권력을 극대화하고 최대한 연장하려는 치열한 투쟁입니다. 물론 권력보다 대의를 선택하는 사람도 있을 것입니다. 하지만 이런 사람은 권력투쟁에서 도태되기 쉽습니다. 정치의 장(場)에서 사라져 보기 힘들어지는 거죠.

서울 시내에서 운전하는 경우를 예로 들어보죠. 운전자들은 대부분 좋은 아빠고 엄마입니다. 착한 학생, 양심이 있는 노동자가 운전을 합니다. 하지만 이러한 양심과 체면은 서울 시내에서 운전하는 데에는 큰 도움이 되질 않죠. 악을 쓰고 끼어드는 운전자들이 워낙 많은 탓입니다. 양보하기 시작하면 한없이 뒤로 밀리고 내 뒤에 있는 사람들의 분노의 하이킥을 각오해야 합니다. 앞으로 가자면 나도 양심과 상식, 체면과 예의를 잠시 내려놓아야 합니다. 그러면 어느새 마구 끼어들며, 소리 지르고 쌍욕을 입에 달고 있는 자신을 발견하게 됩니다. 대부분 시간문제죠. 이런 상황이 힘든 사람들은 대개 운전을 줄이거나 심지어 포기합니다. 버스나 지하철을

탑니다. 양보하는 운전자의 수가 절대적으로 소수일 수밖에 없는 거죠.

마찬가지로 권력을 빼앗고, 붙들려고 눈에 불을 켜고 덤비는 사람들을 대의만 찾고 점잖은 정치인이 이길 수가 없습니다. 이들은 어떤 식으로든 권력을 일단 쥐고자 하니까요. 결국 점잖고 대의만 생각하는 정치인은 정치판에서 멸종할 수밖에 없겠죠. 거의 모든 정치인이 권력욕에 불타는 이유입니다. 이런 이들만 남는다고 하는 편이 더 정확할지 모르겠습니다. 이게 나쁜 것은 아닙니다. 뭐 좋은 것도 아니겠죠. 다시 말하면 정치의 이러한 면은 좋고 나쁨을 떠나 사실이라는 것입니다. 좋은 사람도 있고 나쁜 사람도 있죠. 다만 이들 모두 권력에 대한 욕구가 강하다는 것이 중요한 공통점입니다. 그게 정치입니다. 민주국가건, 독재체제의 나라건, 왕정국가건, 무정부상태의 나라건 상관없습니다. 그러므로 만약 어느 권력자가 자기는 자리에 연연하지 않고 떠나겠다고 한다면 이는 거짓말이거나 무엇인가를 숨기고 있을 가능성이 아주 크다고 봅니다.

자, 이 장에서는 정치가 어떤 것인지 생각해보았습니다. 정치의 정의와 정치의 실상을 살펴보았습니다. 정치의 좋고 나쁨을 떠나 그냥 있는 그대로의 정치를 들여다보는 것이 큰 숙제입니다. 그래야 정치가 제대로 보이니까요. 정치가 싫어, 더러워, 이러고 나면 실제로 어떤 일이 벌어지는지 제대로 보기가 어렵습니다. 이 숙제를 어느정도 마무리했으니, 이제 다음 장에서는 정치의 이런저런 모습을 살펴보도록 하겠습니다.

2장

그들의 정치

정치라는 것이 "〔공적 영역에서〕 권력을 추구·사용하여 특정 이익을 도모하는 권위적이고 강제력이 있는 행위"라고 일단 정의했습니다. 우리와 늘 함께하는 것이 정치라고 말씀드렸죠. 그 의미에 대해서 논했으니 이제는 정치라는 것이 어떤 모습인지 좀더 구체적으로 살펴볼 순서인 듯하군요. 다들 일상적으로 정치에 대해 논하고 정치에 관심이 높으니, 좀 색다르고 흥미로운 정치의 모습을 들여다보겠습니다.

살다보면 가끔 이해가 가지 않는 일들이 정치판에서 벌어집니다. 하지만 이런 일들도 당사자들의 정치적 계산을 가만히 들여다보면 이해가 가곤 합니다. 즉 말도 되지 않아 보이는 일들도 사실 정치행위를 하는 사람의 입장에서 보면 하나도 이상할 것이 없다는 것이죠. 그런 정치행위가 좋다, 나쁘다를 논하기 전에 어째서 그런 결정이 내려졌는지 정치적 이해를 넓히는 것이, 정치의 참모습을 보는 데 도움이 될 듯합니다. 자, 그럼 이 장에서의 정치 구경은 미국산 쇠고기들의 고향, 텍사스에서 시작합니다.

의료보험 개혁을 거부한 페리 주지사

미국의 남부 한가운데는 텍사스주가 있습니다. 이곳은 여러모로 아주 특이합니다. 다른 주들과는 달리 텍사스는 텍사스 공화국, 즉 하나의 독립된 나라로서 미연방에 늦게 들어왔습니다. 크기도 엄청 크고, 인구도 가장 많은 주 중의 하나입니다. 한때 석유산업으로 흥하기도 했고, 동시에 시골의 냄새도 강하게 풍기는 주이죠. 그래서인지 텍사스 사람들은 자신들의 문화와 역사에 대한 자긍심이 남다릅니다. 미국인이지만, '우린 텍사스인이야' 하는 객기가 강하죠. 이곳에서 또 흥미로운 일이 벌어졌습니다. 2012년 7월 텍사스 주지사 릭 페리는 연방정부의 의료보험 개혁에 반대하고 텍사스는 이 개혁에 참여하지 않을 거라는 편지를 정부에 보냈습니다. 편지 하나 보낸 것이 뭐 대수냐 할 수도 있지만, 그 이면에는 무시무시하게 흥미로운 정치드라마가 펼쳐져 있습니다. 이 드라마를 재미있게 보려면 약간의 배경 설명이 필요합니다. 우선 주지사가 반대한 의료보험 개혁부터 알아볼까요?

페리 텍사스 주지사

의료보험 문제는 사실 미국사회의 가장 큰 문제 중 하나이고 아주 복잡한 문제죠. 우선 의료비가 비싸도 너무 비쌉니다. 치과에서 한번 치료받고 스케일링하는 데 100달러도 훨씬 넘죠. 병원 한번 가면 깜짝깜짝 놀랍니다. 실제로 한 조사에 따르면 2008년 미국사람들은 연평균 7000달러를 의료비로 썼다는군요. 세계 최고입니다. 영국이나 일본 같은 경우 3000달러 안팎입니다. 한국은 약 1500달러이고요.[1] 게다가 의료비는 계속 올라가는데 문제는 미국의 의료보험이 대부분 직장과 연계된다는 것입니다.

직장에 가면 회사가 지정하는 의료보험 중 하나를 택해서 가입합니다. 그러면 회사에서 사원의 보험료 대부분을 보조해주는 식이죠. 물론 이 보조가 충분치 않아서도 문제가 되지만, 가장 곤란한 것은 직장을 잃은 경우입니다. 직장을 잃으면 바로 그 보험도 잃기 때문이죠. 개인이 가입하기에는 너무 비싼 게 미국의 보험입니다. 이래저래 보험이 없는 사람이 미국에는 너무 많습니다. 보험이 없거나, 있는 보험이 별 도움이 안 되는 미국 성인의 수가 8천만명(2010)이 넘습니다. 이는 성인 인구의 거의 절반(44%)에 이르는 수

죠. 게다가 이 수치는 꾸준히 증가하는 추세입니다(2003년 6100만: 2007년 7500만).[2]

소수 이민족들의 사정은 더욱 심각합니다. 많은 이민자가 대부분 자영업을 하죠. 한푼이라도 아껴야 할 판에 한가하게(?) 보험에 돈을 쓰는 경우는 많지 않습니다. 그러다보니 아파도 웬만하면 병원은 생각도 않습니다. 시간이 지나 사업이 안정되고 좀 여유가 생겨서 그제야 병원에 가면 이미 돌이킬 수 없는 지경에 이른 경우를 미국에서 흔히 봅니다. 저도 이런 경우를 직접 보았습니다. 아르바이트로 통역을 했는데, 하루는 병원에 일이 있어 가보니 통역을 맡은 한국인 환자의 상태가 말이 아니었습니다. 언뜻 봐도 병색이 완연한 얼굴에 비쩍 마른 체구가 딱해 보였죠. 잇몸은 다 삭아 이의 뿌리가 드러난 지경이었습니다. 참 딱하고 기가 막히더군요. 알고 보니 당뇨를 오래 앓아왔는데 혼자 살며 일자리도 변변치 않다보니 당연히 의료보험도 없고, 병원 진료를 받을 엄두조차 나지 않았다고 했습니다. 그날 병원에 온 것도 하도 딱하니 주변에서 십시일반 돈을 모아준 덕이었습니다. 아프리카 오지도 아니고 미국 한복판에서 이런 일을 직접 목도하니 어이가 없더군요. 매년 4만 5000명의 죽음이 이렇게 보험이 없어서 초래된다는 조사도 있습니다.[3] 직장을 잃은 그래서 직장의료보험마저 잃은 사람들은 불안할 수밖에 없습니다. 보험이라는 것은 어려울 때를 대비한 건데, 가장 어려울 때 가장 필요한 보호막마저 없는 격이니까요. 직장을 잃은 개인은 비싼 의료비를 온전히 개인이 부담해야 하고, 이는 많은 사람들을 파산이라는 구렁텅이로 밀어넣어버립니다. 미국에서는 개인파산에 이르는 원인의 절대다수——2007년엔 67퍼센트[4]——가 바로 의료비를 부담하지 못해서라고 하죠. 의료보험의 결함이 개인의 건강뿐 아니라 집안 전체의 살림문제와 직결되는 것입니다.

사정이 이렇다보니, 집권 초기부터 오바마 정부는 의료보험 문제를 꾸준히 논의했고, 연방정부가 개혁안을 내놓았죠. 이들이 구상한 개혁의 큰 틀은 개인들로 하여금 의무적으로 의료보험에 들게 하는 강제적인 조치 외에 크게 두가지입니다. 바로 '메디케이드'(Medicaid)의 확대와 '익스체인지'(Exchange)라고 불리는 의료보험 시장의 설치이죠. 메디케이드는 기존에 있던 사회보장 프로그램으로 주로 빈민들에게 의료혜택을 제공하는 것입니다. 오바마 정부는 이 프로그램을 크게 확대했습니다. 확대를 통해 처방전이 필요한 약품의 가격을 내리고, 일정 기준(빈민층 소득의 133%까지)의 소득자라면 누구나가 정부 지원 혜택을 받도록 했습니다. 의료써비스의 양과 질이 크게 성장할 수 있는 계기를 마련한 것이죠. 또 한편으로 오바마 정부는 익스체인지를 통해 개인이나 기업체가 여러 보험업체를 비교할 수 있게 만들었습니다. 미국 내 보험회사는 너무나 많고 각각의 보험 수가(酬價), 정책 등이 너무 달라서 소비자들이 이를 일일이 알아보는 것은 보통 일이 아닙니다. 그러니 보험회사들은 맘 놓고 소비자들에게 불리하고 불편한 조건으로 보험을 팝니다. 소비자들로서는 울며 겨자 먹기로 마음에 들지도 않는 보험을 사기 쉽죠. 익스체인지는 이런 취약점을 정부가 보완하는 기제입니다. 보험회사와 관련한 또 하나의 큰 문제는 병력이 있는 사람은 보험을 들기 어렵게 만들거나, 아주 높은 보험료를 물게 하는 것입니다. 보상금 지급을 최소화하려는 계산이지요. 이렇다 보니 정작 보험이 필요한 사람은 보험 가입이 더 힘듭니다. 오바마 정부는 이런 부당행위 또한 금지했습니다.

이러한 의료보험 개혁을 실시하는 데에서 정치적 문제가 한둘이 아닙니다. 그중 하나는 연방정부가 정책을 한국처럼 일방적으로 중앙에서 실시할 수는 없다는 것입니다. 각 주정부의 동의가 필요합니다. 주정부가 거절하면 그 주에는 개혁의 혜택이 없습니다. 사실 주정부에서 이 개혁을 거절할 이유는 특별히 없습니다. 시민들, 즉 각 주에 사는 주민들이 더 많은 의료혜택을 보게 될 뿐 아니라 이런 혜택의 확대에 주정부가 특별히 돈을 더 쓰는 것도 아니거든요. 의료보험의 확대 후 처음 3년은 연방정부에서 필요한 비용 전부를 부담하고 그후에도 주정부 부담이 10퍼센트를 넘지 않게 했기 때문입니다. 한 조사에 따르면, 텍사스의 경우 앞으로 10년 동안 주정부가 160억 달러를 부담해야 할 것이라는 예상이 나왔습니다. 이게 어마어마해 보이기는 하지만 사실 그렇게 큰 숫자는 아닙니다. 2011년 텍사스의 한 카운티(county, 한국의 군郡 정도 행정단위)에서만 공공병원을 관리하고 보험이 없는 사람들을 지원하기 위해 5억 달러를 썼으니까요. 이게 10년이면 벌써 50억 달러입니다. 이렇게 쓰는 돈(텍사스에는 카운티가 254개나 됩니다!)이 다른 데 쓰일 수 있게 되니 텍사스주로서는 커다란 혜택이 아닐 수 없습니다. 게다가 텍사스는 10년 동안 연방정부에서 약 1000억 달러를 보조받을 수 있으니까요.

하지만 무엇보다 텍사스가 연방정부의 의료보험 개혁을 거절할 이유가 없는 것은 바로 텍사스가 이러한 개혁을 가장 시급하게 필요로 하는 주이기 때문입니다. 텍사스는 주민의 24퍼센트가 보험이 없습니다. 미국에서 최고죠. 560만명이 보험이 없거나, 있어도 모자란 상태입니다. 텍사스는 연방정부의 개혁에 참여함으로써 의료보험이 없는 사람의 수를 12퍼센트로 줄이고 290만명을 구제할 수 있는 것입니다.[5] 즉 텍사스주는 수많은 사람들에게 아주 중요한 혜택을—큰돈을 들여서라도 줘야 할 판에—아주 적은 비용으로 줄 수 있었던 것이죠. 그런데 페리 주지사가 여기다 대고 "우린 됐어"라고 해버린 것입니다. 앞에서 말씀드린 편지에서 말이죠. 자신의 "철학적 반대" 때문이라고 했죠. 완전 '헐' 아닙니까? 왜일까요? 왜 이런 이해할 수 없는 결정을 내린 걸까요? 물론, 정치적인 이유 때문입니다.

이 일이 벌어진 2012년은 바로 미국의 대통령선거가 있던 해였습니다. 그리고 오바마 대통령의 가장 큰 업적이 바로 이 의료보험 개혁이었죠. 오바마가 대통령으로 취임하며 의료보험 개혁을 과제로 내놓자마자 미국은 정말 불같은 정치 논란에 휩싸였습니다. 공화당을 중심으로 한 보수세력은 이 개혁을 어떻게든 막고자 노력했죠. 이들은 전통적으로 연방정부의 확대를 싫어합니다. 주정부의 권리를 옹호하죠. 그러니 연방정부가 사람들에게 보험을 들어라, 주정부가 앞장서라, 이렇게 간섭하는 것이 싫은 겁니다.

물론 이들이 이렇게 언성을 높인 데에는 다른 이유도 있었습니다. 개혁이 논의되자 금전적인 이권이 달린 업체들도 가만있지 않았습니다. 로비회사를 통해 국회의원들을 부추기기에 바빴습니다. 어떻게 부추기느냐고요? 돈이죠. 이 개혁을 찬성하는 사람과 반대하는 쪽 모두 천문학적인 돈을 썼습니다. 의료업계 전체가 로비로 쓴 돈은 2009년만 해도 5억 달러가 넘습니다.[6] 업종별로 따지면 최고였죠. 공화당 의원들의 지연과 방해도 끊이지 않았습니다. 덕분에 일반 시민들도 이 정치투쟁에 휩싸였습니다. 보수적 유권자들은 연일 미국 전역에서 데모를 했습니다. 개혁의 지지자들도 마찬가지였죠. TV에서도 토론이 끊이질 않았습니다.

하지만 민주당이 백악관과 의회를 장악하고 있던 덕분에 개혁 법안은 2010년 초 정말 우여곡절 끝에 겨우겨우 통과됐습니다. 물론 공화당 의원의 표는 한표도 받지 못했죠. 공화당은 이 정치투쟁에서는 졌지만 덕택에 공화당 지지자들을 결집시켜 그해 중간선거에서 큰 바람을 일으키며 하원에서 다수 의석을 차지하게 됩니다. 전술적인 정치적 승리였죠. 게다가 법안이 통과되었다고 정치적 논란이 끝난 것은 아니었습니다. 공화당 출신의 주 검사들은 줄줄이 이 법의 합헌성을 주의 대법원까지 가서 따졌죠. 결국 이들의 끈질긴 반대는 이 법안을 결국 미국의 연방대법원까지 끌고 갔습니다. 물론 이는 바로 공화당 지지자들이 원했던 바입니다. 왜냐하면 9명의 대법원 판사 중 5명은 보수 성향을 띠고 4명이 개혁 성향을 띠기 때문입니다. 덕택에 정치적으로 민감한 사안에 보수적인 판결이 자주 나왔죠. 그러니 보수세력들은 대법원이 이번에도 자신들의 손을 들어줘서 오바마의 개혁법안에 불합헌 판결을 내려주리라 크게 기대했던 것입니다. 그리고 그렇게 되면 안 그래도 불안한 오바마의 재선 가도에 결정적인 타격을 미치리라 계산한 것입니다. 맞는 계산이죠. 하지만 이들의 낙관적인 기대는 뜻하지 않던 암초를 맞게 됩니다. 바로 가장 믿었던 존 로버츠 대법원장이 뜻밖에도 진보진영과 의견을 같이해서 5대 4로 합헌 판결을 내린 것입니다. 보수진영으로서는 마른하늘의 날벼락이었고, 진보진영으로서는 마른하늘의 무지개였습니다. 오바마는 즉시 환영한다는 메시지를 전달했습니다. 2012년 6월 말의 상황입니다. 경기침체 등으로 인해 그해 11월 대통령선거에서 힘겨운 싸움을 해야 했던 오바마에겐 정말 단비 같은 소식이 아닐 수 없었습니다. 결국 의료보험은 그의 첫 임기의 가장 중요한 업적으로 자리매김했고 지지자들을 집결시켜 재선을 가능케 한 원동력이 되었습니다.

페리의 의료보험 개혁 거부는 바로 이 오바마 대 보수진영 간 정치투쟁의 한 부분입니다. 공화당이 선거에서 승리하려면 보수층을 어떻게 잘 다독거리느냐가 큰 관건입니다. 이를 가장 잘한 사람이 바로 조지 W. 부시 전 대통령이었죠. 공화당 지지자는 물론 다양합니다. 하지만 정치적으로 가장 중요한 사람들은 보수적인 사회적 가치관을 지닌 백인 기독교도들입니다. 여기서 보수적인 사회적 가치관이라는 것은 동성애자 결혼 반대, 낙태 반대, 총기 사용

지지, 연방정부에 대한 깊은 불신 등으로 요약될 수 있습니다. 극단적인 보수주의자들은 사실 보수층에서도 소수입니다. 하지만 이들은 결집력과 적극적인 선거자금 후원 덕에 큰 목소리를 내는 집단입니다. 그리고 보수적인 지역일수록 더 큰 영향력을 발휘하죠. 바로 텍사스 같은 곳 말입니다.

페리 주지사 역시 2012년 대선에 공화당 후보로 나서려고 했죠. 그가 공화당 예비선거에 등장하자마자 그의 기독교적·보수적 색깔 덕에 보수층에서 많은 지지를 받았습니다. 초반에는 공화당의 최종 대선주자가 된 롬니를 한참 앞섰더랬죠. 하지만 전국적인 조명을 받아보니 허점이 많이 보였습니다. 결국 처참한, 창피한 정치적 패배를 맞고 경선에서 물러납니다. 정치적 타격을 입은 페리 주지사로서는 계속되는 의료개혁 논쟁이 좋은 밥상일 수밖에 없었습니다. 자신의 보수성을 선명히 해서 정치적 영향력을 회복하고자 한 것이죠.[7] 이 결정은 자신의 정치적 경험에서 나오는 자연스러운 것입니다. 그가 3선을 한 것 역시 텍사스의 보수적인 성향을 잘 파악하고 이용했기 때문입니다.

처음에는 페리도 그렇게 보수적인 정치인이 아니었습니다. 1980년대 민주당 소속 텍사스 주의원으로 정치를 시작할 때는 온건한 보수였습니다. 공화당으로 당적을 옮기고서도 중도보수를 유지했습니다. 심지어 1993년 당시 퍼스트레이디였던 힐러리 클린턴이 논란 속에서 의료보험 개혁을 추진하자 그 노력을 치하하는 편지까지 보냈습니다. 그러던 중 텍사스 유권자들이 점점 더 보수적이 되자 그도 점점 더 보수화하기 시작했습니다. 2000년대 초, 처음 주지사로 활동하기 시작할 때만 해도 동성애자, 의료보험, 이민자 이슈에 대해 균형 잡힌, 실용적인 시각을 유지했죠. 하지만 2006년 주지사 재선을 준비하면서 사정은 달라집니다. 경제 악화 등으로 유권자들은 점점 더 보수화되고 동시에 페리는 자신보다 더 보수적인 공화당 주자들과 당내 예비선거에서 맞닥뜨리게 된 것입니다. 선거 승리에 결정적으로 중요한 보수층의 지지를 빼앗기지 않기 위해 그는 복음을 강조하는 보수적 목사들을 규합하고 이들이 요구하던 반동성애운동의 선봉에 섭니다. 그리고 2006년 보수 기독교 운동가들이 그토록 바라던 동성결혼 금지 법안을 앞장서서 통과시키죠. 보수층의 영웅이 된 것은 말할 것도 없습니다. 이를 발판으로 그는 중앙 정치무대에서 주목받게 됩니다. 또 2009년에는 연방정부의 경제개발기금을 중앙의 간섭이라고 비판하면서 거절하죠. 그런 그가 대통령선거 공화당 경선에 나가기 직전, 3만명의 보수 기독교인들을 모아 기도회를 개최합니다. 당시 지지를 모으고 있던 공화당의 다른 주자 롬니가 전통 기독교도가 아니어서 불안해하는 공화당 지지자들에게 자신의 기독교 배경을 자랑하는 거대한 쇼였습니다.

이런 주지사에게 의료보험 개혁 거부는 오바마 대통령의 가장 큰 업적을 부정하고 대법원에까지 도전하는 모습을 보임으로써 보수의 거성임을 확실히 보여주는 좋은 기회였습니다. 전미(全美)가 보는 앞에서 말이죠. 개혁이 필요한데도 거부하다니, 페리는 타협하지 않는 참된 보수주의자구나! 이런 반응을 그는 기대한 것입니다. 의료보험 개혁을 거부하며 페리는 온갖 이유를 다 댔습니다. 연방정부의 간섭은 미국적이지 않다, 우리가 다 알아서 한다, 우리는 자랑스러운 텍사스인들이다! 등등. 하지만 결국은 자신의 가장 중요한 이익, 즉 3선에 성공한 주지사로서 상원의원직에 도전하거나 대선에 다시 도전할 발판을 공고히 하기 위해 자신의 권력을 이용하여 텍사스 주민들에게 돌아갈 혜택을 막은 것입니다. 참 슬프게 재미있는 정치드라마 아닙니까?

이스라엘 정부의 병역의무 논쟁

2012년 이스라엘에는 초유의 거대 정부가 등장합니다. 리쿠드 당이 이끌고 있던 연합정부에 제1당이자 야당인 카디마 당이 합류함으로써 거대한 여당 정부를 구성하게 된 것이죠. 이 연합정부라는 것이 우리에게는 생소한 것이어서 약간의 설명이 필요할 듯하네요.

이스라엘은 의원내각제를 시행하고 있습니다. 즉 유권자들은 국회선거에서 당에 투표하고 각 정당은 받은 표수에 비례해 의석을 부여받습니다. A당이 10석을 받으면 그 당의 후보 중 10번까지 의석을 획득합니다. 그리고 다수의 의석을 획득한 당이 수상 및 내각, 즉 정부를 구성하죠. 하지만 하나의 정당이 과반을 얻기는 쉽지 않아서 보통 여러 정당이 연합을 이루어 정부를 구성합니다. 의회 안에 과반의 지지가 있으므로 정부의 법안은 거의 늘 통과되는 셈입니다. 하지만 그 과반의 지지를 유지하는 것이 쉽지만은 않습니다. 이래저래 정부에 대한 불만이 늘어나면 여당 대오에 균열이 일어나고, 그러다보면 과반이 무너지기도 하니까요. 하지만 더욱 힘든 것은 그 과반을 이루는 과정입니다. 뜻이 비슷해서 정책에 대한 의견을 어느정도 조율할 수 있는 정당들이 대개 연합을 이룹니다. 그 댓가로 연합에 들어온 각 당의 지도자들은 정부 내에 각료 자리를 받죠. 그리고 이들은 정부를 이끄는 동시에 각 당의 표를 관리합니다. 자연히 의회 안에서 과반을 유지하기 위해 연합을 이루는 이들은 서로 끝없이 타협하고 협력합니다. 물론 뜻이 맞지 않는 당이 연합에서 빠져나가기도 합니다. 그로 인해 의회 내 과반이 무너지면 다시 총선을 해야 하죠. 이런 식의 연합정부는 유럽에서도 아주 흔합니다.

2012년 거대 정부의 등장으로 사람들은 아주 흥미로운 정치드라마를 보게 됩니다. 2012년 초 정부를 이끌고 있던 당은 리쿠드 당이었습니다. 2009년 선거에서 120석 중 27석을 따내며 2등을 했죠. 사실 가장 많은 의석을 얻은 당은 28석을 얻은, 당시 여당 카디마 당이었습니다. 하지만 정부를 구성하는 데 실패하고 대신 벤자민 네타냐후가 이끄는 리쿠드 당이 연합정부를 이끌게 됩니다(네타냐후는 당연히 수상이 됐죠). 과반에서 한참 모자라니 연합정부를 꾸리는 것은 당연했죠. 이들은 자신들과 이념적으로 가까운 보수 정당들—이스라엘 베이테누 당(15석), 샤스 당(11석)—과 중도당인 노동당(13석) 등을 포함해 연합정부를 꾸렸습니다. 70석이 넘는 안정적인 다수 의석의 지지로 네타냐후 총리는 비교적 무난하게 국정을 운영했습니다. 그러던 2012년 초, 갑자기 제1당이자 야당이던 카디마 당이 연합정부에 참여하는 놀라운 일이 벌어졌습니다. 카디마 당이 연합정부에 들어서면서 정부를 지지하는 정당의 의석 수가 94석으로 대폭 늘어났죠. 야당의 의석 수는 26석으로 줄어들었습니다. 이는 이스라엘 정치사상 여야 간 최대의 의석 차입니다. 하지만 이런 사상 초유의 연합정부는 오래 지속되지 못했습니다. 그해 7월 카디마 당은 연합정부에서 떠나죠. 사실 카디마 당이 리쿠드 당이 이끄는 정치연합에 든 것 자체가 이상한 일이었습니다. 카디마 당은 리쿠드 당의 의원들이 탈당해서 만든 당이거든요. 어찌 됐건 많은 기대를 했던 이스라엘 시민들은 실망했고, 카디마 당 지지자들 또한 우왕좌왕하는 당 지도부의 리더십에 큰 회의를 품게 됐죠. 한데 이 사건의 발단이 흥미롭습니다. 카디마 당과 리쿠드 당이 결정적으로 갈라선 이유는 병역법 개정에 대한 불협화음이었습니다.

이스라엘에도 한국처럼 병역의 의무가 있습니다. 그리고 한국처럼 이스라엘의 병역법도 병역의무에 몇가지 예외를 두고 있습니다. 그중 하나가 초근본주의 유대교 신학생들에 대한 병역면제입니다. 이 전통은 이스라엘 건국 당시로 거슬러올라갑니다. 이스라엘의 건국자들은 당시 수천명밖에 없던 이들이 종교연구에 몰두하

네타나후 총리와 카디마 당의 모파즈 총수

게 함으로써 유대교를 더욱 융성시키고자 했죠. 하지만 이제는 이 조항이 사회적 문제가 되는 국면에 접어들었습니다. 신학생의 수가 너무 많아진 거죠. 수는 많아졌지만, 이들 중 병역의 의무를 굳이 지는 사람은 17퍼센트뿐입니다(반면 75%의 다른 유대인들은 군대를 가죠). 결국 이 조항을 이용해 면제받는 이들의 숫자가 6만 명에 이르는 심각한 상황에 부딪쳤습니다.[8] 반면에 이스라엘의 안보 상황은 좋아질 기미가 보이질 않습니다. 계속되는 전쟁과 분쟁으로 이스라엘 군대는 더 많은 인원이 필요했으나 인구 감소로 전투병력이 적어도 2015년까지는 계속 줄어들 전망이랍니다.[9] 이들 초근본주의 유대교인들에 대한 특혜를 재고하지 않을 수 없는 상황에 다다른 것이죠. 결국 2012년 초 이스라엘 대법원은 병역특혜에 대해 불합헌 판결을 내립니다. 그러자 정치권은 대처법안을 내놓아야 하는 처지가 되었죠. 개혁에 반대하는 초근본주의 유대교인들의 시위가 뒤따랐습니다. 카디마 당은 이들 신학생들에게 병역면제를 보장하던 관행을 4년 안에 거의 완전히 끝내자는 입장을 분명히 했습니다. 반면에 리쿠드 당은 개혁에는 기본적으로 동의하지만 그 폭을 줄이고 점진적으로 추진하자는 쪽이었습니다. 카디마 당은 이런 리쿠드 당의 방안은 사실상 병역예외를 유지하는 길이라며 반대했고, 네타냐후가 양보하지 않자 결국 연합정부를 떠난 것이죠. 군대의 필요와 병역의무의 정당성, 다수 국민의 불만 등을 고려한다면 사실 네타냐후 수상의 선택이 의아할 수밖에 없습니다. 어째서 당장 이들에 대한 병역특혜를 중단하지 않은 걸까요? 왜 다수의, 국가적 요구를 물리치고 사실상 별 효과 없는 대책만 내놓아, 실질적으로 초근본주의자들 — 하레디(haredi)라고 불리고 검은 전통의상과 특이한 헤어스타일로 구분됩니다 — 그것도 전체 성인 인구 중 지극히 소수인 8퍼센트를 차지하는[10] 그들의 손을 들어준 것일까요? 답은 네타냐후의 정치적 계산에 있습니다.

초근본주의 유대교 신자들은 꾸준히 정치적 역량을 키워왔습니다. 1970년대를 거치면서 이들은 의회 내 좌우의 대결에서 균형자 역할을 할 수 있을 만큼 성장했죠. 마침내 이들을 대표하는 샤스 당은 연합정부의 주요 파트너로 국정에 참여하기에 이릅니다. 2006년 선거 후 카디마 당이 이끌던 중도정부에 파트너로 참여하고 2009년 선거 후에는 리쿠드 당이 이끄는 보수정부에 참여합니다. 샤스 당의 지도자들은 2012년 정부 내에서 부수상, 내무장관 등 네개의 장관직을 차지하며 막강한 영향력을 발휘했습니다. 의회에서 불과 11석을 갖고 있는 정당으로서는 과분한 영향력이죠. 하지만 이는 이스라엘 헌법의 제도적 장치와 정치적 상황이 만들어낸 독특한 현실로, 소수정당이 덩치에 비해 커다란 목소리를 낼 수 있는 이스라엘 정치에서는 흔한 일입니다. 좌우 양쪽의 최대 정당들이 압도적으로 많은 의석을 차지하는 것도 아니고 의석의 수도 별 차이가 나지 않는 경우가 흔합니다(카디마 당과 리쿠드 당은 딱 1석 차이가 납니다). 정부를 구성하고 싶은 정당은 소수정당들에게 절박한 구애를 하지 않을 수 없고, 그러다보니 소수정당 지도자들이 정부의 요직을 차지하게 되는 것입니다. 이러니 아무리 병역법 개정이 국가적으로 중요하다 해도 네타냐후 수상에게는 일단 연합 내의 의견이 중요할 수밖에 없습니다. 개정에 관한 논란이 일자 연합 내부의 여론은 별로 좋지 않았습니다. 개혁의 직접적 이해 당사자인 초근본주의 유대교인들을 대표하는 샤스 당이야 말할 것도 없고 연합정부를 이루는 보수정당들 모두가 개혁을 반대했습니다. 네타냐후로서는 개혁을 추구하다가는 자칫 자신의 정권을 유지하는 보수세력을 다 잃을 수도 있는 상황이었습니다. 만약 보수당들의 지지를 잃으면 의회 내의 다수석을 유지할 수 없게 되어 정부가 무너질 판이었죠. 그러느니 개혁을 추진하지 않고 카디마 당이 나가더라도 그전처럼 70여석의 과반을 유지하는 편이 더 낫다

병역법 개혁에 반대하는 이스라엘의 초근본주의 유대인들

고 판단한 것이죠. 2013년까지의 임기를 채우고 싶은──당연한──
정치적 욕망이 네타냐후로 하여금 국가 전체의 이익을 희생하고
소수의 손을 들어주게 한 것입니다. 그래야 수상 자리에 더 오래
있을 수 있고, 그래야만 자신이 하고 싶은 그 무언가를 할 수 있는
것입니다. 장기적인 안목으로 정책을 취하기보다는 단기적인 정치
적 안정을 선택하는 것이 권력자들의 속성입니다. 네타냐후라고
뭐 특별히 다를 것이 없는 것이죠.

　이 병역법 논란에는 사실 더 중요한 논쟁거리가 있습니다. 바로
이스라엘의 정체성에 관한 것입니다. 직접적으로는 이스라엘 내
팔레스타인인의 문제이죠. 대법원은 이들도 병역의 의무를 지게
해야 한다고 판결했습니다. 이스라엘은 건국 때, 그 영토에 남아 있

던 약 15만명의 팔레스타인인들에게 이스라엘 시민권을 주었습니다. 지금은 그 수가 160만명으로 이스라엘 전체 인구의 20퍼센트나 됩니다. 문제는 이들의 대다수가 아직도 자신을 팔레스타인 사람으로 보고 있는 것이죠. 그럴 만도 한 것이 이들의 윗세대는 이스라엘—자기 나라!—의 건국과정에서 유대인들에게 삶의 터전을 빼앗겼습니다. 게다가 대부분의 동족들은 아직도 웨스트뱅크, 즉 서안지구로 불리는 점령지에서 법적인 보호도 없이 난민으로서 고통을 당하고 있고, 무력항쟁도 계속하고 있습니다. 이런 사정을 뻔히 아는 이스라엘 정부도 팔레스타인계 이스라엘 시민에게는 병역을 요구하지 않아왔습니다. 하지만 병역법 개정안은 2016년까지 팔레스타인계 군인의 수를 5000명으로 늘리는 방안을 담고 있습니다.[11] 물론 5000명이라는 것은 병역을 할 수 있는 3만명의 수에 비하면 아무것도 아니지만 상징적으로 중요하지 않을 수 없습니다. 이스라엘은 유대인들의 나라죠. 유대인의 나라에 있는 이민족, 게다가 아직도 싸우고 있는 상대인 팔레스타인 사람들을 어떻게 대할 것인가가 걸린 문제입니다.

이스라엘은 2차대전 중 나치의 유대인 대학살로 만들어진 나라입니다. 유대인들이 스스로를 보호할 수 있는 정치체제를 국제사회가 마련해준 것이죠. 그러다보니 이스라엘 헌법도 이스라엘을 유대인의 국가라 명시하고 있습니다. 공직에 가도 이에 관해 선서해야 하죠. 유대인에게는 이게 큰 문제가 될 것이 없지만, 비유대인 특히 팔레스타인계 이스라엘 시민들에게 이는 고문과 다름없습니다. 게다가 이들은 갖가지 사회적·법적·경제적 차별을 견디고 살고 있습니다.[12] 이들에 대한 차별을 없애고 이들을 유대인과 동등하게 봐줄 수 있을까가 이 병역법 개정에 숨은 물음입니다. 만약 보수주의자들이 원하는 대로 이스라엘을 유대인 국가로 지키고 싶다면 유대인 아닌 사람에 대한 차별을 없앨 수는 없겠지요. 하지만 전체 인구의 20퍼센트를 제도적으로 차별하는 국가가 민주국가는 아니겠죠. 반면에 개혁론자들이 주창하듯 팔레스타인계 사람들을 더욱 품어주고 민주주의를 추구한다면 나라의 건국이념, 즉 유대인의 나라 그 자체가 흔들리는 셈입니다. 리쿠드 당은 보수적인 입장을 취하고 있습니다. 당연하죠. 하지만 이는 민주주의라는 대의(大義) 자체도 이들에게는 부차적이라는 것을 암시합니다. 물론 자신들의 정치적 운명에 부차적이라는 것은 말할 나위도 없겠지요.

팔레스타인 문제와 이들 보수주의자들의 정치적 이해가 가장 극명하게 드러나는 곳은 이스라엘 내부보다는 역시 이스라엘이 1967년 전쟁 이후 줄곧 불법으로 점령하고 있는 서안지구입니다. 이곳 점령지의 문제는 너무나 복잡해서 논의하자면 따로 책 한권이 필요하니 여기서는 간단히만 살펴보겠습니다.

1967년 '6일 전쟁'에서 이스라엘은 요르단의 서안지구를 빼앗습니다. 이후 지속적으로 많은 유대인들이 서안지구에 정착촌(outpost)을 세우고 이주했습니다. 특히나 종교적으로 보수적인 사람들이 더 적극적이었습니다. 이들은 정부가 허가한 정착촌뿐 아니라 자신들 스스로 불법적인 정착촌을 지어 이주하기도 했습니다. 물론 아무리 불법 정착촌이어도 일단 짓고 나면 정부는 불법 건축물이라는 사실에는 눈을 감고 군대를 동원해 팔레스타인 주민들로부터 시설을 보호해주었습니다. 물론 이러한 정착촌—공식적인 것만 121개—의 건설은 그곳에 살고 있던 팔레스타인 사람들의 원성을 샀습니다. 정착촌 건설·개발 때문에 팔레스타인 주민들은 집과 밭을 계속 잃게 되었으니까요. 늘어나는 유대인 인구(서안지구 인구 중 1987년에는 0.8%, 2005년에는 3.1%)[13], 각종 군사기지 및 통제지역, 수백개에 달하는 검문소, 도로—어떤 도로는 팔레스타인 사람들이 이용도 못합니다—등은 점점 팔레스타인 사람들의 땅(서안지구의 약 40%)을 빼앗아 그 면적을 줄였을 뿐 아니라 갈가리 찢어놓았습니다.

그 결과가 다음의 지도입니다. A는 팔레스타인 정부가 다스리는 지역이고 B는 팔레스타인과 이스라엘이 공동으로 관리하는 구역입니다. 그리고 C는 이스라엘이 독점 관리하는 지구입니다. 평화협상으로 서안지구에 팔레스타인 정부가 들어서긴 했지만, 실질적으로 이들의 관리구역은 보시다시피 마치 우리나라 남해의 섬들처럼 흩어져 있습니다. 그리고 정말 섬을 건너듯이 이곳에서 저곳으로 가는 데 몇시간이 걸리는 일이 흔합니다. 검문소를 지나야 하고 그곳을 통과하는 데 얼마나 걸릴지 아무도 모르니 답답한 노릇이죠. 집이나 과수원을 하루아침에 불도저가 와서 싹 밀어버리기도 합니다. 게다가 더 큰 문제는, 서안지구는 미래의 팔레스타인 국가가 들어설 지역이라는 데 있습니다. 지도를 한번 다시 보시죠. 저런

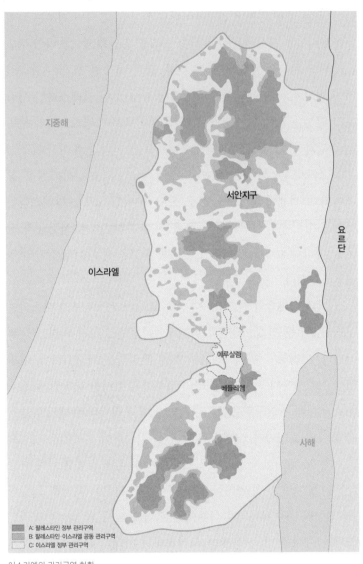

지중해

서안지구

요르단

이스라엘

예루살렘

베들레헴

사해

A: 팔레스타인 정부 관리구역
B: 팔레스타인·이스라엘 공동 관리구역
C: 이스라엘 정부 관리구역

이스라엘의 관리구역 현황

다도해 같은 나라가 과연 존재할 수 있을까요? 당연히 팔레스타인 사람들은 정착촌 건설을 강행하는 이스라엘 정부가 팔레스타인 건국의 꿈을 의도적으로 방해한다고 보고 있습니다.

이러한 군사 점령은 여러 형태의 저항으로 이어졌고 이는 또 이스라엘의 무력 대응으로 귀결됐습니다. 문제는 이스라엘 시민의 상당수가 정착촌의 확대에 반대한다는 점입니다. 점령에 비용도 많이 들고, 비인도적 처사 등으로 심기도 불편한 것이죠. 하지만 보수층 대다수는 점령과 정착촌의 확대에 동의합니다. 이들의 목소리는 비극적인 역사적 배경 탓에 국내에서 커다란 영향력을 행사해왔습니다. 그리고 이들은 물론 리쿠드 당과 다른 보수정당들의 가장 중요한 정치적 지지층이기도 합니다. 이들 덕택에 이스라엘 정부들은 서안지구 정착촌을 계속 확대해왔습니다. 물론 자신들의 집권을 위해서죠. 정착촌 확대에 가장 적극적인 보수주의자, 초근본주의 유대교인들의 정치적 지지를 잃고 싶지 않은 것입니다. 신이 약속한 땅을 되찾는 데 방해가 되는 정부가 되고 싶지 않은 것이죠. 나라의 재정, 국제사회의 비난, 안보의 위기, 이 모든 것을 걸고 정치를 하는 것입니다. 게다가 서안지구를 실질적으로 이스라엘의 일부로 만들어버림으로써 팔레스타인인들을 흡수, '유대인들의 나라'라는 건국이념에 반하는, 그리고 이들에 대한 제도적 차별을 통해 민주체제를 크게 훼손한 기형적인 나라를 만들고 있습니다. 보수세력들은 이 모든 것을 어느정도 희생하고 집권하는 것이죠. 10년, 20년 후에는 어떻게 될지 모르지만 일단 닥친 선거에서 살아남아야 하니까요.

탈레반의 사상 통제

2001년 3월, 세계 언론의 눈은 아프가니스탄을 향해 있었습니다. 탈레반이 이끄는 정부와 북부연맹 간의 내전이나, 그 나라에 있던 무장조직 알카에다와 그 지도자 오사마 빈 라덴 때문이 아니었습니다. 바로 바미얀(Bamiyan)의 두 거대한 석불 때문이었죠. 바미얀이란 지역은 실크로드의 중간에 위치한 곳으로 동서의 문화가 교차하고 한때 불교의 성지로 유명했습니다. 이곳의 한 절벽에서 많은 불교도들이 모여 수도를 했습니다. 수도자들은 절벽에 굴을 뚫고 기거했다고 합니다. 덕분에 이 지역 전체에 고대 불교의 흔적이 아직도 남아 있죠. 그중 하나가 바로 거대한 두개의 석불이었습니다. 서 있는 부처의 모습을 한 이 두 불상은 6세기에 세워진 것으로 둘 중 큰 것은 높이가 무려 53미터이고 작은 것도 35미터에 이르렀죠.[14] 입상 불상으로는 세계에서 가장 큰 것이었습니다. 또한 이 거대 불상의 머리 위로 올라가는 동굴도 1000년이 더 된 불화(佛畵)로 가득했습니다. 그 거대함과 역사적 가치로 인해 방문객들이 끊이질 않았고, 유네스코에서도 두 불상뿐 아니라 이 지역 전체를 세계문화유산에 공식 등재했습니다. 세계의 눈이 이 두 불상에 집중되어 있던 이유는 바로 탈레반 정부에서 불상을 파괴하기로 결정했기 때문이었습니다. 불상이 이슬람에 반하는 것이라고 그이유를 밝혔습니다. 아무리 그렇다고 하더라도, 문화적·역사적 가치가 어마어마한 동상을 그냥 방치해두는 것도 아니고 적극적으로 파괴하겠다고 나선 것입니다(첫 불상이 지어진 것이 507년, 즉 우리로 치면 백제 무령왕의 재위 7년 때입니다!).

당장 전세계에 비난과 반대의 목소리가 들끓었습니다. 사우디아라비아 같은 이슬람 국가들도 마찬가지였습니다. 일본은 불상을 캐내서 일본으로 가져가겠다고 제안했고, 다른 나라들은 파괴를 중단한다면 금전적인 원조를 하겠다고 약속하기도 했습니다. 외교적으로도 당시 국제연합의 코피 아난 사무총장 등 세계의 지도자들이 탈레반 정부에 호소했죠. 하지만 그럼에도 불구하고 이들은 파괴를 강행했습니다. 포격을 하고도 모자라 폭탄을 심어서 폭파하는 장면에 전세계는 아연실색했습니다. 그전까지는 아프가니스탄에 관심조차 희미하던 사람들이 이러한 결정을 내린 집권세력, 탈레반의 이름을 처음으로 접하게 된 계기이기도 했습니다.

도대체 왜 그랬을까요? 왜 멀쩡히 서 있던 불상을, 그것도 1000년이 넘는 세월을, 그 땅에 이슬람교가 들어오기 전부터 서 있던 불상을 폭파시킨 것일까요? 정말이지 이 말도 안 되는 행동도 정치적 계산을 살펴보면, 이해가 갈 법도 합니다. 여러 이유 중 하나는 바로 탈레반의 투쟁과 관련이 있습니다. 바미얀 지역은 내전으로 정권을 잡은 탈레반에게 대항하던 적들의 정치적 본거지였습니다. 불상의 폭파는 자신들에 저항하던 사람들을 벌하는 경제적·

문화적 의미가 있었던 것이죠.[15] 관광수입을 감소시켜 이들에 경제적 보복을 하는 의미도 있었습니다. 그뿐만 아니라 서방세계의 경제봉쇄를 향한 분노의 표현이기도 했습니다. 1998년 아프가니스탄에 기지를 두고 활약하던 테러조직인 알카에다는 아프리카 내의 미국 대사관 두곳을 폭파합니다. 이에 서방세계는 아프가니스탄 정부에 알카에다 지도자들을 내줄 것을 요구하지만, 탈레반이 이끄는 아프가니스탄 정부가 이 요청을 거절하자 압력을 넣기 위해 1999년 경제봉쇄 조치를 내리죠. 일련의 경제봉쇄는 안 그래도 계속된 내전으로 쇠약해질 대로 쇠약해진 아프가니스탄 경제를 더욱 큰 어려움으로 몰아넣습니다. 그리고 무고한 많은 시민들이 굶주림과 병에 시달리게 되었습니다. 이런 와중에 서방에서 불상을 위해 금전적 지원을 하겠다고 하자 탈레반 지도자들은 분노합니다.[16] 사람들이 죽어갈 때는 신경도 안 쓰더니 고작 유적 하나 살리려고 난리라는 것이죠.

이러한 직접적인 이유도 있지만 사실 불상의 파괴는 탈레반이라는 단체의 집권 그 자체와 깊은 관련이 있는 정치적 행위였습니다. 탈레반은 1990년대 초 소수의 젊은 이슬람 신학생들로 이루어진 무력단체였습니다. 아프가니스탄 남쪽 칸다하르(Kandahar) 지방에서 시작한 이들은 처음에는 아주 소수였지만, 점차 세력을 확장해 1990년대 중반에는 최강의 무력단체로 성장합니다. 이들이 이렇게 짧은 시일 내에 성장해 아프가니스탄 정부를 장악하고, 나라의 대부분을 통치할 수 있었던 데에는 종교적 이데올로기의 힘이

바미얀 불상 파괴 후 텅 빈 구멍의 모습

컸습니다.

탈레반은 이슬람교 중 와하브(Wahhab)라는 전통을 따르는 초근본주의자들로서 경전인 꾸란(코란, Quran)을 있는 그대로 따르고 행동에 옮기는 것으로 유명합니다. 이들은 이슬람 종교법, 즉 샤리아법을 문자 그대로 시행했죠. 다른 이슬람 국가에서 금하는 술과 돼지고기는 물론이고 당구나 체스 등 각종 놀이, 사진, 연날리기 같은 사소한 것도 금지되었습니다. 텔레비전, 라디오, 컴퓨터도 금지되었고 음악이나 영화도 허용되지 않았습니다. 만화처럼 사람의 형상을 출판하는 것도 금지되었고 도서관은 이슬람에 반하는 책들을 모조리 버려야만 했습니다. 여자들은 남자 가족의 동행 없이는 외출도 못하고 거리에서는 몸 전체를 가리는 전통의상을 입어야만 합니다. 하다못해 손톱을 다듬는 것까지 금지되었죠. 여자아이들은 학교에 가지도 못하고 여자어른들은 거의 직업을 가질 수도 없습니다. 남자들은 긴 수염을 길러야 하며, 모두 예배에 참가해야 합니다. 가게는 기도 시간 중에는 문을 닫아야 합니다. 법을 어기는 사람들은 매질부터, 돌팔매질, 손 절단, 총살 등의 벌을 공개적으로 당해야 했습니다.[17]

이러한 종교적인 선명성은 한편으로는 과격하지만, 또한 동시에 많은 사람들의 공감을 얻는 데에도 유용했습니다. 특히나 계속된 정치적 불안은 종교적 극단주의자들에게는 좋은 기회였지요. 당시 아프가니스탄을 지배하고 있던 마수드나 이전의 소련 어용정권이 모두 종교에서 멀어지는 경향을 보였기 때문에 종교적 원칙을 적극적으로 내세운 이들은 보수적인 이슬람교도들의 마음을 사는 데 유리했습니다. 게다가 각종 크고 작은 범죄와 지방정부의 부패에 치를 떨던 시민들에게, 이를 혹독하게 처벌하는 탈레반의 무지막지한 지도력과 법 집행은 놀라운 것이었고, 큰 환영을 받게 됩니다.

실제로 이들의 이런 엄격한 법 집행으로 범죄, 특히 마약문제는 거의 사라지다시피 했습니다. 전쟁과 무질서에 지쳐 있던 많은 사람들로서는 고맙지 않을 수 없죠. 동시에 종교의 이름으로 지배하는 탈레반에게 저항하기는 쉽지 않은 사회적 분위기였습니다. 탈레반의 지배를 반대하는 것은 이슬람을 거스르는 행동으로 여겨졌으니까요. 탈레반에게는 종교에 따른 엄격한 법 집행이 정치적 이

넘이자 동시에 정치권력을 유지하는 중요한 도구였던 셈이었습니다. 이러한 이념의 극단성은 외부로부터의 위협이 커질수록 더한 법이죠. 사람들을 더욱 단속해 하나로 뭉쳐놓아야 하니까요.

탈레반은 비록 내전에는 승리했지만, 반탈레반세력인 북부동맹이 아직도 나라의 북쪽 끝에서 저항을 계속하고 있었고, 2000년을 전후해서 서방의 간섭도 심해졌습니다. 이들은 점점 종교적 유연성을 잃었고, 급기야 1000년이 넘은 문화재를 아무 거리낌 없이 파괴하기에 이른 것입니다(실제로 불과 몇년 전만 하더라도 이 불상을 파괴하고자 하던 이 지방 탈레반 지도자의 의견이 묵살된 바 있었습니다). 탈레반 지도자들로서는 정치적으로 내부단속을 더욱 단단히 할 필요가 있었고 이는 물론 더 강경한 근본주의적 종교 정책으로 나타났던 것입니다. 자신들의 극단적 이슬람에 도전하는 어떠한 것도 용납하지 않음으로써 내부적으로 자신들의 힘을 과시할 필요가 있었던 것이죠. 그런 면에서 거대 불상은 적합한 목표였다고 할 수 있습니다. 자신들의 신이 아닌 우상의 흔적을 제거할 뿐 아니라 서방의 압력에 굴하지 않는 모습을 나라 안팎으로 과시할 수 있는 기회였으니까요. 결국 전세계가 이해할 수도 없고, 믿기 힘들었던 불상의 파괴는 정권유지의 한 방편으로는 아주 자연스러운 정치적 결정이었던 것이죠.

이상한 정치

　이상 살펴본 정치의 모습들은 모두 의아한 구석이 있기는 하지만, 그래서 더욱 정치가 흥미로운 것입니다. 또한 앞의 정치행위들은 모두 여파가 큰 공적 영역의 것이라는 점도 비슷합니다. 텍사스 주지사의 결정, 이스라엘 수상의 결정, 탈레반의 결정, 이 모두는 수백만명 이상의 삶에 영향을 주는 아주 중요한 일입니다. 그리고 앞선 예에서 볼 수 있듯, 이렇게 중차대한 정치적 결정은 흔히 한 국가에서 가장 커다란 영향력을 가진 정부라는 조직 내에서 이루어집니다. 그러므로 '정치' 하면 정부 내의 사람들이 하는 그 무엇을 자연스레 떠올리는 것이죠.

　앞의 예에서 보다시피 정부를 움직이는 사람들은 다양한 정치행위를 합니다. 사회보장제도를 만들어서 일정 사람들에게 혜택을 주거나 이견을 내 조정하거나 페리 주지사의 경우처럼 그 제도를 아예 반대하기도 하죠. 2011년 서울에서도 비슷한 일이 있었습니다. 공립학교에서 무상급식을 제공하자는 측과 이를 반대하는 측이 첨예하게 대립해서 결국 주민투표까지 갔었죠. 이스라엘의 예에서 보았듯이 정부는 도시개발과 병역법 개정 등을 통해 누가 이익을 볼 것인가, 누구에게 어떤 의무를 부여할 것인가 하는 중차대한 결정을 하기도 합니다. 한국에서도 이명박 전 서울시장의 청계천 개발로 부동산 개발업체들은 1조원대로 추정되는 재개발 이익을 보았지만 영세 상인들은 막대한 피해를 보았습니다.[18]

법의 집행을 통해 특정 사상을 강제하는 것 또한 정부의 큰 정치적 힘입니다. 탈레반이 극단적 처벌을 통해 전국민에게 이슬람 근본주의를 강요하듯이 한국 정부 또한 각종 처벌과 교육을 통해 반공사상을 국민들에게 주입시켰습니다. 이렇듯 정부의 힘은 막강합니다. 개인들의 삶의 질을 결정할 수 있고 심지어는 생사를 결정할 수도 있습니다. 이러한 힘은 정부 내의 각 부처에서 각종 법규를 연구·심의·제정하는 데서 나오고, 법률과 여러 규제를 집행하거나 혹은 집행하지 않는 데서 나옵니다. 그뿐만 아니라 법을 판단하고, 국민의 신체의 자유를 빼앗기도 하며 각종 정보를 대중에게 내보내거나 선택적으로 내보내지 않는 데서도 나오죠. 이 모두 정부라는 거대한 힘을 가진 조직을 이용해 각종 이익을 추구하는 행위, 즉 정치인 것입니다.

권력을 가진 이들은 이렇게 정치를 해서 온 사회에 엄청난 영향력을 끼칩니다. 그렇다면 권력을 가지지 않은 이들, 여러분과 저와 같은 사람들은 어떤 정치행위를 해서 얼마만큼의 영향력을 미칠 수 있을까요? 대부분의 사람들은 법을 제정하거나 이를 집행하는 데 아무 영향력을 미치지 못합니다. 물론 어느정도 영향력을 가진 개인들도 있겠죠. 하지만 정부가 가지는, 정부를 움직이는 권력자들의 힘에 비하면 보잘것없습니다. 그러나 아예 없지는 않습니다. 특히 민주주의 체제 아래서는 개개인에게 어느정도의 정치적 권력을 보장합니다. 바로 참정권이 그것이죠. 좀더 구체적으로 말하자면, 민주주의는 선거를 통해 유권자가 권력자들에게 어느정도의 힘을 갖게 하는 제도라고 할 수 있습니다. 다음에는 민주체제와 선거의 힘에 관해서 알아보도록 하겠습니다.

3장

민주체제의 환상

민주체제란 무엇인가

이 장과 다음 장에서는 민주체제와 선거에 관해서 생각해보겠습니다. 우리가 잘 알듯이 민주체제는 개인의 정치참여 확보 및 확대와 인권의 신장 등 많은 이점을 제공합니다. 그렇기에 정치체제 변동의 방향이 민주체제를 향하는 것은 어쩌면 당연한 일인지도 모릅니다. 한국의 정치변동이 민주화를 향해 줄기차게 진행되어왔듯이 전세계적으로도 민주화는 눈에 띄는 추세입니다. 아니 대세라고 할 수 있겠죠. 쌔뮤얼 헌팅턴이라는 미국의 유명 정치학자의 관찰에 의하면 민주화는 전세계에 마치 파도가 치듯 밀려왔으며, 그런 거대한 민주화의 파도가 세번 있었다고 합니다.[1] 19세기 말 미국을 시작으로 실질적인 민주체제가 확립된 것이 첫번째 물결이고, 두번째는 2차대전 직후 많은 신생국가들이 민주체제를 받아들였던 것, 그리고 마지막 세번째 물결은 1974년 포르투갈과 남유럽에서 시작해 남미, 아시아로 지속된 민주화의 행렬입니다. 정치발전을 꾸준히 관찰해온 한 유명 연구팀의 데이터를 보면 민주체제의 증가세는 더욱 뚜렷해 보입니다.

표 3-1은 인구 50만명이 넘는 나라의 정치체제 변동을 1946년부터 2010년까지 관찰한 것입니다. 이 연구에서는 정치체제를 민주체제(democracies)와 독재(autocracies), 그리고 소수의 지배체제(anocracies) 이렇게 셋으로 구분해서 분석합니다. 표에서 보이는 것처럼 2차대전 직후 한동안은 이 셋의 숫자가 비슷했습니다. 1960년대를 시작으로 독재가 급격히 늘어나 셋 중 다수를 차지하다가 1970년대 중반 90여개를 기록한 후 독재국가의 수는 감소하기 시작해 2010년에는 불과 20여개를 조금 웃도는 선에 머물러 있습니다. 반면 민주국가의 수는 꾸준히 증가해오다 1990년 전후, 즉 공산국가가 몰락한 때를 시작으로 폭발적으로 증가해 다른 정치체제의 국가 수보다 월등히 많아졌습니다. 2010년에는 164개 나라 중 거의 100개국에 이르게 됩니다. 민주체제가 주는 열매가 그만큼 달콤하다는 방증일 것입니다.

앞장에서 살펴본 것처럼 정부를 조정하는 사람들은 커다란 정치권력을 갖게 됩니다. 사실 미국이나 이스라엘의 경우처럼 민주

표 3-1. 인구 50만명 이상 국가들의 정부체제 변동추세(1946~2010)
출처: Monty G. Marshall and Keith Jaggers, "Polity IV Country Reports 2010"

체제 내의 정당한 국내 정치만 살펴보아도 그러한데, 무력을 사용하는 경우—미국의 2003년 이라크 침공—나 비민주주의 국가의 경우—버마 아웅산 수찌 여사의 15년 가택구금—를 보면 더 황당한 일이 많죠. 하지만 거꾸로 민주국가와 비민주국가의 차이를 생각해보면, 민주국가에서는 국가권력자의 권력이라는 것이 어느 정도 제한이 있음을 알 수 있습니다. 이 권력의 제한은 여러 측면에서 이루어집니다. 민주국가에서는 법의 제정이 공개적이고 그 법의 구속력이 상당하여 권력자들도 쉽게 법을 어기거나 자기 맘대로 형을 집행할 수는 없습니다. 민의에 기초한 법치이죠. 또한 대중언론의 발전으로 부패상이 시민들에게 쉽게 드러납니다. 시민들도 스스로를 조직해서—대표적인 예로는 한국의 참여연대—정부를 더 적극적으로 감시하고 정부에 도전하기도 합니다. 바로 이런 예시들이 권력자들을 견제할 수 있는 시민사회의 성장입니다. 하지만 민주사회의 이러한 갖가지 장치들보다 더 근본적으로 정부의 권력자들을 규제하는 것이 있죠. 바로 민주체제를 이루는 핵심적 정치제도인 선거입니다. 그 민주적 체제라는 것에 관해 잠시 논해보겠습니다.

민주체제는 무엇인가요? 민주적 체제와 다른 정치체제를 구별해주는 차이점은 무엇입니까? 질문이 좀 막연하면 다르게 생각해보죠. 민주국가에 살고 있다고 생각하십니까? 그렇다면 무엇이 당신으로 하여금 그렇게 생각하게 하나요? 북한은 민주국가인가요, 아닌가요? 그럼 무엇이 남한과 북한을 다르게 만들까요? 2012년은 김정은에 대해 많은 것을 배운 해였습니다. 김정은이 처음 유력한 후계자로 세상에 소개되었을 때만 해도 누군지도 몰랐고, 스위스에서 찍은 어릴 적 사진만 공개되었죠. 서방에선 그 이름을 어떻게 발음하는지도 헷갈려 했습니다. 하지만 2011년 김정일 국방위원장이 갑작스레 죽고 김정은은 명실상부한 북한의 지도자로 떠오릅니다. 군의 지휘권을 확보한 뒤 차례로 노동당 제1비서, 국방위원회 제1위원장의 요직을 차지하고 공화국 원수라는 칭호도 받죠. 동시에 북한 매체는 김정은을 국가의 최고지도자로 떠받듭니다. 김정일로부터 김정은으로의 권력이양은 적어도 표면적으로는 마치 국군의 날에 군대가 여의도 5·16광장을 행진하듯—옛날에는 그랬습니다——막힘이 없었습니다.

하지만 그해 남한은 약간 다른 모습이었습니다. 박근혜를 시작으로 김문수 등 새누리당의 지도자들은 당의 대선후보가 되겠다고 난리였습니다. 박근혜가 가장 유력한 후보였지만, 말도 많고 탈도 많았습니다. 민주당도 마찬가지였죠. 특히 안철수와의 연대는 애매한 상태가 지속됐습니다. 당내의 정치적 경쟁을 뚫고 새누리당에서는 박근혜가, 민주당에서는 문재인이 안철수의 지지까지 아우르며 후보로 나왔습니다. 그리고 이들은 또 국민들의 심판을 받았습니다. 결국 유권자들은 박근혜를 선택했습니다. 바로 대통령선거죠. 한사람이 다른 사람에게 권력을 물려주는 정치체제와 다수의 지도자가 경쟁하고 많은 국민이 그중 한명을 선택하는 정치체제, 바로 선거의 유무가 두 나라를 가릅니다.

선거가 있다고 다 민주체제인 것은 아닙니다. 권위주의 국가에도 선거는 있기 때문이죠. 박정희정권 후반을 봐도 그렇고 무바라크의 이집트를 봐도 그렇죠. 하지만 선거가 민주체제의 충분조건이 될 수 없는 것은 경쟁이 없었기 때문입니다. 무바라크 대통령의 경우 대선이 찬반투표였고, 박정희의 경우 경쟁자가 있었어도 공권력을 이용한 흑색선전, 개표부정 등을 통해 진정한 경쟁을 할 수 없도록 했습니다. 그나마도 간접선거로 바꾸었고요. 러시아의 푸틴 대통령은 재선을 거쳐 대통령을 두번이나 하고 나서 국무총리를 한 다음에 다시 대통령이 되었습니다. 선거가 있었고 야당도 있었지만 각종 정치적·법적 탄압, 언론매체의 관리 때문에 사실 진정한 경쟁이 아니었죠. 이들을 민주적 체제라 할 수 없는 이유입니다. 그러므로 민주체제는 선거가 자유롭고 경쟁적이어야 할 뿐 아니라 선거가 제대로 치러질 수 있는 여러 조건이 갖추어져야 합니다. 자유로운 언론, 군의 중립, 법치의 확립, 인권의 보호 등이 그 조건입니다. 어떤 학자는 경제적 평등까지 넣는 경우도 있습니다. 그런 경우, 민주체제라는 것이 굉장히 포괄적인 의미를 갖는 셈입니다. 민주체제를 얼마만큼 포괄적으로 정의하느냐는 논란의 여지가 있지만 대부분의 학자들이 동의하는 기준은 자유로운 선거의 유무입니다. 즉 자유롭고 경쟁적인 선거가 없다면 민주적 체제라 할 수 없습니다. 민주체제의 필요조건인 셈입니다. 여기까지의 주장에 수긍이 간다면 2013년 한국정치를 뒤흔든 대선 정국에 대한 시각을 한번 점검해보는 것도 좋을 것입니다. 자유롭고 공정한 선거는 민주체제의 필요조건인데 그 필요조건이 충족되지 않았다면 박근혜정권의 민주적 정통성에 문제가 있기 때문입니다. 불행하게도 2012년에 치러졌던 대통령선거가 공정하지 않은 선거였다는 증거가 속속 나오고 있습니다. 참여연대에 따르면 국정원은 당시 원세훈 원장의 지시에 따라 심리전단 소속 100여명의 사이버팀을 구성, 네이버 등 인터넷 싸이트에서 댓글을 달거나 트위터에 글을 올리는 등의 방식으로 박근혜 후보를 위해 활발한 활동을 벌였고 국군사이버사령부도 비슷한 성격의 인터넷 여론 조작 공작을 했습니다.[2] 그외 통일부, 국방부, 행정안전부, 국가보훈처에서도 교육과 교재 배포 등을 통해 진보세력을 비하하고 박정희정권을 미화하는 등 정치공세를 벌였습니다. 국가보훈처의 경우 전국보훈지청에서 총 1411회, 40여만명을 대상으로 진보정부가 당선되면 변방이 몰락한다, 또 박정희를 미화하고 김대중과 노무현을 종북 좌익으로 매도하는 내용이 담긴 자료를 이용한 안보교육을 대선 기간에 실시했습니다. 국가기관의 불법적인 선거 개입입니다. 헌법 7조, 공직선거법 6, 60, 86조, 국가공무원법 65조, 국정원법 9조 등에서 두루 금하고 있는 것들이니까요.

대선을 코앞에 둔 시점에서 정부기관들이 유권자의 판단에 영향을 미치는 행위를 조직적으로 했다면 이는 용납될 수 없는 일입니다. 이들의 활동이 과연 몇표를 움직였겠느냐는 의견도 있지만 이는 사태의 심각성을 이해하지 못하는 데서 나오는 생각이라고 할 수 있습니다. 몇표가 움직였느냐가 문제가 아니라 정부가 국민을 대상으로 공작을 펼쳤다는 데에 문제가 있는 것이니까요. 이러한 공작은 히틀러의 독일, 마오쩌둥의 중국, 김일성의 북한의 예에서 쉽게 볼 수 있듯 독재국가에서 흔히 벌어졌던 것입니다. 하지만 민주체제의 국가에서, 그것도 대통령선거를 두고 일어난 전례는 찾기 어렵습니다. 공정한 선거를 방해하는 것은 민주체제의 정통성 그 자체를 훼손하는 심각한 범죄행위이기 때문입니다. 앞에서 살펴보았듯 공정한 선거 없이는 민주정부도 없으니까요. 하지만 이제껏 밝혀진 바에 따르면 2012년 한국은 공정하지 않은 대통령선거를 치른 셈일 가능성이 높고, 그렇다면 여기서 선출된 대통령은 기본적인 민주체제의 필요조건조차 충족하지 못하는 꼴이 되는 것입니다. 한국 민주체제가 출범한 이후 가장 큰 위기인 셈입니다.

민주체제의 핵심, 선거

민주체제의 근간은 자유롭고 경쟁적인 선거입니다. 지도자들은 법이 정한 일정 기간만 권력을 지닙니다. 죽어서야 권력을 내주는 남북한의 독재자들과 다르죠. 현재 한국의 국회의원은 딱 4년 동안 권력을 지닙니다. 그리고 그 4년이 끝날 즈음 선거에 임하죠. 선거에 승리함으로써 유권자들에게 재신임을 받고 임기를 연장하거나, 신임을 받는 데 실패하면 권력을 내놓아야 합니다. 이렇게 이들은 4년에 한번씩 불확실한 미래를 겪는 것입니다. 이렇게 불확실한 미래가 있는 권력자들은 민의에 귀를 기울이지 않을 수 없습니다. 최소한 듣는 척이라도 해야 선거가 가까워졌을 때 유권자들에게 할 말이 있죠. 아무리 민의를 중시하고 공공을 위한 사명감에 불타는 권력자라 할지라도 선거가 없으면 민의를 등한시할 것이 뻔합니다. 아무리 공부를 좋아하는 학생이라도 시험이 없으면 공부를 하지 않게 되는 것과 같은 이치죠. 즉 선거는 권력이 없는 국민들이 권력자의 권력을 박탈할 수 있는 가능성을 제도적으로 보장함으로써 주권을 국민에게 부여하는, 민이 주인이 되는 민주체제의 핵심장치입니다.

이렇게 자기 손으로 나라를 대표하는 권력자——대통령이나 국

2005년 첫 민주적 국회의원 선거 후 손가락을 들어보이며 기뻐하는 이라크 시민

회의원——를 뽑는 것은 의미있는 일이 아닐 수 없습니다. 특히나 오랜 세월 권위주의 정권하에서 정치적 폭압에 신음한 시민들에게는 자유롭고 경쟁적인 선거라는 기회 자체가 참으로 고마운 것이죠. 중동지역의 예를 보면 아프가니스탄(2001)을 시작으로 이라크(2003), 튀니지(2011), 이집트(2011), 리비아(2011) 등 중동 국가들에서 연이어 폭정이 무너졌습니다. 그리고 이들 국가들은 자유로운 선거로 새로운 정부의 탄생을 시작했죠. 많은 사람들이 몇시간이고 걸어와서 또 긴 줄에 몇시간 동안이나 서서 투표를 했습니다. 하지만 이들은 힘들어하기보다는 정치적 자유를 만끽하는 기쁨으로 들떠 있었습니다. 그 열기가 보통이 아니었죠. 2005년 이라크 총선에는 내전으로 불안한 치안에도 불구하고 60퍼센트의 유권자가

위험을 무릅쓰고 1953년 이후 최초의 민주적 선거에 참여했습니다.[3] 시민항쟁으로 독재를 끝낸 튀니지에서는 건국 이후 최초였던 2011년 자유선거에 무려 90퍼센트가 넘는 유권자들이 투표소에 모였습니다.[4] 이들이 투표를 하고 지장을 찍은 손가락을 들어 보이는 장면이 전세계에 보도되었습니다.

물론 멀리 갈 것도 없지요. 바로 이 땅에서도 그런 일이 있었으니까요. 박정희의 뒤를 이은 전두환의 제5공화국 헌법도 대통령선거에서 유권자의 직접투표를 허용치 않았습니다. 대신 대통령선거인단이 투표를 하는 간접선거였죠. 1980년 장충체육관에서 열린 대통령선거가 그랬죠. 하지만 변화를 원하던 국민들은 1987년 6월 항쟁을 통해 목숨을 걸고 대통령 직접선거를 쟁취합니다. 투표를 앞둔 당시 선거를 통해 "국민 힘으로 민주성취"[5]를 염원하는 등 민중들은 한껏 들떠 있었습니다. 그도 그럴 것이 이 대선은 1971년 대선 이후 최초의 의미있는 대통령선거였고, 동시에 박정희에서 전두환으로 이어지는 암울한 군사독재시대를 끝내는 선거였으니까요. 투표율이 무려 89.2퍼센트를 기록합니다.[6]

'당신의 한표가 세상을 바꾼다'는 환상

선거는 이제 우리 사회에서는 완전히 정착된 제도입니다. 이라크처럼 투표했다고 기뻐서 흥분하는 사람은 거의 없죠. 물론 첫

투표를 하는 이십대 젊은이들은 남다른 느낌이 있겠지만요. 이라크와는 반대로 우리는 오히려 제발 투표를 하라고 독려해야 하는 상황입니다. 지난 투표율을 볼까요? 2004년 총선은 60.6퍼센트, 2007년 17대 대선은 63퍼센트, 2008년 총선은 46.1퍼센트로[7] 뜨거운 열기라고 말하기엔 좀 뭣한 참여입니다. 2012년 총선을 앞두고서 TV 등 각종 미디어에서는 선거에 참여하라는 공익광고가 넘쳐났습니다. 중앙선관위의 홍보대사인 '달인 김병만'의 얼굴이 많이 눈에 띄었죠. 역시 달인답게 크고 둥그런 빨간 띠 안에 몸을 고정시키고 데굴데굴 구르던 광고가 기억납니다. 멀리서 보면 선거용지에 찍는 표시처럼 보였습니다. 김병만뿐 아니라 선관위는 각 방송사의 간판급 아나운서와 소프라노 조수미로 공명선거 홍보대사단을 꾸려 투표를 독려했습니다. 하지만 2012년 총선의 투표율은 결국 54.3퍼센트로 끝이 났습니다. 한편 2012년 18대 대통령 선거는 앞선 투표율에 비하면 기형적일 정도로 뜨거운 관심 속에 75퍼센트가 넘기는 했습니다.

여기서 잠시 선관위의 슬로건에 눈을 돌려보겠습니다. "작은 투표용지 한장에 큰 대한민국이 있습니다"(2006년 지방선거) "국민의 올바른 한표 한표가 희망의 정치, 건강한 정치를 만듭니다" "내 한표 한표가 희망의 정치를 만듭니다"(2004년 총선) "현명한 판단 밝은 내일"(1992년 대선) "우리가 선택하는 역사 우리가 책임지는 역사"(1988년 총선) "희망찬 조국 미래 당신의 한표에서" "우리 모두 참여하여 새역사를 창조하자"(1985년 총선) "내가 찍은 바른 한표 새나라

기둥 된다"(1971년 대선) 등 다양합니다.[8]

슬로건을 읽어보니 어떤가요? 슬로건이라는 것 자체가 좀 어색하기는 하지만 내용은 크게 거슬리지 않죠? 선관위가 전하고자 하는 메시지가 친숙한 탓이겠죠. 많이 들어왔고 크게 이상하지도 않은, 딱히 반대할 내용은 아니죠. 그럼 그 메시지가 어떤 것인지 간단히 살펴보겠습니다. 크게 두가지의 메시지가 보입니다. 첫째는 당신의 투표가 굉장히 중요하다는 것입니다. 당신의 한표는 '큰 대한민국' '건강한 정치' '희망의 정치' '밝은 내일' '희망찬 조국 미래' '새역사' '새나라 기둥'과 직결되는 것이라고 하죠. 이렇게 보면 투표라는 것이 보통이 아닙니다. 한 나라의 안위와 직결되는 것이니까요. 그것도 당장의 정치적 명암뿐 아니라 나라의 미래와 역사와 직결되니 투표를 안 했다가는 대대로 민족의 죄인이 될 기세입니다. 또다른 메시지는 비슷한 맥락이지만, 이렇게 웅장한 미래가 '국민의 올바른 한표 한표가' '내 한표 한표가' '당신의 한표'가, '내가 찍은 바른 한표'가 모여서 온다는 것이죠. 나라의 안위와 역사가 다른 것도 아닌 내 한표에 걸려 있다, 굉장하지 않습니까? 이 메시지들을 합해보면 대충 이렇습니다. 개인의 한표, 한표가 모여야 하고, 모여서 민의가 전달되면 나뿐 아니라 공동체의 이익이 증진된다.

이뿐 아닙니다. 투표는 국민의 의무라는 목소리도 높습니다. "투표 참여는 국민의 권리이자 의무"(『경인일보』 2009.10.26), "YS, '투표는 국민의 의무'"(『한국일보』 2011.8.24), "우근민 지사, '투표는 국민의 권리이자 의무'"(『제주일보』 2012.4.11). 정말 투표 참여가 국민의 의무인가봅니다. 그렇다면 국민의 의무를 규정하는 헌법을 한번 펼쳐보죠. 제2장 '국민의 권리와 의무'를 보면 10조부터 39조까지 권리와 의무를 명시하고 있습니다. 선거에 관해서는 제24조에 "모든 국민은 법률이 정하는 바에 의하여 선거권을 가진다"라고 했습니다. 선거의 권리를 규정했을 뿐 특별히 의무를 규정하지는 않았네요. 여기를 보면 교육의 의무(31조), 근로의 의무(32조), 납세의 의무(38조), 국방의 의무(39조)는 나와 있지만 투표를 해야 하는 의무는 없습니다. 제가 헌법학자는 아니니 잘 모를 수도 있으니까 전문가의 의견을 참고해보도록 하죠. 명지대 법학과 기현석 교수는 "(보통선거를) 권리로만 보는 설과 권리뿐 아니라 의무도 포함하는 개념으로 보아야 한다는 학설도 존재하는 것이 사실인데요, 통설은 권리로만 보는 것이 다수입니다"라고 했습니다.[9] 음…… 선거의 참여는 의무라는 학설도 있지만 대부분의 학자들도 권리라고만 보는군요. 게다가 헌법엔 의무라는 말도 없고요. 하지만 왠지 어디선가 선거 참여가 국민의 의무라고 들은 것 같습니다. 저만 그런가요?

우리는 어려서부터 학교에서 또는 여러 대중매체에서 선거의 공익적인 측면, 투표라는 행위의 거의 성스럽기까지 한 모습을 학습했습니다. 학교에서, 신문에서, TV에서, 라디오에서도 모두들 공익을 위해서, 나라의 미래를 위해서 우리 모두 투표해야 한다는 말을 되풀이하니 이것이 진리처럼 받아들여지는 것이 어쩌면 당연한지도 모릅니다. 2011년 서울시장 보궐선거는 선거 한번 잘해서 이렇게 세상이 달라질 수 있다는 것을 보여주는 예로 흔히 얘기하기도 합니다. 보궐선거로 당선된 박원순 시장은 여러모로 이전의 시장들과 완연히 달랐기 때문이죠. 말로만 시민들을 위하겠다고 하고 자리를 차지하고 나서는 입을 싹 씻어버린 전임자들과는 그 행보가 달랐습니다. 그는 캠페인 중 약속한 대로 서울시립대의 등록금을 반으로 줄였습니다. 2012년 노동절에는 서울시 본청과 사업소 근무자 352명 등 모두 1133명을 정규직으로 전환했습니다. 더 많은 사람을 구제하지 못해 미안하다면서 눈물까지 흘렸습니다. 말도 많고 탈도 많던 뉴타운 사업이 전면 재고되기도 했습니다. 그리고 재개발을 주민의 거주의 관점에서 바라보고 정책도 조정하기로 하는 등 부동산 개발에 중점을 둔 전임자들과 차별되는 모습을 보였습니다. 반응은 뜨거웠습니다. 트위터에서 박원순 시장을 지지하는 글을 보는 것은 어렵지 않습니다. 투표 한번 잘했다는 발언도 쉽게 보이죠. 그를 따르는 트위터 이용자가 약 77만명에 이르고 페이스북에도 17만명이 넘는 지지자들이 그를 따르고 있습니다(2014년 1월 현재).

선거로 상징되는 민주체제의 함정

그런데 과연 나의 한표는 민주체제의 근간이고 세상을 더 밝게 만드는 초석일까요? 민주적 체제는 더없이 훌륭한 체제일까요?

미국인들은 민주체제에 대한 신념이 뜨겁습니다. 자신들이 구소련과의 냉전 기간 동안 공산주의를 이기고 민주체제를 지켜낸 장본인이라는 자부심도 있고, 대통령제를 만들어내 민주체제 발전을 도모한 것에 대한 긍지도 높습니다. 많은 미국인들은 민주체제를 정의와 동일시합니다. 이해가 갈 법도 한 것이 민주체제의 반대편에 서 있던 공산국가들이 흔히 시민들을 향해 폭압을 일삼았고 경제적으로도 궁핍했으니까요. 반대로 서구 민주국가는 부유하고 시민들의 삶도 전반적으로 훨씬 나았습니다. 민주체제가 이러한 우월성의 비결이라고 믿었던 것이죠. 서구식 발전을 흠모하던 나라들이 정치체제를 바꿀 때 민주적 체제로 향했던 것은 이상한 일이 아닐 것입니다. 물론 한국도 마찬가지였습니다. 권위주의 정부에 대항해 투쟁할 때 모두들 민주화를 외쳤습니다. 아무도 공산화를 외치거나 왕조의 회복을 요구하지 않았죠. 민주체제라는 것은 마치 당연한 대의이거나 꼭 가야 할 미래처럼 취급되었습니다. 물론 민주체제와 민주정치의 발전은 다들 학교에서 배웠듯이 긍정적인 측면이 많습니다. 하지만 과연 그것이 학교에서 배웠듯이 그리고 미국이 주장하듯이, 민주화를 위해서 피를 흘리며 상상했던 모습처럼 훌륭한 것일까요?

민주체제는 우리말로나 영어로나 모두 대중 또는 민중이 다스리는 사회체제라는 뜻입니다. 하지만 대중이 항시적으로 나라를 다스리는 것은 불가능하니 선거를 통해 대표를 뽑아 대중의 뜻을 대신해서 나라를 다스리는 것이 그 민주체제의 기본적인 바탕입니다. 앞에서도 논의했듯이 선거가 중요한 이유입니다. 선거라는 것이 나라의 지도자와 대중을 연결하는 끈인 셈이죠.

그렇다면 그 끈이 얼마나 튼튼할까요? 한국에서는 대통령선거를 5년에 한번씩 합니다. 이명박이 대통령선거에서 이긴 것이 2007년 12월이었습니다. 그다음 선거는 2012년 12월이었죠. 그럼 그 5년 동안 국민은 이명박에게 어떠한 영향력을 행사했을까요? 이명박정부가 추진한 굵직한 국가사업이나 정책치고 국민들의 큰 반대를 받지 않은 것이 없습니다. 2008년 미국산 쇠고기 수입 재개 결정, 4대강 개발사업은 직접적이고 전국적인 저항을 불러일으켰습니다. 천안함 침몰 후 들끓는 의혹을 깨끗이 해명하기는커녕 대북 경제봉쇄 조치로 긴장만 고조시켰죠. KTX와 인천공항의 민영화에 이은 한국항공우주산업의 민영화까지 시종일관 공공의 이익을 외면하는 정책을 불도저처럼 밀어붙였습니다.

이뿐 아니라, 이명박 대통령의 최측근들은 비리에 연루돼 줄줄이 검찰에 불려들어갔습니다. 2007년 대선 때 자문했던 6인회의 박희태(2008년 전당대회 금품살포 혐의), 최시중(파이시티 인허가 관련 뇌물수수), 친형 이상득(저축은행 등으로부터 금품수수)뿐 아니라 대선 캠프를 이끈 측근들인 박영준(파이시티 인허가 관련 뇌물수수), 신재민(이국철 SLS 회장 청탁 댓가 금품수수), 은진수(부산저축은행 로비 댓가 금품수수), 김효재(2008년 전당대회 돈봉투 전달) 등이 줄줄이 들어갔죠. 추부길(박연차 태광실업 회장으로부터 금품수수), 김두우(부산저축은행 로비 댓가 금품수수), 이영호(민간인 불법사찰 및 증거인멸) 등 같은 청와대 참모에다 대통령직 인수위 소속의 최영(함바 비리 금품수수), 강경호(강원랜드 인사 청탁 댓가 금품수수), 장수만(함바 비리 금품수수), 김해수(부산저축은행 로비 댓가 금품수수) 등도 마찬가지 신세였습니다. 자연히 대통령에 대한 민심도 차갑게 식었습니다. 2008년 쇠고기 파동 때 이미 23.2퍼센트까지 떨어졌던 지지율은[10] 2009년 노무현 대통령 서거 직후와 2011년 한나라당의 분당 재보궐선거 참패 후, 서울시장 보궐선거 후에도 20퍼센트대로 떨어졌고[11] 2012년에도 20퍼센트대에서 허우적거렸습니다.[12]

이런 대통령을 어떻게 해야 할까요? 아무리 좋게 말해도 미숙한 국정운영, 나쁘게 말하면 공익을 해칠 뿐 아니라 측근의 비리가 도를 넘어 대통령의 권위마저 땅에 떨어뜨린 대통령을 어떻게 해야 할까요? 어떤 상점이나 기업의 종업원이 일을 못하는 것은 물론이고, 입만 열면 거짓말에 동료들과도 매일 싸우고 주인도 무시한다면 어떻게 해야 할까요? 타이르고 꾸중하고 그러다가도 안 되면 해고해야겠지요. 하지만 안타깝게도 시민들이 대통령에게 할 수 있는 것은 거의 아무것도 없습니다. 이명박의 경우를 보아도 쇠고기 정국 동안에는 수만명이 모인 시위는 흔히 벌어질 정도로 민심이 요동쳤습니다. 대통령이 사과도 하고 반성도 한다고 했지만 말뿐이었습니다. 미국산 쇠고기 수입을 재개하는 것에 반대하는 민심이 너무나 선명하게 드러났고 정부의 대처 방식을 지탄하는 목소리가 전국을 뒤흔들었습니다.

만약 민심을 반영하는 것이 민주적 체제의 장점이라면 바로 그

장점을 보여주어야만 했던 결정적 순간이었죠. 결과는 어떠했나요? 쇠고기 시장을 열기로 한 정책은 아무것도 바뀌지 않았습니다. 미국산 쇠고기의 수입은 재개되었을 뿐 아니라 폭발적으로 늘었습니다. 관세청에 따르면 쇠고기 수입량은 2007년 14,112톤에서 2008년 31,989톤, 2009년 59,486톤, 그리고 2010년에는 84,821톤으로 늘었습니다.[13] 이는 곧 미국의 수출액 증가로 이어졌습니다. 2007년 12.4억 달러에서 다음해에는 29.1억 달러, 21.5억 달러, 그리고 마침내 2010년에는 50.4억 달러로 늘었습니다.[14] 덕분에 한국은 다시 미국산 쇠고기의 주요 수입국가로 명예를 회복하기에 이릅니다. 표 3-2는 미국산 쇠고기 수출의 90퍼센트 이상을 소화하는 주요 국가들의 수입량을 비교해놓은 것입니다. 표를 보면 위로 툭 올라온 지점이 보이죠? 이는 2004년 미국이 이 네 나라에 수출한 쇠고기의 74퍼센트를 멕시코가 수입했음을 보여주는 것입니다. 이는 같은 해 한국과 일본의 미국산 쇠고기 수입이 사실상 중단된 것과 연관이 있죠. 하지만 한국의 수입은 2008년을 전후로 회복해 2010년 무렵부터는 다시 20퍼센트에 거의 근접해 다른 나라들과 어깨를 나란히 하게 됩니다. 물론 미국 측과 재협상을 한다는 말도 흐지부지되었죠. 한마디로 대통령과 국민 간의 간격이 너무나 컸고, 국민은 대통령에게 아무 영향을 미치지 못한 것입니다.

앞에서 볼 수 있듯이 민주체제에서는 선거와 선거 사이에 국가 지도자들을 견제할 수 있는 제도적인 장치가 실질적으로 없는 것이 사실입니다. 이는 선거에 기반하는 민주체제의 큰 약점입니다.

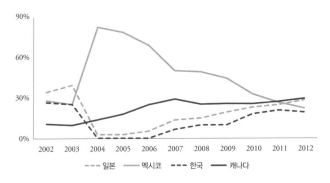

표 3-2. 주요국가의 미국산 쇠고기 수입동향(2002~12)
출처: 미국 농무성

특히 우리의 대통령제에서는 이 문제가 더욱 심각합니다. 한국에
서는 대통령이라는 자리에 엄청난 권력이 집중되어 있는 까닭이
지요. 특히 한국의 대통령은 "법률안 제출권, 국가긴급권, 헌법개
정안 제안권, 국민투표 부의권을 가지고 있을 뿐 아니라 헌법재판
소 소장·재판관을 임명하고, 대법원장·대법관을 임명하며, 광범위
한 사면권을 행사하는 등 입법부와 사법부의 권력을 초월하는 '초
권력적 대통령제'를 채택"[15]하고 있어서 그 권력이 매우 비대합니
다. 그만큼 악영향도 클 수 있는 것이죠. 설령 어떤 대통령이 이명
박 대통령보다 더 민심에서 멀어지고, 더 말도 안 되는 정책을 펴
고, 더 부패해도 임기를 마칠 때까지 국민들이 할 수 있는 일은 사
실상 아무것도 없습니다. 물론 탄핵을 결의할 수 있지만 대통령에
대한 탄핵소추는 국회 재적의원 과반수의 발의와 재적의원 3분의
2 이상의 찬성이 있어야 합니다. 노무현 대통령의 탄핵소추가 정치

적으로는 거의 이루어져 대통령 업무까지 정지되고 국무총리가 나라를 이끄는 상황까지 갔지만 결국 헌법재판소에서 소추안이 기각된 것에서도 볼 수 있듯이, 일단 선출된 대통령을 자리에서 내쫓기란 거의 불가능합니다. 임기를 끝내게 할 투표를 다시 할 수 있는 것도 아니고, 청와대 코앞에서 대규모 시위를 해도 무시하면 그만이고, 삼겹살에 소주를 곁들여 욕을 해도, 트위터에서 수만명이 비판을 해도 대통령이 무시하면 끝입니다. 법이 정하는 임기가 끝나기를 기다릴 수밖에 없죠. 과연 이것이 민주주의가 표방하는 다수에 의한 통치일까요? 이명박 대통령은 과연 다수 민중의 뜻—절대다수가 국정운영을 잘못하고 있다고 평했습니다[16]—을 대변하는 대통령이었을까요?

이명박 대통령의 예는 선거라는 것이 주는 통치의 정당성, 또는 민주체제 그 자체의 정당성이라는 것이 우리의 생각보다는 훨씬 부족하고 불완전한 것임을 확인시켜줍니다. 민주체제란 그토록 열망해서 피를 흘리고 얻은 것이기에 소중하지만, 어쩌면 그렇기 때문에 이 체제의 단점에 대해서는 많이들 토론하지 않는 듯합니다. 특히 우리처럼 내전을 치르고 아직도 북한과 무력으로 대치하고 있는 상황에서는 민주주의라는 사상의 이름을 단 체제는 정당성에 의심을 쉽게 허용하지 않습니다. 하지만 우리는 의심의 눈초리로 민주주의라는 것을 살펴보아야 합니다. 그 사상의 커튼을 벗겨내야 우리가 정말로 보고 싶은 정치의 참모습을 볼 수 있으니까요. 더군다나 민의를 대변한다는 체제이기에 더욱 그래야 합니다. 일

단 조금이라도 민주체제에 대한 의구심이 들었기를 바라면서 선거
에 대한 본격적인 논의를 시작해보겠습니다.

4 장

선거와 민의에 관한
불편한 진실

앞장에서 본 대로 민주체제는 선거와 선거 사이의 민의 반영에 문제가 있습니다. 그렇다면 선거라는 제도는 어떨까요? 과연 선거 그 자체는 아무 문제가 없을까요? 물론 아닙니다. 이 장에서는 선거가 갖고 있는 제도적 약점을 살펴보고 우리가 알고 있는 민주주의라는 것에 관해 생각해보도록 하겠습니다.

잡을 수 없는 민의: 구미호

우선 선거가 민의를 반영한다는 전제부터 시작해보죠. 독재자들은 자신의 신념을 국가 전체에 강요하는 경우가 종종 있습니다. 유대인에 대한 증오와 독일민족의 위대함에 대한 과대망상을 정책적으로 밀어붙인 히틀러가 그 좋은 예라고 할 수 있습니다. 탈레반의 예에서 보았듯이 종교의 가르침을 통해 자신들의 통치를 정당화한 예도 많습니다. 중세 유럽에서는 기독교, 조선시대 한반도에서는 유교가 비슷한 역할을 했지요.

하지만 민주체제는 민의를 선거로 드러내 이를 바탕으로 통치한다는 데 그 특징이 있습니다. 미국에서 학생들에게 민주주의가 뭐냐고 물어보면 꼭 나오는 대답이 있습니다. 바로 링컨 대통령의 유명한 1863년의 게티즈버그 연설의 한 구절인 "government of the people, by the people, for the people"이죠. 이걸 번역하자면 '인민의, 인민에 의한, 인민을 위한 정부'라고 할 수 있죠. 사실 좋은 대답은 아니지만 민주정부가 다른 무엇이 아닌 국민의 지지를 바탕으로 이들의 의중을 대표하는 것을 강조한다는 점에서는 일반적인 민주체제의 정의나 가정과 비슷하다 하겠습니다. 이렇게 민의를 중시하는 민주주의의 전통은 오래된 것입니다. 특히 19세기 유럽의 많은 학자들은 민의를 드러내는 선거의 중요성과 민주주의의 장점을 크게 강조했습니다.[1] 그러므로 민주주의는 드러나기만을 기다리고 있는 민의의 존재를 가정하는 것이죠. 하지만 과연 그런 민의는 존재할까요?

미국은 여론조사의 천국입니다. 정치인들도 사안마다 여론조사를 하죠. 주기적으로 확인하는 질문 중 하나는 "지금 미국이 맞

2010년 10월		2012년 4월	
문제	퍼센트	문제	퍼센트
경제·취업	54	경제·취업	48
의료	7	의료	5
적자·국가부채	3	적자·국가부채	5
이민자	3	교육	3
교육	2	당파 투쟁	3
도덕·가족 가치의 퇴보	2	도덕·가족 가치의 퇴보	3
대통령	2	유가 인상	3
기타	22	비대한 정부·관료주의	2
잘 모르겠음	5	기타	24
		잘 모르겠음	4

표 4-1. CBS 여론조사 '미국의 가장 큰 문제'

출처: "Problems and Priorities," CBS News Poll (http://www.pollingreport.com)

닥뜨린 문제 중 가장 심각한 것이 무엇이냐?" 하는 것입니다. 표
4-1에서 보이듯이 2010년 10월에는 경제와 취업이 압도적인 1등입
니다. 하지만 그밖의 사안들은 심각성이 다 비슷비슷한 듯합니다.
의료, 적자·국가부채, 이민자, 교육, 도덕, 대통령 등이 문제라고 답
했습니다. 재미있는 것은 잘 모르겠다는 답도 5퍼센트나 된다는 것
이죠. 민의에 따르면 경제·취업이 가장 중요하고 시급한 문제라고
읽을 수 있습니다. 그런데 과연 그럴까요? 거꾸로 미국인의 반은
경제·취업이 가장 시급한 문제가 아니라고 답했다고도 읽을 수 있
습니다. 그렇다면 민의는 과연 무엇일까요? 민의라는 것이 다수의

의견이라면 경제·취업을 가장 걱정하는 것이 민의겠지요. 하지만 2012년 4월이 되면 이는 또 달라집니다. 경제·취업은 여전히 가장 심각한 걱정거리이긴 하지만 48퍼센트만이 그렇게 보고 있습니다. 2010년의 54퍼센트에서 확 떨어졌죠. 그렇다면 이제 다수의 미국인은 경제·취업을 가장 심각한 도전으로 보지 않는 것일까요? 만약에 그렇다면 무엇이 민의일까요? 게다가 2012년의 자료를 보면 2010년에는 보이질 않던 걱정거리들—비대한 정부·관료주의— 이 눈에 띕니다. 그리고 이민자라는 항목은 보이질 않습니다. 민의가 바뀐 것이죠. 민의라는 것이 상황에 따라 바뀐다면 어느 시점의 것이 가장 중요할까요? 마땅히 명확한 답을 찾기 힘들어 보입니다. 즉 민의라는 것은 참 애매하죠. 무엇이라 딱 꼬집어 말하기도 어렵고 계속 변하기도 하니까요.

경제·취업의 문제가 민의라고 가정해보죠. 설사 그렇다고 하더라도 구체적인 세부사안에 들어가면 더 복잡해집니다. 2012년 미국은 대선을 앞두고 경제를 어떻게 살릴 것인가를 두고 설전이 치열했습니다. 『뉴욕타임스』의 칼럼니스트이자 노벨상 수상자인, 프린스턴대학교의 폴 크루그먼 교수는 미국에 필요한 것은 경제부양책이라는 주장을 여러곳에서 꾸준히 제기해왔습니다. 경제가 위축되어 있으니 소비자도 돈을 아끼고 돈이 안 들어오니 생산도 안 되고, 그렇다보니 생산자도 일자리를 안 늘리고 이는 곧 소비의 위축으로 이어지는 악순환의 연속이라는 것이죠. 크루그먼 교수는 이 사슬을 끊는 것이 연방정부의 책임이라고 지적합니다. 당장은 부채를 늘리더라도 연방정부가 과감하게 시장에 돈을 불어넣어 심폐소생술을 시행해야 투자와 소비가 살아나고 일자리도 는다고 주장하죠.

하지만 또 많은 우파 경제학자와 정치인은 이 주장을 강하게 부정합니다. 이들은 가장 큰 문제가 정부의 지나친 시장 간섭이라고 봅니다. 정부가 시장을 너무 규제하고 세금을 부과하니 사업을 할 의욕이 꺾인다는 것이죠. 그러므로 정부가 할 일은 국가부채를 줄이고 규제를 풀고 세금을 내리는 것입니다. 그러면 자연히 산업경제는 살아나고 고용이 창출되고 경기도 상승할 것이라는 주장입니다. 2008년 미국의 경제위기에서 시작해 2012년 대선을 거쳐 아직도 줄기차게 토론하고 있지만 어느 한쪽도 다른 쪽을 설득하지 못하고 있습니다. 정부관료, 정치인, 학자들뿐 아니라 일반 시민들도 양쪽으로 쫙 갈라져 있죠. 교실에서 학생들이 어쩌다가 토론이라도 하게 되면 감정적으로 언성이 높아지는 일도 드물지 않게 벌어집니다. 이렇게 민의라는 것이 딱히 하나로 모아지지도 않고 설사 그렇다 하더라도 조금만 구체적인 토론을 해보면 또 가지를 치면서 갈라지는 것이죠.

심지어는 그 민의라는 것을 적당히 반죽할 수도 있습니다. 그림 4-1은 2012년 총선의 서울지역 결과를 보여줍니다. 공직선거법을 보면 국회 내의 "국회의원선거구획정위원회"(24조)가 "국회의원 지역선거구는 시·도의 관할구역 안에서 인구·행정구역·지세·교통 기타 조건을 고려하여 이를 획정하"(25조)게 되어 있습니다. 그

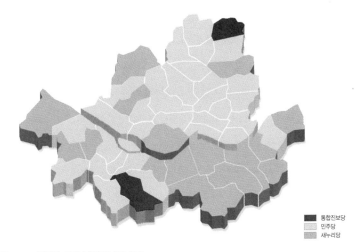

통합진보당
민주당
새누리당

그림 4-1. 서울지역 19대 국회의원선거 결과

림에서 보다시피 지역구는 기본적으로 행정구역을 따라 나뉩니다. 종로구는 종로, 용산구는 용산, 이런 식으로요. 인구가 많은 영등포구나 강남구 같은 경우에는 갑, 을로 나뉘기도 하죠. 행정구역은 쉽게 변하지 않고 그어진 선 안에서 행정과 삶이 이루어지니 이를 기반으로 지역구를 나누고 이를 대표하는 국회의원을 내는 것이 자연스럽죠. 그리고 그 대표들은 그곳의 민의를 찾아다니는 것이고요.

　하지만 만약에 누군가가 이 지역구를 지역의 사정과 상관없이 마음대로 조정할 수 있다면 어떨까요? 예를 들어 그게 여러분이고 여당의 지지자라고 가정해보죠. 이렇게 생각할 수 있습니다. 영등포 을 지역구는 강 아래 지역과 여의도 지역으로 나뉩니다. 강 아래는 주로 야당 지지가 많고, 여의도는 여당의 표가 많이 나오죠.

4장 선거와 민의에 관한 불편한 진실

그래서 이 지역구는 엎치락뒤치락하는 곳입니다. 자 그러니, 여의도를 3등분하는 겁니다. 주민이 많지 않은 서쪽만 남겨놓고 동쪽에서 한강 쪽은 마포 갑에 편입시키고 나머지는 용산구에 편입시켜 버리는 겁니다. 상대적으로 부유한 여의도 주민들을 마포 갑에 몰아넣음으로써 야당의 의석을 빼앗고, 나머지는 용산구 내의 부유층과 합쳐 용산을 여당 텃밭으로 만드는 것이죠. 어떻습니까? 좋은 생각 아닙니까? 물론 여당의 입장에서 볼 때는 좋죠. 하지만 한 동네가 셋으로 나뉘는 여의도 주민이나 야당의 입장으로 볼 때는 말도 안 되는 것이죠. 안 그래도 찾기 힘든 민의를 더욱 찾기 힘들게 하는 것입니다. 물론 가상의 이야기입니다. 하지만 실제로 이렇게 말도 안 되는 일이 벌어진다면요?

미국은 연방국회 하원의원 지역구를 주의회에서 10년에 한번씩 인구변동에 따라 조정합니다. 그러다보니 때가 되면 주의회를 장악하고 있는 당의 입맛에 맞게 지역구가 조정되는데 그 정도가 좀 심합니다. 물론 자기 당에게 유리하도록 하는데, 문제는 도가 지나치다는 데 있습니다. 지역의 역사, 행정구역, 주민 정서, 이런 것은 무시하고 오직 자기 당의 승리를 위해 말도 되지 않는 지역구를 만들어버리는 일이 드물지 않습니다. 그림 4-2를 보세요.

미국 동쪽 해변 최남단 플로리다주의 22지역구입니다. 딱 봐도 좀 이상한 모양 아닙니까? 상식적으로 어떤 공동체를 생각하기 힘든 지역구입니다. 행정구역 상으로도 브로워드(Broward) 카운티를 시작으로 팜비치 카운티 북쪽 끝을 지나 웨스트팜비치 카운티 일부, 팜비치가든 카운티 일부, 이런 식으로 몇개의 행정구역을 뱀처럼 지나갑니다. 도대체 어떤 이유가 있어서 이렇게 이상한 지역구를 만들어놓은 걸까요? 그 이유는 이 지역구의 면면을 살펴보면 답이 나옵니다. 이 지역구는 보시다시피 해변이 대부분입니다. 그것도 아주 비싼 해변이죠. 관광지로도 잘 알려져 있지만 미국인들이 은퇴한 뒤 살고 싶어하는 곳으로도 손꼽히는 지역입니다(저희 앞집 노부부도

그림 4-2. 플로리다 22지역구

이리 이사갔습니다). 그러다보니 자연히 이곳 주민들은 대개 돈이 많고, 나이도 많은 백인입니다. 이들은 보수적이고 공화당의 지지가 높은 계층입니다. 즉 공화당의 텃밭이죠. 자연스레 공화당의 텃밭이 되었다면 상관없겠지만, 억지로 만들어진 텃밭이라는 데 문제가 있습니다. 민주당 텃밭인 바로 옆의 지역구와 섞여 있었으면 어떻게 되었을지 모르죠. 즉 이 지역 사람들은 그대로이지만 지역구의 선을 어떻게 그리느냐에 따라 어느 당이 당선될지 딱 정할 수

는 없어도 아주 유리하게 만들 수는 있죠. 즉 민심을 적당한 모양으로 반죽할 수는 있는 것입니다. 민의라는 것이 이 모양이 되었다가 저 모양이 될 수도 있는 것이죠.

이렇게 유동적이고 실체도 희미한 것이 실제로 존재하기는 할까요? 게다가 이리저리 굴리면 모양도 바뀌는 것이 꼭 구미호 같지 않나요? 있는 것 같기도 하고 대충 어떤 건지 머릿속에 그림은 그려지는데 아무도 딱히 실체를 본 적이 없는 거죠. 한데 꼬리가 아홉개 달린 여우 같은 그 민의라는 것을 어떻게 반영할 수 있나요? 선거가 과연 그 일을 할 수 있을까요?

민의와 선거제도: 꽁치와 깡통따개

구미호처럼 실체가 모호한 민의를 밝힐 수 있을까요? 민의라는 것이 있다면 선거는 그 모습을 명확히 보여줄 수 있어야 할 텐데 말입니다. 이를 13대 대선을 예로 들어 더 생각해보죠. 표 4-2는 당시 민의를 가상으로 그려본 것입니다. 노태우 후보는 당시 36.6퍼센트의 표를 얻었습니다. 김영삼(28%), 김대중(27%) 후보가 뒤를 따랐습니다. 여기에 상상을 더해보죠. 노태우에 투표한 모든 사람들은 노태우를 가장 선호했고 그다음 김영삼을 선호했고 김대중을 가장 적게 선호했다고 말입니다. 김영삼에 투표한 모든 사람들은 김영삼을 가장 좋아했고 그다음이 김대중, 그리고 노태우였고 김

득표(%)	후보 선호
36.6	노태우 〉 김영삼 〉 김대중
28	김영삼 〉 김대중 〉 노태우
27	김대중 〉 김영삼 〉 노태우

표 4-2. 13대 대선 가상 선호도

대중에게 표를 준 사람들은 김대중, 김영삼, 노태우 순이었다고 가정해보죠. 실제의 결과는 노태우의 승리였습니다. 그리고 그게 민의였다고 할 수 있습니다. 하지만 과연 그럴까요? 만약에 김영삼이 어떤 이유에서건 대선을 포기했다고 가정해보죠. 그렇다면 김영삼의 지지자들은 그다음으로 좋아하던 김대중에게 표를 주었을 것이고 그랬다면 김대중 후보는 과반의 지지로 노태우를 이겼을 것입니다. 김대중이 포기했더라면 같은 이유로 김영삼이 이겼을 것입니다. 노태우가 포기했더라면 김영삼이 됐겠죠.

물론 현실의 역사에서는 아무도 포기하지 않았습니다. 김영삼과 김대중은 막후 타협을 시도했지만 결국 둘 다 대선에 나가기로 했습니다. 단일화가 이루어지지 않자 탄식의 목소리가 여기저기서 나왔죠. 하지만 만약에 제도적으로 누군가를 포기하게 만든다면 어떻게 될까요? 한국에서는 그런 일을 상상조차 하기 힘들지만 프랑스 대통령선거는 이를 강제합니다.

프랑스에서는 아무도 과반의 표를 획득하지 못하면 가장 표를 많이 얻은 두 후보가 결선에 갑니다. 그 두 후보를 두고 선거를 한번 더 하는 것이죠. 둘밖에 없으니 자연히 승자는 과반수의 표

시라끄 프랑스 대통령

를 얻게 되는 것입니다. 그 덕에 2002년 프랑스에서는 웃지 못할, 그리고 충격적인 일이 일어났습니다. 보수당의 시라끄 대통령은 재선을 위한 이 선거에서 19.9퍼센트의 표를 얻습니다. 현직 대통령이 이렇게 낮은 득표를 한 것도 문제지만 사실 진짜 문제는 2등 후보였죠. 바로 르 뺀이라는 극우주의 후보인데요, 무려 16.9퍼센트의 표를 얻어 10명이 넘는 다른 후보들, 특히 사회당의 조스뺑 후보(16.2%)를 앞섰습니다. 결과가 알려지자마자 프랑스와 전 유럽은 충격에 빠졌습니다. 그때까지 르 뺀은 사실 아무도 신경을 안 쓰던 농담 같은 정치인이었습니다. 인종차별주의자로 악명이 높았거든요. 하지만 그런 그가 항상 정권의 향배를 두고 다투던 사회당 후보를 누르고 2등으로 결선에 나갔으니 놀랄 수밖에요. 프랑스인들은 충격과 자괴감에 빠졌습니다. 그리고 모두들 시라끄 대통령을 지지하기로 합니다. 심지어 우파를 그렇게 싫어하는 사회당을 비롯한 좌파들까지도요. 덕택에 시라끄와 르 뺀이 대결한 결선에서는 82.2퍼센트 대 17.8퍼센트로 시라끄가 압승을 거두었습니다.

이를 1987년 한국의 대선에 적용했다면 어떠한 결과가 나왔을까요? 프랑스처럼 결선 투표를 한다고 가정해보죠. 노태우와 김영삼이 결선에 갔을 테고, 그랬다면 결과는 달랐을 가능성이 아주 높습니다. 앞의 표대로라면 김영삼이 대통령이 되었겠죠. 민의가 무엇이건간에 그것을 선거로 드러내는 것이 민주체제의 핵심이라고 합니다. 즉 선거라는 도구를 써서 민의를 드러내는 것이죠. 하지만 앞의 예를 보면 어떤 도구를 쓰느냐에 따라 드러나는 양태가 달라지는 것을 알 수 있습니다. 같은 사람들의 같은 표지만 한국 식으로 하면 노태우가 대통령이 되고, 프랑스 식으로 하면 김영삼이 대통령이 되는 것이죠. 그렇다면 과연 민의가 중요한 것일까요, 아니면 그 민의를 드러내는 도구가 더 중요한 것일까요?

선거제도에 관해 한가지 더 생각해보겠습니다. 우리의 정당제는 다당제이지만 주로 두개의 당이 경쟁을 하는 구도입니다. 현재 (2014)는 새누리당과 민주당이 경쟁을 하고 있지만 이전에는 한나라당과 민주당, 신한국당과 민주당, 이런 식이었죠. 물론 충청지역에 기반을 둔 제3당이 세를 얻을 때도 있었지만 이는 그 지역에만 국한되었고 그나마 이제는 그 존재가 희미해졌습니다. 2012년의 19대 총선 결과를 보아도 마찬가지죠. 새누리당이 149석, 민주당이 128석을 차지했습니다. 전체 300석 중 277석을 이 두 당이 차지한 것이죠. 전체의 92퍼센트가 넘습니다. 통합진보당(13석, 4.3%), 선진통일당(5석, 1.7%), 그 외 무소속(5석, 1.7%)이 있지만 그 존재는 미미합니다.

물론 대선을 보아도 마찬가지입니다. 대통령선거는 거의 두 정당 간의 경쟁이고 그중 한 정당의 후보가 대통령이 되는 것이 당연시됩니다. 특히나 2012년의 18대 대선을 보면 철저히 새누리당과 민주당 간의 경쟁이었습니다. 진보세력이나 보수세력 어느 쪽에서도 제3당은 명함도 내밀지 못했죠. 안철수, 정주영, 정몽준, 이인제 등의 경우를 보면 제3자의 영향력이 없다고는 할 수 없을지도 모릅니다. 하지만 이들의 영향력이라는 것이 표가 양분된 상황에서 한쪽의 표를 갉아먹는 역할을 하는 정도로 제한되어 왔다는 것은 그만큼 양당제가 강력하다는 반증입니다.

그럼 한국의 민의라는 것이 이 두 당이 대표하는 것처럼 두쪽으로 쫙 갈라져 있을까요? 국민 90퍼센트의 의견이 이 두 정당 중 하나의 정책과 사상에 딱 들어맞는 것일까요? 그럴 턱이 없습니다. 그럼 왜 이 두 정당 외에 다른 정당들은 청와대나 국회에 진출하지 못하는 것일까요? 왜 우리는 기독당, 사회당 등의 정당들이 의회에 진출하지 못할까요? 이러한 정당들이 대표하는 정책·사상을 지지하는 사람, 즉 민의가 없어서 그럴까요? 한국 내의 기독교인 수와 그들이 서울시청 앞 광장에서 보이는 에너지, 계속되는 기독당의 의회 진출 시도, 얼마 전 논의된 무상급식 등 진보적 논의나 진보정당들에의 꾸준한 지지를 보면 분명 민의는 있는 듯합니다. 하지만 막상 투표 결과는 두 정당으로 지지가 수렴되니 이상한 노릇이 아닐 수 없습니다.

이렇게 두 정당이 주도하는 정당체제를 갖는 데에는 여러 설명이 가능합니다. 하지만 제가 보기엔 우리의 선거제도가 가장 큰 이유일 듯합니다. 2012년 대선을 예로 생각해보겠습니다. 여러분이 민주당보다 더 왼쪽의 생각을 갖고 있다고 가정해보죠. 게다가 민주당을 좋아하는 것도 아닙니다. 진보당 지지자라고 가정해도 괜찮겠네요. 사회당 지지자라고 해도 되겠습니다. 노동자 출신 무소속 김소연 후보에게 투표를 하셨습니까? 하셨을 수도 있습니다. 하지만 많은 진보 성향 유권자들은 막상 선거에서는 민주당에 투표하기 쉽습니다. 이는 민주당을 좋아해서가 아닙니다. 민주당이 더 중도에 가깝고 그러므로 많은 중도 성향의 유권자가 민주당에 투표할 것을 알기 때문이죠. 중도 성향의 유권자가 노동자 출신 후보에게 표를 줄 리는 만무하니 자연히 진보적인 후보가 실제 당선될 가능성이 극히 적은 것이 뻔하고, 자신의 표가 사표(死票)가 되는 것이 싫은 것입니다. 그렇다고 새누리당 후보에 표를 던질 수는 없고 그나마 자신의 성향에 조금이나마 가까운 후보, 즉 민주당 후보에 표를 던지게 되는 것입니다. 게다가 2012년 대선처럼 그나마 정당세력을 구축한 진보세력 후보인 이정희 통합진보당 후보가 사퇴해버린 마당에선 민주당으로 표가 쏠릴 수밖에 없죠. 이는 우파도 마찬가지죠. 이러다보니 좌와 우를 대표하면서 동시에 가장 중도적인 두 정당이 표를 다 가져가는 상황이 되는 것입니다. 이는 실질적으로 국회의원선거도 마찬가지입니다.

만약에 한국의 선거가 승자독식제도가 아니라면 어떨까요? 대신 서유럽처럼 각 정당이 표를 얻은 만큼 의석을 갖는다면요? 즉 국회의원선거에서 한 선거구에 여러석이 걸려 있고 50퍼센트의 표를 얻은 정당이 50퍼센트의 의석을 가져가는 선거제도라면요? 가상적인 선거 결과를 나타낸 표 4-3을 보죠. 이 선거구에는 4석이

정당	득표(%)	획득 의석 수	획득 의석 비율(%)
A	40	2	50
B	30	1	25
C	25	1	25
D	5	0	0

표 4-3. 정당의 득표율에 따른 의석 배분을 상정한 가상 선거

걸려 있다고 하죠. 유권자들은 정당에 투표를 하고 정당은 자신들이 얻은 표만큼 의석을 획득해 자신의 후보들에게 배분을 한다고 하죠. 이 방식은 서유럽에서는 보편적으로 쓰이는 비례대표제입니다. 의석을 배분하는 여러 방법이 있지만 이 예에서는 최대잉여법을 써보겠습니다. 이 공식에 의하면 A당은 40퍼센트의 표로 2석, 즉 50퍼센트의 의석을 얻습니다. B당은 30퍼센트의 표로 1석(25%), C당은 25퍼센트의 표로 1석을 획득하죠. D당은 한 자리도 얻지 못합니다. 득표율과 얻은 의석의 비율을 비교해보면 딱은 아니지만 대충 비슷합니다. 즉 득표율에 국회에서의 의석 수가 비례하는 것이죠. 이렇게 보면 앞의 걱정은 없어지겠죠. 작은 정당은 적은 표만큼 적은 수의 의석을 가질 테니 내 표가 사표가 될 가능성도 아주 낮으니까요. 유권자들은 계산하지 않고 소신에 따라 투표할 수 있게 됩니다. 그러다보면 작은 정당들의 의회 진출 기회가 많아지고, 많은 정당들이 다양한 아이디어를 갖고 정치무대에서 활동할 수 있는 상황도 되는 것입니다. 이는 또 유권자들의 선택의 폭을 넓히게 되고요. 일종의 선순환이라고 할까요? 이를 거꾸로 보면, 두 정

당이 휩쓰는 정치 상황은 이들이 민의를 잘 대표하고 다른 정당들이 못해서 그런 것이 아니라, 한국이 시행하고 있는 특정 선거제도의 결과임을 알 수 있습니다.

앞의 예들을 가만히 돌이켜보면 민주정치에서는 민의 그 자체만큼이나 이를 드러내는 도구인 선거제도가 중요하다는 것을 알 수 있습니다. 그러니 선거로 민의를 드러낸다는 민주주의의 기본적인 가정은 어찌 보면 살짝 코미디인 셈이죠. 어떤 따개로 여느냐에 따라 깡통 속에 들어 있는 음식이 바뀌는 격이니까요. 꽁치가 민의라면 늘 꽁치가 나와야 하는데 이걸로 열면 고등어가 나오고 저걸로 열면 황도(黃桃)가 나오는 황당한 경우가 있을 수 있는 것이 민주체제입니다.

선거의 승자: 황도의 참모습

선거라는 제도는 각 개인의 투표로 그 집단의 민의를 파악하는 것입니다. 선거에서 승리한 후보는 이 과정을 통해 민의를 대표한다는 정당성을 갖죠. 다수의 지배가 소수—왕, 독재자, 귀족—의 지배보다 낫다는 생각이 그 바탕에 있습니다. 하지만 이제껏 살펴본 대로 이 간단한 사실, 또는 명확한 진리가 그렇게 간단하지도 명확하지도 않습니다. 민의도 명확하지 않고, 드러내는 도구에 따라 얼굴이 달라질 수도 있는, 어쩌면 구미호의 꼬리 같은 것일 수

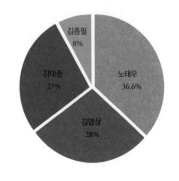

표 4-4. 13대 대통령선거 결과

도 있다는 것이죠. 여기서 한 발 더 떼어보겠습니다. 민의의 실체가 있고, 선거로 그 얼굴을 명확하고 공정하게 드러낼 수 있다고 가정해보죠. 그런 가정 아래서 선거의 승리가 무엇을 의미하는지 한번 돌아보겠습니다.

이를 위해서 13대 대통령선거를 한번 더 돌아보죠. 앞에서도 간단히 보았지만 표 4-4를 한번 보세요. 이 대선의 승자는 물론 노태우(36.6%)입니다. 김영삼(28%), 김대중(27%), 김종필(8%)보다 더 많은 표를 얻었으므로 선거의 규칙에 따라 가장 많은 표를 얻은 노태우가 대통령이 되었습니다. 하지만 뭔가 좀 꺼림칙하지 않습니까? 노태우가 얻은 표는 겨우 36.6퍼센트밖에 되지 않는 일부에 불과합니다. 투표한 유권자(89.2%) 중 겨우 3분의 1만 노태우를 지지한 것이죠. 표를 다시 한번 보시죠. 숫자를 떠나서 그냥 눈으로 네 후보가 얻은 표의 크기를 보세요. 김종필의 칸이 가장 작은 것이 일단 눈에 확 들어옵니다. 노태우의 칸이 좀 커 보이기도 하네요. 하지만 사실 노태우의 것이나 김영삼, 김대중의 것이나 그렇게 차이가 나지는 않습니다.

이 선거에서 노태우의 승리는 어떤 의미를 가질까요? 그의 승리로 드러난 민의는 어떤 것일까요? 일단 던져진 표의 3분의 1은 노태우를 대통령으로 지지했다는 점은 분명합니다. 하지만 이것만큼 분명하게 드러난 것은 3분의 1만 노태우를 대통령으로 지지했다는 것입니다. 보통은 여기서 토론이 끝납니다. 모두들 선거의 규칙을 아니까요. 하지만 우리는 유권자들이 던진 표의 전체적인 모습을 볼 필요가 있습니다. 이 선거의 결과를 크게 보면 절대다수인 3분의 2의 표는 노태우가 싫다는 소리를 한 것을 알 수 있습니다. 선거를 통해 노태우를 거부한 것이죠. 그렇지만 바로 그 선거를 통해 노태우는 대통령이 되었습니다. 황도라고 생각한 통조림의 내용물이 사실 비린 꽁치였던 셈입니다.

이 정도로 왜곡이 심한 것은 아니지만 한국의 민주선거에서 유권자 과반수의 지지를 받은 대통령이 전무한 것 또한 눈여겨볼 만합니다. 김영삼(42.0%), 김대중(40.3%), 노무현(48.9%), 이명박(48.7%) 이들 모두 과반에 모자란 표를 얻었습니다. 김대중 같은 경우는 심지어 턱걸이로 40퍼센트 선을 겨우 넘었을 뿐입니다. 박근혜가 최초로 과반이 넘는 51.6퍼센트의 득표율을 얻었지만 앞서 살펴본 바와 같이 아직 논란이 있습니다. 이들 모두는 뒤집어보면 다수가 싫어함에도 불구하고(!) 대통령이 되었다고도 볼 수 있죠. 민의에 반하는 자가 국가의 절대적 권력을 휘두르게 되는 이상한 상황입니다. 노태우의 예에서 극명하게 나타났듯이 민의가 드러나는 것은 승리에 의해서뿐만이 아닙니다. 표가 어떻게 나뉘느냐도 중요하죠. 하지만 현실적으로 승자를 내야만 하기 때문에 종종 전체적인 민의의 모습은 무시됩니다. 민의가 때에 따라서는 크게—1987년 대선처럼—또는 작게나마—다른 대선들처럼—왜곡되는 상황이 생기는 것이죠. 기가 막힐 수도 있지만 불행하게도 이보다 더 심한 경우도 있습니다.

2000년 미국에서 있었던 대통령선거의 경우입니다. 이 대선에는 텍사스 주지사 출신의 공화당의 조지 W. 부시와 클린턴 행정부에서 쭉 부통령을 지낸 민주당의 앨 고어가 각 당의 후보로 나왔습니다. 이 두 후보는 선거유세 기간 내내 누구도 결과를 예상하기 힘든 치열한 접전을 펼쳤습니다. 5월 여론조사에서는 47퍼센트 대 39퍼센트로 부시가 앞섰지만[2] 선거가 가까워진 9월에는 고어가 부시를 42퍼센트 대 39퍼센트로 제쳤습니다.[3] 선거를 2주 앞둔 10월 말에는 부시 44퍼센트, 고어 42퍼센트였죠.[4] 아무도 선거의 결과를 장담할 수 없었습니다.

양쪽의 지지자들이 눈을 부릅뜨고 지켜보는 가운데 민주당 고어 후보가 전체 표의 48.4퍼센트를 얻어 근소한 차로 뒤진(!) 공화당의 부시 후보(47.9%)에게 졌습니다.[5] 네, 졌습니다. 잘못 읽으신 것 아닙니다. 이 말도 안 되는 결과는 미국 대통령선거 제도의 불행한 사고라고 할 수 있습니다. 미국 대선은 일종의 간접선거입니다. 유권자들이 투표를 하면 그 주에서 일단 그 표를 셉니다. 그리고 그 주에서 이긴 후보가 그 주의 선거인단 표를 모두 가져가는 것이 보통입니다. 그리고 각 주의 선거인단 표는 주의 인구에 비례하고요. 그러니 인구가 많은 주는 선거인단 표도 많죠. 예를 들어 그림 4-3에서처럼 2000년 대선 당시 캘리포니아주에는 54표의 선거인

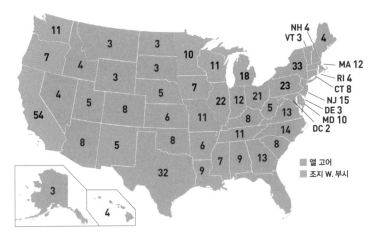

그림 4-3. 2000년 미국 대통령선거 결과(선거인단 표수)

단 표가 걸려 있었습니다. 캘리포니아에서 고어가 이겼고, 그래서 54표를 얻었죠. 반면에 텍사스의 32표는 몽땅 부시에게 갔죠.

이런 식으로 각 주 선거인단의 표를 더해 대선의 승부를 가르는 것이 미국의 방식입니다. 바로 이 선거인단 표의 집계에서 271대 266으로 고어가 뒤졌습니다. 유권자들의 표를 많이 받은 고어가 선거에서는 진 것입니다. 여기서 드러난 민의는 사실 두 후보 간의 승부가 무승부라는 겁니다. 미국인들은 사실 딱 반으로 갈라졌던 것이죠. 50,999,897표를 얻은 고어나 50,456,002표를 얻은 부시나 사실 똑같습니다. 하지만 굳이 미국 유권자들이 누구를 더 원했느냐를 물어보면—물론 과반의 표를 얻지는 못했지만—고어가 아닐 수 없습니다. 543,895표라도 더 얻은 것은 맞으니까요. 하지만 특이

한 선거제도 덕분에 대통령 자리는 부시에게 돌아갔습니다. 꽁치가 황도로 둔갑하는 순간입니다.

참을 수 없는 한표의 가벼움: 구미호의 털 한올

이제는 선거와 개인의 관계를 생각해보겠습니다. 개인의 존재는 선거에서 얼마큼 중요할까요? 선거의 당사자, 즉 후보나 정당의 관계자가 아닌 이상 대부분의 사람들은 선거에서 표로 말합니다. 즉 그 한표를 던지는 것으로 대부분의 개인의 선거 참여는 시작과 동시에 끝이 나죠. 그만큼 투표행위와 그 한표는 개인에게 민주체제의 일부가 되는 찰나의 순간이자 그래서 더욱 중요한 기제일 것입니다. 그래서인지 우리는 흔히 나의 한표가 민주주의의 초석이라는 말을 많이 듣습니다. 교과서에서도, 언론에서도 흔히 듣는 소리죠. 앞장에서 본 선관위 슬로건처럼 특히나 선거철이 되면 늘 듣는 소리입니다. 과연 정말일까요? 정말로 나의 한표가 그렇게 중요한 것일까요? 그렇게 한표 한표가 모여 민의를 이루고 이것이 표출되면 정의가 구현되는 것일까요? 그럴지도 모르죠. 하지만 막연히 믿기보다는 잠시 생각을 해보는 것이 좋겠습니다.

투표행위가 중요하다면 어떤 측면에서 중요할까요? 여러가지 경우가 있을 수 있습니다. 후보자로 선거에 나간 여친의 아버지를 찍어야 애정전선을 맑게 유지할 수 있겠죠. 투표를 하지 않으면 용돈을 주지 않겠다는 어머니가 있다면 투표를 함으로써 경제적 이득을 얻을 수 있습니다. 딸에게 투표하는 모습을 보여주고 싶어하는 아버지라면 투표는 가정교육에 아주 중요한 기제입니다. 투표소 앞에서 인증샷을 찍어 트위터에 올림으로써 팔로워들에게 칭찬 듣는 것을 즐긴다면 투표는 사회적 관계의 윤활유가 되는 셈입니다. 혹은 투표를 함으로써 시민의 의무를 다했다고 만족한다면 투표는 자존감에 중요한 것이죠. 미국에서는 선거를 하고 'I Voted(투표했어요)'라는 조그마한 스티커를 옷이나 가방에 붙이고 다니는 사람들이 많습니다. 중요한 일을 나는 했다, 이런 뿌듯함의 표시죠. 나의 한표는 이렇게 여러 방면에 중요할 수 있습니다.

　하지만 여기에 하나 빠진 것이 있습니다. 잠시 생각해보시죠. 나의 한표가 어떤 면에서 중요할까요? 나의 시민의식, 경제적 이득, 대인관계 등에서 중요할 수도 있지만 가장 중요한 역할은 무엇일까요? 투표가 가장 중요한 이유는 바로 선거에서 누가 이길 것인가를 결정하기 때문입니다. 즉 누가 그 자리를 차지하고 누가 자리를 차지하지 못할까를 결정하는 것이 선거의 가장 중요한 목적이고 나의 한표는 그 선거의 일부니까요. 자, 그럼 맨 앞의 질문을 다시 써보기로 하죠. 나의 한표가 얼마만큼 중요할까, 묻는 대신 나의 한표가 선거의 결과를 결정하는 데 얼마만큼 중요할까, 이렇게 말입니다.

　나의 한표가 선거의 결과를 결정하는 데 얼마만큼 중요할까? 답을 찾기 위해 2012년에 치러진 19대 국회의원선거 중 한 지역구를 살펴보겠습니다. 경기도 고양시 덕양구 갑의 선거전은 많은 관심을 끌었습니다. 그도 그럴 것이 야권은 경선을 거쳐 단일후보로 심상정 후보를 내놓았고 새누리당에서는 18대 선거에서 심 후보를 누르고 국회의원이 된 손범규 후보가 나왔으니까요. 전국구급 후보와 신망이 두터운 현역의원 간의 재대결이었습니다.[6] 18대 선거 당시 한나라당 손범규 후보는 43.5퍼센트, 심상정 후보는 37.7퍼센트, 민주당 한평석 후보는 11.5퍼센트를 얻었습니다. 야권으로서는 참 아까운 패배였죠. 심상정과 한평석의 표를 더하면 손범규의 득표를 웃도니까요. 야권 단일화가 의미심장한 대목이었죠. 게다가 이 지역은 개발 붐을 타고 갑작스레 부를 얻은 사람들과 그 기회를 얻지 못한 사람들이 공존해 경제적·사회적 격차가 심한 곳입니다. 그런 면에서 여·야의 지지세가 팽팽한 곳이죠. 양쪽 다 해볼 만한 지역구입니다.[7] 19대 총선 전 여론조사는 두 후보가 박빙의 승부를 펼치고 있음을 진작에 보여주었습니다(2월 말 심상정 34.8% 대 손범규 33.5%; 3월 말 손범규 38.4% 대 심상정 36.9%).[8] 결과는 예상 그대로 접전이었죠. 심상정 후보는 43,928표(49.37%)를 얻었고, 손범규 후보는 43,758표(49.18%)를 얻었습니다. 지지율에서 0.19퍼센트 차이가 났죠. 딱 170표 차입니다.[9] 사실상 두 후보는 비긴 것이나 다름없습니다. 9만여 표가 던져졌음에도 불구하고 170표 차니까요.

한표의 힘이 무섭다고 사람들은 감탄했습니다. 이렇게 박빙의 승부에서 한표, 한표의 힘은 더욱 빛을 발할 수밖에 없습니다. 그런 면에서 한표의 힘을 가늠해볼 수 있는 아주 좋은 예라고 할 수 있

선거운동을 하고 있는 심상정 후보

습니다. 자, 여기서 당신이 이 지역구에서 심상정 후보에게 표를 준
유권자라고 가정해보죠. 즉 그 170표 차를 만든 바로 그 사람(!)이
라고 말입니다. 만약 당신의 그 표가 심상정에게 가지 않고 손범규
에게 갔더라면 선거의 결과는 어떻게 되었을까요? 손범규 후보는
170표 차이로 지는 대신 168표 차이로 졌을 겁니다. 만약에 아예 투
표를 하지 않았더라면 손후보는 169표 차이로 졌겠죠. 여기서 잠시
당신의 한표가 어떤 결과를 가져왔는가 생각해보시죠. 당신의 한
표가 심상정의 승리에 얼마나 공헌을 했나요? 당신의 한표가 없었
어도 심상정은 169표 차이로 이겼을 것입니다. 당신이 손후보에게
표를 던졌더라도 심상정은 168표 차이로 이겼을 것입니다. 자, 당
신의 한표는 심상정의 승리에 어떤 영향을 미쳤나요? 한표의 향방
에 상관없이 심상정은 선거에 이겼을 텐데 이런 상황에서 당신의

표는 어떤 영향을 미쳤나요? 당신의 한표와는 상관없이 선거의 결과는 같았을 이 상황에서 말이죠. 네, 맞습니다. 당신의 한표는 선거의 결과에 영향을 미치지 못합니다.

학생들과 이런 논의를 하다보면 학생들이 화를 내는 경우가 종종 있습니다. 자신의 한표가 선거 결과에 영향을 미치지 못한다는 사실을 도저히 받아들일 수 없는 것이죠. 특히나 민주체제와 개인의 선택을 신성시하는 미국 학생들은 더합니다. 사실 여러분도 그렇게 느끼실 수 있습니다. 하지만 가만히 생각해보시죠. 내 한표가 선거의 결과를 과연 바꿀 수 있는가를 말이죠. 이렇게 박빙의 선거도 그러할진대, 수천·수만표 차이가 나는 선거에서는 더 말할 나위도 없겠죠. 맨 처음의 질문, '나의 한표가 선거의 결과를 결정하는 데 얼마만큼 중요할까'를 생각해보죠. 얼마만큼 중요했나요?

결론부터 말하자면 당신의 한표는 선거의 결과를 결정하는 데 아무 영향을 미치지 않습니다. 거의 대부분의 선거에서 당신의 한표가 있거나 없거나 될 사람은 되고 안 될 사람은 안 되죠. 선거에 당신의 한표가 결정적인 영향을 미치는 경우는 딱 두가지 경우가 있습니다. 두 후보만 있다는 가정하에 두 후보의 득표수가 동일하다거나 딱 한표 차이가 날 때, 당신의 한표는 승부를 결정짓거나 또는 무승부를 만들 수도 있죠. 하지만 이런 일이 일어날 가능성은 한국의 국회의원선거 정도의 규모만 되어도 거의 없습니다. 18대 총선에선 경기도 성남시 수정구에서 한나라당 신영수 후보가 129표 차로 통합민주당 김태년 후보를 이긴 것이 최소득표차이고,

국회의원선거 사상 최소 표차 승부는 16대 총선의 경기도 광주군에서 한나라당 박혁규 후보가 16,675표로 새천년민주당 문학진 후보(16,672표)를 불과 3표차로, 재검표 후에 2표차로 이긴 것입니다.[10] 그러니 혹시나 두 후보가 동률이거나 한표 차이가 나는 선거를 기대하고 투표하는 것은 효율적이지 않다고 할 수 있습니다. 물론 앞에서 논했듯이 선거의 승부 외에도 투표의 효용은 있을 수 있습니다. 하지만 안타깝게도 당신의 한표는 선거의 결과를 결정하는 데에는 별 영향을 미치지 않죠.

그래도 한표, 한표가 모여 그 승리를 이루는 것이 아니냐고 생각할 수도 있습니다. 한표씩 모여서 1만표, 10만표, 100만표가 되는데, 내 한표가 아무 영향이 없다면 그 100만표는 어떻게 만들어진 것인가 묻기도 하죠. 이해할 수 있는 반응입니다. 내가 갑이라는 후보를 지지할 때 지지자의 한표, 두표가 쌓이면서 승리에 필요한 표가 쌓여간다고 생각하니까 말이죠. 거꾸로 말하면 내 한표가 없으면 갑의 승리는 한표만큼 멀어지는 것이죠.

가만히 보면 이런 생각은 두가지를 간과하고 있습니다. 첫째, 이는 한표가 선거의 결과를 결정짓지 못한다는 앞의 논지를 부정하지 못합니다. '내' 한표의 향방에 상관없이 심상정이 이겼듯 말이죠. 두번째로 투표행위는 철저히 개인적인 정치행위라는 사실을 간과하고 있습니다. 투표는 개인이 투표소에 들어가서 합니다. 그 안에는 자신 외에는 아무도 없습니다. 예를 들어 여기 A라는 사람이 투표를 할 참이라고 하죠. 그는 1000명의 정치적 동지가 있습니다. 그가 선거 전날 갑이라는 후보를 지지하기로 약속했다고 합시다. A가 누구에게 투표를 하는지 1000명에게 어떻게 알릴 수 있을까요? 물론 말을 하겠죠. 하지만 그건 말뿐입니다. 투표용지의 갑에 기표한 것을 사진으로 찍어놓지 않은 이상—물론 이러면 안 됩니다—A가 누구에게 표를 주었는지는 증명할 길이 없습니다. 을이라는 후보에게 표를 주고 나와서는 동지들에게는 갑에게 투표했다고 할 수도 있는 것입니다. 설사 이를 증명할 수 있다고 하더라고 A의 그것을 보고 A의 동지들이 똑같이 투표하게 할 방법도, 그걸 확인할 방법도 없습니다. 즉 한 후보의 수백만표가 '모였다'라는 것은 그 표를 던진 사람들의 어떤 유기적 연대가 있음을 암시하는 기대지만 이는 그 후보를 지지하는 유권자의 입장에서의 희망일 뿐입니다. 위의 A가 평소에 정치적 가치를 달리하는 아내에게 이번만큼은 내 뜻대로 투표를 하라고 일주일 내내 다툼이 있었다고 해보죠. 결국 투표 전날 아내가 그러마 하고 말했고, 투표소에서 집에 오는 길에 확인하자 아내가 귀찮다는 듯이 당신 말대로 투표했다고 그랬다고 상상해봅시다. 이 정도 강제를 가하고, 어느정도 확인을 시도해볼 만한 이들이 학교 후배 몇몇, 직장에 한둘 있을 수 있습니다. 하지만 과연 아내가 A의 뜻대로 투표를 했을까요? 그 후배들과 직장 동료들은 어땠을까요? 혹시 투표소에 가는 대신 하루 종일 등산을 갔지만 멋쩍으니 둘러대는 것은 아닐까요? 면전에서는 그러마 하는 사람들에게 투표 후에 확인이 안 된다면 A는 과연 표를 모은 것일까요 아님 자신이 표를 모았다고 믿으며 자위하는 것일까요? 선거유세 동안 길거리나 온라인에서 느꼈던 연대 감은 훌륭한 것이지만 그것은 말 그대로 '감', 즉 느낌일 뿐입니다. 수백만의 '우리 편'이 수백만의 '저쪽'과 싸워서 숨 막히는 결전을 벌이는 것 같지만 '우리 편'을 묶는 것은 느낌뿐, 행위는 별개의, 개 개인의 것입니다. 그런 유기적 연대가 존재할 수 없는 제도가 투표 이고 이는 개표 결과만 놓고 보는 데에서 생긴 일종의 정치적 습관 일 뿐입니다. 한표씩 모이는 것이 아니고 한표씩 세는 것이죠. 선거 가 끝난 후에 세어보면 자연히 한표 한표가 모인 것처럼 보입니다. 하지만 갑이라는 후보를 지지한 표들 사이에는 아무 연관이 없습 니다. 갑을 지지한 표 중 A, C, K, O, Z의 표를 무작위로 뽑아서 볼 수 있다고 해보죠. A의 표는 나머지 표에 아무 영향력이 없습니다. A의 표가 있어서 나머지들이 을에게 표를 준 것도 아니고 그 표가 없다고 을에게 투표를 안 할 것도 아닙니다. A, C, K, O, Z 이 다섯 이 사전에 동지애를 나누었을 가능성도 없고 설사 그렇다 하더라 도 이들의 투표행위는 투표 날, 각자의 투표소에서, 나름의 시간에 따라 행해지므로 서로에게 영향을 줄 수 없죠. 다른 사람들이 어떻 게 투표를 해서 누가 이기고 있는지 알 수 있고, 이에 대응해서 우 리 편을 더 모아서 우리 쪽 후보에게 표를 '확실히' 주게 강제할 수 있다면 그런 유기적인 집단행동이 존재한다고 말할 수 있습니다. 하지만 현실에는 그러한 조직적 행동이 불가능합니다. 즉 한편이 되어, 어떤 유기적인 집단으로서 표를 행사한 것이 아니라는 것입 니다.

민의의 둔갑: 구미호의 변신

우리가 막연히 생각하는 것과는 달리 민주체제와, 민심과 이를 드러내야 하는 선거라는 제도에는 문제가 많습니다. 하지만 흔히 이런 문제는 없는 것처럼 이야기됩니다. 즉 민의의 분명한 실체가 존재하고, 선거는 이를 있는 그대로 드러내며 개개인의 한표가 모두 너무나 중요하다고요. 하지만 그렇더라도 민주체제의 근본적인 문제는 남습니다. 바로 선거로 드러난 민의가 권력자에 의해 자의적으로 바뀔 수도 있다는 것이죠. 그리고 민중은 하릴없이 그것을 지켜보아야만 하는 것입니다.

이런 일이 없을 것 같나요? 예상과 달리 사실 이런 일은 흔합니다. 대표적인 예로 선거 '공약(空約)'이 있습니다. 권력자는 권력을 받는 댓가로 한 약속을 지킬 의무가 있습니다. 그런 기대를 하는 것은 당연하죠. 그걸 보고 표를 준 것이니까요(아닌가요?).『서울신문』과 한국 매니페스토 실천본부의 2012년 조사에 따르면 민선 5기 시·도지사들의 전체 세부 공약 2388건 중 이행이 완료된 공약은 7.1퍼센트인 171건이고 추진 일정에 맞춰 계획대로 진행되는 공약이 23.7퍼센트인 565건으로 나타났습니다. 중간성적표로 보면 전체적으로 공약 이행률이 평균 30.8퍼센트라고 평가했습니다. 몇몇 당선자들은 10퍼센트를 겨우 넘는 아주 낮은 이행률을 보였습니다.[11] 중간평가라면 50퍼센트에 가까워야 하는데 겨우 30퍼센트라니 이런 식이면 많은 공약들이 말로만 끝날 가능성이 많습니다. 게다가 10퍼센트가 간신히 넘은 경우에는 공약이 거의 거짓말 수준으로 전락할 수 있습니다. 공약을 지키지 않는 것은 익숙한 상황이지만 이보다 더 황당한 일도 있습니다.

앞서 살펴본 1987년 대선으로 한국에서 87년체제, 즉 민주체제가 본격적으로 시작되었다고 평가하곤 합니다. 이는 1988년 총선으로 큰 힘을 받는 듯했습니다. 제1당인 민주정의당이 과반수를 얻는 데 실패한 것입니다. 선거 다음날 호외 등 신문지면은 떠들썩했습니다. 전체 299석 중 민정당은 125석을 얻는 데 그친 반면 김대중이 이끌던 평화민주당은 70석을 얻어 선전했습니다. 그뒤를 김영삼의 통일민주당(59석), 김종필의 신민주공화당(35석)이 따랐죠.[12] 득표율을 보아도 34퍼센트, 23.8퍼센트, 19.3퍼센트, 15.8퍼센트 순으로 1987년 대선의 득표율과 전체적인 그림은 크게 다르지 않았습니다. 민정당을 지지하는 표는 30퍼센트가 조금 넘는 수준에서 제자리걸음이었죠. 연이은 선거에서 우리가 군이 민의를 읽는다면 적어도 민정당이 이끄는 구체제에 대한 반대였을 것입니다. 당연히 야당 쪽에 힘이 실리고 김대중의 목소리가 국정운영에 중요해졌습니다. 이는 불과 2년 전만 해도 5공의 철권통치 아래 신음하던 대중들에게는 신선하고 희망적인 발전이었습니다.

하지만 이러한 민의의 발현은 오래가지 못했습니다. 1990년 1월부터 소위 '정계개편' 논의가 오가더니 22일 민정·통일민주·공화 이 셋이 합당을 한다는 발표를 해버립니다. 여기서 탄생한 것이 노

민주자유당 창당 축하연

태우 총재, 김영삼 최고위원의 민주자유당이었죠. 순식간에 상황은 218석의 거대 여당 대 평민당의 구도로 바뀌고 맙니다. 대학 캠퍼스는 연일 이에 반대하는 시위로 들끓었습니다. 하지만 1992년 총선에서 민주자유당이 69석을 잃을 때까지 유권자들은 실질적으로 이 합당에 대한 제도적 항의를 할 수 없었죠. 합당의 주역들은 정국 안정, 내각제 개헌 등 어쩌고저쩌고 말은 많았지만 분명한 것은 대선·총선에서 나타난 민의를 민중과는 아무 상의도 없이 몇몇 권력자들이 자의적으로 무시했다는 것이죠. 민중으로서는 정말 황당한 일이었습니다. 꽁치 통조림인 줄 알고 열었더니 황도가 나오는 것도 황당하겠지만 그 황도를 먹으려고 하니 마늘장아찌로 바뀌니 정말 당황스러운 것입니다.

혹시 투표를 빼먹으신 적이 있나요? 선거 당일 무슨 이유에서건 투표를 안 한 적이 있나요? 당신이 투표하지 않았을 때 어떤 일이 벌어졌습니까? 민주주의가 퇴보하던가요? 당신이 투표를 하지 않아서 당신이 지지하지 않던 사람이 대통령이 되었습니까? 그래서 죄책감에 시달리셨나요? 당신이 투표를 하지 않아서 조국의 미래가 수렁으로 빠졌습니까? 만약 신문에서 떠드는 말대로 당신의 한 표가 그렇게 중요하다면 투표를 하지 않았을 때 엄중한 결과가 따랐어야 할 것입니다. 하지만 사실 그런 일은 벌어지지 않습니다. 엄중한 일이 벌어진다면 그것은 당신의 한표 때문이 아닌 정책적 오판이거나 여의도에서의 싸움의 결과일 경우가 대부분입니다. 그나마 선거를 통해 개인은 제도권 정치에 참여할 수 있는 기회가 주어지지만 그 영향력은 미미하기 짝이 없습니다. 그러니 그밖의 실질적인 정치 현안에서의 영향력은 더더욱 초라할 뿐이지요.

이러한 결론은 마음이 편하지 않습니다. 더욱이나 민주주의의 가르침에 익숙한 우리로서는 더욱 그렇습니다. 게다가 민주체제가 민의를 잡기도 힘들고 그 민의라는 것도 제도에 따라 다르게 나타난다는 것까지 생각하면 더더욱 불편할 수밖에 없습니다. 하지만 불편하더라도 사실을 직시해야 정치의 참모습이 있는 그대로 드러나는 법입니다. 개인의 정치적 영향력, 특히나 투표를 통한 영향력이 미미하다고 정치가 쉬고 있는 것은 아닙니다. 끊임없이 역동적으로 움직이죠. 그렇다면 우리는 이 '불편한 진실'을 안고 좀더 근본적인 질문을 던져보아야 할 것입니다.

2부

숨은
정치

5장

숨은 정치 1:
종교의 정치

정치를 움직이는 진짜 권력

1장에서 정치를 "〔공적 영역에서〕 권력을 추구·사용하여 특정 이익을 도모하는 권위적이고 강제력이 있는 행위"로 정의했습니다. 이런 의미에서 본다면 일반적으로 개인의 정치행위는 굉장히 제한적입니다. 보통 사람은 공적인 영역에서 권력을 추구하지 않기 때문이죠. 그러니 권력 사용은 꿈도 못 꾸는 사람들이 대부분입니다. 민주체제에서는 가끔 그 공적 권력이라는 것이 사람들에게 선거라는 이름으로 주어집니다. 하지만 살펴보았듯이 그 권력이라는 것은 정말로 미미하죠. 그리고 그 권력을 사용한다 해도 자신이 속한 특정 집단의 이익을 도모하기란 쉽지 않습니다. 자신이 속한 집단을 위해 투표했다고 생각해도 그 이익이 뚜렷하지 않은 경우가 대부분이죠. 노동자들이 노무현에게 한표를 주었지만 노동탄압이 계속되었던 것이나, 중소기업 사장이 이명박에게 표를 주었지만 회사가 여전히 어려운 것이 그런 예입니다. 2012년 대선에서 박근혜 후보에게 압도적인 지지를 보인 오십대들이 이들의 이익에 맞는 보상을——예를 들어 노인복지 향상 등——받을지는 사실 확실치 않습니다. 복지공약이 하나둘 축소되거나 취소되는 것을 보면 공약이 그저 사탕발림이었던 것처럼 보입니다. 2014년 예산안을 보면 '기초연금 20만원' 공약이 폐기되면서 기초연금은 소득 하위 70퍼센트까지 차등 지급하는 것으로 수정됐고, 반값등록금 등의 시행 시기도 2015년 이후로 미루어졌죠. '4대 중증질환 100퍼센트 국가 책임' 공약도 누더기가 됐습니다. 지지자들이 기대했던 복지는 사실상 물거품이 된 것이나 다를 바 없어졌습니다. 모두 자신의 정치적 행위를 통해 변화를 만들고자 했지만 쉽지 않죠.

이렇게 개개인의 정치적 역량은 민주체제에서도 아주 작습니다. 여기서 한가지 이상한 점이 있습니다. 우리가 흔히 생각하듯 민주체제가 유권자의 뜻을 받드는 체제라면, 유권자 개인의 한표의 힘이 이리도 미미하니 정치에도 큰 움직임이 없어야 정상일 것입니다. 하지만 개인의 정치적 영향력, 특히나 투표를 통한 영향력이 눈에 띄는 변화를 일으키지 않지만, 이상하게도 어떤 힘에 의해서 정치에서는 변화가 역동적으로 일어나고 있습니다. 이 '불편한 진실'

이 정말로 불편한 것은, 개개인의 한표 말고 그 무엇인가가 정치를 움직이고 있다는 사실 때문입니다. 그렇다면 그 정체가 궁금해지지 않을 수 없습니다. 그 정체가 뭘까요? 이제 조금씩 들여다보겠습니다.

2013년 11월 하이옌이라는 이름의 태풍이 필리핀을 강타했습니다. 시속 315킬로미터를 기록한 강풍과 쓰나미, 홍수를 동반한 이 역사적인 태풍은 필리핀 정부가 사전에 만반의 준비를 했음에도 불구하고 엄청난 피해를 남겼습니다. 하이옌이 지난 자리는 전쟁이 휩쓸고 지나간듯 폐허만 남았고 필리핀에서만 5000명이 넘는 사망자와 2만명이 넘는 부상자를 남겼습니다. 이런 무시무시한 태풍은 왜 일어날까요? 기압과 바다의 온도 등 여러 이유가 있습니다. 공기의 압력이나 바다의 온도 변화는 엄청난 에너지를 필요로 합니다. 요즘에 일어나는 기후의 변화, 특히 더 잦아지고 강력해진 태풍이 사람 탓이긴 합니다. 전인류가 지난 100여년간 꾸준히 공해를 만든 탓이니, 개개인이 무엇을 하느냐와는 별로 상관이 없죠. 개인이 어쩔 수 있는 것이 아니죠. 누가 기우제를 지내서 불어온 것도 아니고 누가 간절히 기도를 해서 작아지는 것도 아닙니다. 행여나 그럴 수 있다 해도 그 한명의 염원은 자연적인 원인에 비하면 무시해도 될 미미한 것이죠. 그러므로 태풍을 연구하는 사람들은 누가 기우제를 지내는지 고려하지 않아도 태풍의 경로·세기 등을 거의 정확하게 예측할 수 있습니다. 기상연구원이 누가, 어떻게, 얼마나 많은 사람들이 기우제를 지내는지 연구하고 있다면 정말 큰일이겠죠. 조금

과장을 보태자면 정치가 큰 태풍이고 개개인의 한표가 한사람의 기도나 기우제라고 해봅시다. 그렇다면 정치에서 정말 큰 영향을 미치는 것은 무엇일까요? 누구일까요? 우리는 이미 개인의 한표는 별 영향을 미치지 못한다는 것을 살펴보았습니다. 이번 장과 다음 장에서는 그럼 실제로 정치를 움직이는 요소와 그 요소를 좌지우지하는 상징적인 사람들을 돌아보겠습니다. 우선 이 장에서는 제도권 정치권력 못지않게 위력적인 '종교'의 힘을 살펴볼까 합니다.

잠시 본격적인 논의에 앞서 사족으로 붙이고 싶은 말이 한가지 있습니다. 앞으로의 논의는 몇몇 개인의 정치적 지배력에 관한 것입니다. 이들이 얼마만큼 큰 정치력을 갖고 있는가 하는 것이 주제입니다. 이는 좋다 나쁘다 하는 논의와는 별개죠. '권력이 많아서 나쁘다'라고 한다면 '권력이 없어서 착하다'라고 할 수 있어야 하지만, 아니지 않습니까? 어찌 됐거나 이들의 권력이 일반 시민들에 비해 거대하다는 것을 논할 뿐이지 그래서 이들이 나쁘다, 좋다라는 가치 판단을 하는 것은 아님을 미리 말씀드립니다. 나쁘냐 좋냐 하는 것은 그 권력이 얼마나 큰가와는 별개의 문제입니다. 그리고 그 논의는 이 책에서는 생략하거나 최소화할 작정입니다.

사람들의 마음을 움직이는 초능력, 종교

어릴 적, 여느 남자애들처럼 저도 로봇이나 초능력자 흉내를 내며 놀곤 했습니다. '나는 ○○○이다'라고 외치며 뛰어다녔죠. 시간이 지나고 별별 장난감이 나온 21세기인데도 제 아들들을 보면 아직도 그러고 놀더군요. 그만큼 초능력에 대한 동경은 깊다고 하겠죠. 얼마 전, 라디오 프로그램에서 초능력에 대한 재미있는 이야기를 들었습니다. 가장 인기가 있는 초능력은 하늘을 나는 것과 투명인간이 되는 것, 그 두가지라면서 왜 인기가 있는지 조사하더군요. 하늘은 나는 능력을 좋아하는 사람들은 영웅적인 면을 강조하고, 투명인간을 좋아하는 사람은 좀 간사한 측면이 있다, 뭐 이런 내용이었습니다. 여러분은 초능력이 있다면 무엇을 택하겠습니까? 불이나 물을 다루는 능력, 시간을 멈추는 힘, 몸의 모습을 바꾸는 능력 등. 영화 보면 많지 않습니까? 그중 하나 골라보시죠.

저는 사람들 마음을 움직이는 능력을 택할까 싶네요. 다른 사람들 눈에 잘 띄지도 않고, 가만 보면 가장 쓰임새도 많을 듯싶고요. 물건값 흥정도 잘할 수 있고, 학생들 숙제도 열심히 하게 하고……실제로 「엑스맨」이라는 슈퍼히어로 영화를 보면 인간을 적으로 보는 진영의 지도자는 철(鐵)을 조정하는 능력을 가진 매그니토라는 자이지만, 인간의 편에 서는 진영의 지도자는 마음을 읽고 움직이는 능력이 있는 자비에르 교수입니다. 물론 가상이지만 그런 능력을 갖는 상상만 해도 즐겁습니다. 이런 능력이 꼭 상상 속에만 존재하는 것은 아닙니다. 초능력을 가진 사람만큼은 아니지만 사람들 생각의 큰 흐름을 조정하는 정도의 능력을 가진 사람들은 꽤 있습니다. 그중 하나는 바로 종교지도자이죠.

어떤 종교든 정치적으로 이용되는 경우가 아주 흔합니다. 1978~79년 이란의 이슬람혁명은 종교지도자의 힘이 뚜렷이 나타난 예죠. 대중들로부터 신망이 두텁던 종교지도자 호메이니(R. Khomeini)는 친서방계 팔라비(Pahlavi) 왕조의 억압을 피해 프랑스로 망명을 떠났습니다. 하지만 그의 목소리가 녹음된 테이프가 은밀히 밀수되어 모스크에서 모스크로, 거미줄 같은 이슬람의 망을 통해 전국으로 퍼져나갑니다. 많은 시민들은 종교의 이름 아래 똘똘 뭉칩니다. 게다가 호메이니는 이란의 왕을 사탄으로 규정하고 대부분 이슬람교도인 군인들에게 혁명의 편에 서라고 추동합니다. 신자로서 참 거스르기 힘든 것이었죠. 결국 왕조를 무너뜨리고 최초의 이슬람 공화국을 건설하는 데 성공합니다.

이슬람을 이용한 정치조직은 중동과 서아시아 지역에서 흔히 볼 수 있습니다. 가장 유명한 알카에다뿐 아니라 이들을 도왔던 아프가니스탄의 탈레반, 그리고 이들과 연계된 파키스탄의 각종 무장세력들 모두 이슬람의 이름으로 투쟁에 나섰습니다. 이렇게 종교의 이름으로 조직화한 정치세력은 이슬람에만 국한되지 않죠. 네팔에서는 2008년까지 힌두신을 자처하는 왕조가 있었고, 티베트의 달라이 라마 또한 라마불교를 바탕으로 자신의 정치세력을 유지합니다. 일본에도 공명당(公明黨)이라는 불교계 정당이 있고, 서유럽에도 기독교계 정당이 흔합니다. 미국도 마찬가집니다. 흑인교회들은 오바마를 위해서 신자들을 선거명부에 등록시키고 선거 참여를 독려하는 등 큰 공을 세웠죠. 보수적인 교회들 역시 공화당을 위해서 똑같은 일을 합니다. 이들은 동성결혼·낙태 반대 등 종교적인 이슈를 통해 똘똘 뭉칩니다. 시위도 하고, 선거 때가 되면 보수적인 후보를 지지하는 등 정치적으로 큰 목소리를 내죠.

이런 미국의 개신교 지도자 중 가장 눈에 띄는 이는 존 헤이기(John Hagee)라는 목사입니다. 헤이기는 텍사스 오스틴에 있는 대형 교회에서뿐 아니라 라디오·TV 방송을 통해서도 신자들을 이끄는 아주 유명한 목사입니다. 2005년 불어닥친 허리케인 카트리나에 뉴올리언스가 물에 잠겨 많은 사람이 죽자 이는 섹스와 마약으로 타락한 도시에 내리는 신의 형벌이라고 말해 논란을 일으켰죠. 하지만 헤이기가 유명해진 가장 큰 배경에는 그가 이끌고 있는 정치조직이 있습니다. 바로 '이스라엘을 위한 기독교연대'(Christians United for Israel, CUFI)가 그것입니다. 이스라엘과 개신교의 연대를 성서적 명령이라고 생각하는 이들의 모임입니다. 단순한 모임이 아니라 미국의 중동 정책에 큰 관심을 보이는 정치집단입니다. 이들이 집회를 열면 정치 거물들도 와서 참석자들에게 눈도장을 찍고 보수의 왕관을 쓰려고 안달입니다. CUFI 조직원들은 직접 국회로 가서 국회의원들을 상대로 친이스라엘 정책을 강력하게 주문하기도 하죠. 이들이 이렇게 똘똘 뭉쳐서 행동하고 정치적으로 큰 목소리를 낼 수 있게 된 것은 물론 종교의 힘입니다.

이들의 신앙심은 성경을 문자 그대로 해석하는 헤이기의 가르침을 무비판적으로 수용하게 만들죠. 예를 들어 「창세기」 12장 3절, "너(아브람의 자손, 즉 유대인들)를 축복하는 자에게는 내가 복을 내리고 너를 저주하는 자에게는 내가 저주하리니"를 들면서 유대인들의 나라인 이스라엘을 지지하는 것은 성서적으로 합당하다고 주장합니다. 또한 성경에 나와 있는 대로 신이 약속한 땅이니 이 땅을 가지고 팔레스타인과 정치적 타협을 하는 것은 말도 안 된다고 주장합니다. 물론 이러한 주장은 근거도 없고, 비현실적일 뿐 아니라, 미국의 중동 외교를 고려해도 국익에 도움이 되지 않습니다.[1] 하지만 믿음으로 뭉친 이들에겐 현실과 논리라는 것이 오히려 말도 되지 않는 소리일 뿐입니다. 문제는 이러한 비논리적인 친이스라엘의 목소리가 의외로 무서운 정치적 영향력을 갖고 있다는 점입니다. 믿음을 바탕으로 뭉친 친이스라엘 정서는 정치적 야심이 많은 헤이기 같은 교회 지도자들에 의해 조직화되고 이는 곧 표와 정치기부금으로 이어지죠. 덕택에 미국 정치인들은 감히 이스라엘의 이익에 반하는 발언을 하기를 두려워합니다. 도리어 선거 때만 되면 대통령 후보들은 하나같이 이스라엘을 지키겠다는 약속을 되풀이할 정도입니다. 2012년 대선에선 공화당 후보 롬니도 이스라엘을 방문해 좋은 그림을 만드는 데 많은 공을 들였죠. 권력을 잡은 이들은 자연스레 친이스라엘 정책이라는 큰 틀에서 중동 정책을 펼치게 되어 있습니다.

얼음은 가만히 두면 자연히 물이 되죠. 이 순리를 거스르기 위해서는 여러 장치가 필요합니다. 냉장고라는 복잡한 기계가 있어야 하고 또 전기가 있어야 합니다. 이와 비슷하게, 비논리적이고 미국의 이익에도 해가 될 수 있는 친이스라엘 정서와 정책이 미국에서 자연스레 받아들여지려면 누군가의 적극적인 간섭이 필요합니다. 헤이기는 이런 믿음을 강제할 수 있는 여러 장치들을 갖고 있습니다. 매주 신도들을 만나는 예배는 그중 하나죠. 그의 교회인 코너스톤 교회(Cornerstone Church)는 일요일 세번의 모임에 2만명의 신도가 참여합니다.[2] 그뿐 아니라 그의 설교는 160여개의 텔레비전 채널과 50여개의 라디오 방송을 통해 거의 9900만 가정에 전달된다고 하죠. 엄청난 수의 사람들이 여러 장치를 통해 헤이기의 말에 귀를 기울이고 있는 것은 사실입니다. 덕택에 그의 CUFI의 멤버는 75만명이나 되고 연례모임은 성황을 이룹니다. 종교의 특성상 수동적일 수밖에 없는 교회의 신도들이 이런 식으로 헤이기의 주장에 지속적으로 노출되다보면, 결국에는 헤이기의 주장을 '사실'로 받아들이게 되겠죠. 교회는 강력한 메시지와 이를 주입할 수 있는 장치가 모두 구비되어 있는 이상적인 곳입니다. 많은 이들이 주기적으로 모일 뿐 아니라 이들은 지도자들을 중심으로 같은 믿음을 공유하죠. 헤이기는 이러한 종교의 특성을 너무나도 효과적으로 이용하는 것입니다. 「엑스맨」의 자비에르 교수처럼은 아니지만 사람들로 하여금 한가지 주장을 무조건적으로, 절대적 사실로 받아들이게 하는 능력은 평범한 것이 아님이 분명합니다.

한국 교회의 힘

사람들에게 특정한 정치이념을 은밀히 강제하는 것은 헤이기의 예에서 볼 수 있듯 엄청난 정치적 권력을 약속합니다. 한사람이 한 표를 행사하는 것과는 비교가 되지 않죠. 헤이기는 자신의 한표만 이 아니라 한표를 행사하는 수많은 사람들의 정치적 가치관을 조정함으로써 정치력을 행사합니다. 여러분은 자신의 한표 외에 몇 표나 더 조정할 수 있나요? 저를 비롯한 대부분은 영향을 준대봐야 가족이나 친구들 정도에 그칠 것입니다. 헤이기처럼 수십, 수백만 표를 주물럭거리는 사람들에는 댈 것도 없이 초라한 정치력이죠. 그런데 한국에도 헤이기 같은 이가 없지 않습니다.

보수적인 교회를 이끄는 지도자들이 한국의 정치 지평에서 크게 눈에 띄는 위치를 차지하고 있습니다. 그들의 정치적 힘의 크기는 언뜻 보아도 금방 드러납니다. 쉽게 가늠할 수 있는 척도는 그들이 불러모을 수 있는 사람의 숫자일 것입니다. 보통 사람들이 별 볼 것도 없는 허허벌판에 사람들을 몇명이나 모을 수 있을까요? 식구들을 살살 달래면 한 서너명 정도는 가능할 것입니다. 하지만 친 인척만 해도 오라고 한다고 다 모이진 않습니다. 되레 욕이나 먹기 쉽죠. 하지만 이런 목사들은 다릅니다. 아무것도 없는 시커먼 아스 팔트 광장에 1만명 정도 모으기란 일도 아니죠. 물론 그 집회는 종 교 모임이긴 하지만 결과적으로는 정치적일 수밖에 없습니다. 일 단 모이는 사람의 숫자가 몇천명도 아닌 1만명을 넘기면 그 자체로 공적인 그리고 정치적으로 영향력이 있는 모임이 됩니다. 일단 선거에서 1만표는 큰 힘을 낼 수 있으니까요. 특히나 그 1만표가 목사의 지도하에 거의 일사불란하게 움직일 때는 말이죠. 잘못 보이면 국회의원도 자리를 잃을 수 있는 숫자입니다. 이런 목사들 몇이 모여 모임을 이끈다면 대통령이라도 신경을 쓰지 않을 수 없습니다. 당장 모인 표의 숫자만이 그 정치력의 전부가 아니죠. 그들이 만들어내는 여론도 무시할 수 없습니다. 1만명이 각자 주변의 가까운 친인척 10명에게만 말을 퍼뜨려도 당장 10만명이 그 메시지를 접하게 됩니다. 이들이 또 가까운 10명에게만 그 말을 퍼뜨린다면 다시 100만명입니다. 물론 이런 산술적인 계산은 개신교 신자들이 자신의 메시지를 전달하는 데 굉장히 적극적이라는 사실을 고려하지 않고 있습니다. 명동 한가운데나 전철 안 또는 친구들 모임에서도 흔히 보이듯 개신교 신자들은 포교에 굉장히 공격적입니다. 집회에 참여할 정도로 적극적인 신자들이 그 어떤 메시지를 얼마만큼 적극적으로 주변에 퍼뜨릴지 쉽게 짐작이 갑니다.

그럼 이러한 보수 교회 집회의 규모가 실제로 어느 정도인지 간단히 살펴보겠습니다. 이제는 흔히 볼 수 있는 이들의 집회는 순복음교회가 앞장섰던 것으로 보입니다. KAL기 폭파사건이 일어났고 민주화 시위가 절정이었던 1987년의 10월, 당시에는 아스팔트만 시커멓게 깔려 있던 여의도광장에 순복음교회가 주축이 된 '나라와 민족을 위한 기도대성회'가 열렸습니다. 이 집회에는 150만명이나 참여했습니다. 이를 시작으로 1989년엔 잠실 올림픽 주경기장에서 15만명이 참석한 가운데 통일을 기원하는 집회가 열렸고 이듬해에도 역시 15만명이 모여 비슷한 성격의 집회를 열었습니다.[3] 순복음교회는 이렇게 거의 매년 거대집회를 통해 세를 과시했습니다.

최근 10년간의 대형집회를 살펴보면 2003년 1월 시청 앞 광장에서 8만여명의 개신교 신자들(대부분이 순복음교회 소속)이 모여 '나라와 민족을 위한 평화기도회'를 열었습니다. 이 집회 역시 이런 대형집회가 으레 주장하는 '민족회개, 경제 성장, 주한미군 철수 반대, 북한 핵 포기, 평화통일, 국민 대화합, 한국 교회 화합' 등의 주제로 진행되었습니다.[4] 2004년에는 노무현 대통령 탄핵안이 가결된 후 한국기독교총연합회(이하 '한기총') 등을 주축으로 하는 교단 단체들이 노무현 대통령과 정치권 전반을 비난하는 성명을 내고 기독교인들의 정치적 각성을 호소했습니다. 그후 각처에서 소위 구국 반공·친미 집회가 열렸고 경기도의 한 기도원에는 1만여명이 모이기도 했습니다.[5] 2008년엔 비가 내리는 날씨에도 1만명에 가까운 교인들이 서울시청 앞 광장에서 열린 '나라를 위한 특별기도회'에서 조용기 목사의 "광우병 괴담은 국민을 혼란에 빠뜨리고 현 정부를 무력화하는 사탄의 계략이다"라는 연설을 들었죠.[6] 같은 해 한기총의 '대한민국 수호 국민대회'에는 교인들과 재향군인회, 대한민국상이군경회, 해병대 전우회 등 여러 반공단체에서 나온 10만의 인파가 서울시청 앞 광장을 메웠습니다.[7] 여기에도 어김없이 조용기, 김홍도, 길자연 등 유명 목사들이 등장했고 여의도순복

부시 대통령이 참석한 6·25 60년 평화기도회(2011)

음교회는 참여한 다른 교회들과 마찬가지로 성전에 있는 교인들까지 대거 동원하느라 분주했습니다. 2011년 6월 서울 월드컵경기장에서 열린 '6·25전쟁 60년 평화기도회' 또한 굉장히 인상적이었습니다. 6만 4000여명이 모인 규모도 규모지만 여러 연사들 중에 부시 전 미국 대통령이 참석한 것이 눈에 띕니다.[8] 여기서 조용기 목사는 첫 연사로 나섰고 그와 순복음교회가 이 집회의 주요 세력이었음은 말할 것도 없습니다. 이렇게 살펴보면 이들 교회를 이끄는 목사들, 특히 그중 조용기 목사는 보통 사람들로서는 상상도 할 수 없는 정치적 권력을 갖고 있는 것이 분명합니다. 이렇게 사람을 모으는 일은 아무나 할 수 있는 것이 아니니까요. 게다가 그 규모도 10만명 안팎입니다. 미국의 전직 대통령도 오고 현직 한국 대통령도 얼굴을 비칩니다.

반공과 친미의 노래

보수 교회 지도자들이 정치적으로 중요한 또다른 이유는 이들이 이런 모임을 통해 사회에 전달하는 정치적 메시지 때문입니다. 이들의 대형집회를 살펴보면 한결같이 반공의 찬가를 앵무새처럼 되풀이하고 있음을 알 수 있습니다. 2012년 총선을 앞두고 조용기는 "김정일은 2012년 총선과 대선에서 (종북좌파가) 승리하여 총 한발 쏘지 않고 대한민국을 접수한다고 계획했는데 지난해 하나님은 그를 뒈지게 하셨다" "김정일의 계획을 허물고 우리나라도 공산화되지 않도록 선거로 좋은 사람들을 세워주셔서 하나님께 감사드린다" "우리나라에 공산당이 들어오면 교회는 뿌리째 뽑혀 예배 보고 찬송하는 일이 꿈같은 일이 된다"며[9] 노골적으로 김정일을 조롱하고 반공의 목소리를 높였습니다. 조지 부시가 참석한 2011년 집회에서 최성규 목사(인천순복음교회)는 기도를 시작하기 전에 "하나님, 우리는 공산당이 싫어요. 하나님, 우리는 전쟁이 싫어요. 하나님, 우리는 평화를 사랑해요."라는 구호를 참석자들이 외치게 했습니다. 뒤를 이어 나온 이광선 목사(한기총 대표회장)도 "북한은 지난 60년간 온갖 무력 도발과 만행을 저지르고도 발뺌했다" "특히 최근에는 핵 개발과 더불어 천안함을 폭침했고 서울을 불바다로 만들겠다는 위협을 서슴지 않고 있다"며 북한을 규탄하는 목소리를 높였습니다.[10] 2004년 총선 때도 비슷한 수구 냉전의 논리를 '하나님

말씀'으로 포장해 팔아댔습니다. 새문안교회의 이수영 목사는 설교에서 "이번 총선은 사탄의 심부름꾼인 공산주의자들이 민주·진보·개혁인사로 위장해 국회로 들어가는 것을 하나님의 힘을 빌려 저지할 수 있느냐 없느냐의 시험대"라고 열변을 토했고 조용기 목사 역시 "젊은이들이 촛불시위 등을 통해 좌경화되고 있다. 우리 교회가 뒷짐 지고 있을 처지가 아니다."라고 열변을 토해냈습니다.[11]

반공의식 투철한 이들에게 한국 내 좌파의 성장이 달가울 리가 없죠. 2004년 11월 7일 서울 금란교회 김홍도 목사가 신도들에게 한 주일설교 내용을 보면 좌파에 대한 이들의 인식이 선명하게 드러납니다.

전교조의 5대 강령 중 하나가 50대 기업을 까부수고 50대 교회도 파괴하라는 겁니다. 왜? 저 잘사는 놈들, 대기업가들 다 까부수고 나눠갖자. 좌경사상에 물든 노동자들은 사장을 노동자 피빨아먹는 흡혈귀라고 생각해요. (…) 우리 정부는 온갖 세금을 잘사는 사람들에게 붙여(내게 해)서 특별히 강남 사람들을 못살게 하려고 해요. 좌경사상은 있는 사람들 때려잡아서 다 평등하게 살자는 겁니다.[12]

다른 사람들이 축적한 부를 빼앗아 살아가는 나쁜 놈이 좌파인 셈입니다. 게다가 이들은 좌파의 주장이나 정책을 토론·비판하는 대신 좌파를 북한과 동일시해버리고 더 나아가 물리쳐야 할 '악'으

로 스스럼없이 규정해버립니다. 2012년 5월에 열린 구국축복기도
회에서 조용기는 "대한민국에 북한을 추종하는 정신이 바로 붙었
는지 돌아버렸는지 알 수 없는 사람들이 있다. (…) 우리나라를 북
한에 갖다 바치겠다고 하는 종북좌파는 안 된다. (…) 우리 기독교
가 막아야 할 것이다."고 말했습니다.[13] 또 그는 "1200만 성도가 정
의로 무장한다면 공산당과 사회 부패를 두려워할 필요가 없다"며
목청을 높였습니다.[14] 민주주의라면 당연히 있어야 할 정치적 다양
성은 이들의 안중에도 없습니다. 오히려 그러한 다양성과 공존을
자신들의 '정의'에 반하는, 막아야 할 것으로 규정해버리는 과감함
마저 보입니다.

  게다가 이들의 주장을 가만히 들여다보면 또 하나 흥미로운 것
을 알 수 있습니다. 공산당은 두렵고 위협적인 존재라고 강조하는
것이죠. 여러분은 혹시 공산당이 두려우신가요? 종북좌파의 위협
에 가슴을 졸인 적이 있나요? 아마 없을 것입니다. 한국전쟁을 기
억하는 나이 든 세대들은 아직도 치가 떨리는 두려운 기억이 있을
수 있습니다. 하지만 대부분의 전후 세대, 특히 경제적 풍요와 정치
적 안정을 맛보며 성장한 사십대 이하의 한국인들 사이에서는 공
산당에 대한 두려움은 거의 찾기 힘들 것입니다. 그러기엔 한국과
한국의 민주체제는 이미 많은 성장을 했기 때문입니다. 그렇게 보
면 이 목사들은 사실 아무도 두려워하지 않는 공산당을 보고 두려
워할 필요가 없다면서, 마치 많은 사람들이 이를 두려워한다는 듯
현실을 왜곡하고 있는 것입니다. 없는 공포를 만드는 거죠. 이렇게

실체 없는 공포를 조장하는 것은 독재정권에서 흔히 볼 수 있는 정치적 술수입니다.

이런 반공 목사들에게는, 유엔을 비롯한 각종 인권단체에서 한국 내 인권 보호에 가장 큰 걸림돌로 지적한 국가보안법이 반공의 중요한 장치입니다. 조용기는 2004년 열린 한 집회에 신도 5만명을 이끌고 참석해 "군대가 울타리라면 국가보안법은 대문 (…) 울타리가 튼튼해도 대문을 열어두면 적들이 안방까지 들어와 우리는 순식간에 멸망할 것"이라고 주장하죠.[15] 이제는 많은 이들에게 희미해진 반공의 노래를 엄숙하게 제창하는 것이 바로 이들 보수 목사들입니다.

이런 목사들에게 반공만큼 중요한 정치 좌표는 친미입니다. 이들은 한국전쟁에서 한국이 공산화의 위기를 벗어난 것은 미국 덕택이며 이는 우연이 아닌 하나님의 축복이라고 여기는 경향이 강합니다. 그 이유는 미국 또한 개신교의 나라이기 때문이죠. 즉 개신교의 큰형인 미국의 도움을 받은 한국으로서는 미국을 따르는 것이 당연하다는 것입니다. 게다가 미국이 세계 최강국으로 성장한 것 또한 하나님의 은총이니 이 또한 한국이 본받아야 할 것이죠. 즉 이들이 보기에 친미는 종교적 당위인 셈입니다. 이들에게 주한미군은 십자군 같은 존재입니다. 미군의 철수는 있을 수 없는 일이죠. 윤석전 목사(연세중앙교회)는 2004년 한 집회에서 미군 철수는 곧 나라가 망하는 길이라고 지적했습니다. "미군 철수는 절대안 된다. (…) 한국인들이 대한민국 건국과 한국전쟁의 풍전등화의 운명에서 구해준 미국의 공로를 저버리는 것은 천벌을 받을 일이다. 미군 철수 결정이 내려지는 순간 나라는 망하고, 교회의 대적 공산당이 지배하게 될 것이니 교회는 다 문을 닫고, 목사나 교인들은 다 목숨을 바쳐야 할 것을 알아야 한다."[16] 나라와 교회의 운명이 묘하게 미군과 이어져 있습니다.

　비슷한 목소리는 두 여중생의 처참한 죽음으로 시작한 2003년에 SOFA(주한미군 지위협정) 개정을 요구하는 촛불집회를 비난하는 친미집회에서도 찾을 수 있습니다. 김홍도 목사는 반(反)촛불집회에서 "동란 당시 공산당이 부산까지 쳐들어왔으나 하나님의 은혜로 적화통일이 되지 않았다"며 "UN군과 미군을 보내주시고 미군을 주둔시켜 공산화를 막아주신 하나님께 감사한다"고 말했습니다.[17] 그리고 미군의 주둔이 한국의 안보와 경제에 얼마나 중요한지, 미군 없이는 한국은 당장 위기에 빠질 것이라고 강조합니다. 지덕 목사는 이 집회에서 "미군들이 한국을 떠나야겠다고 생각한다"며 "외국 바이어가 한국을 불안하게 생각한다. 노사분규가 기업의 신뢰를 떨어뜨려 미국에서는 '메이드 인 코리아'를 찾기 어렵다. (…) 겨우 국민소득이 1만 달러인데 이대로 가면 1000달러, 100달러가 될 수도 있다"고 겁을 주었습니다.[18] 한국기독교지도자협의회가 주최한 모임에서 나온 결의문을 보아도 비슷한 이야기입니다. 이들은 "오늘날 반미운동과 촛불시위 등으로 기업인들의 투자심리가 위축됨으로써 실업률이 급증하고, 왜곡된 교육으로 인해 국가안보관이 흔들리고 있다. (…) 과거 좌익사상으로 투옥되었던 전과자들이 민주투사로 미화되거나 국회에 진출하는 일이 없도록" 하자고 강조했습니다.[19] 김상철 목사는 이보다 한발 더 나아가 반미와 부패를 동일시하며 반미는 곧 친북세력의 성장, 미군 철수, 공산화로 이어진다고 강조했습니다. "한국사회는 부패·타락과 반미 의식이 팽배하다. 북한 노동당 지령대로 친북세력이 국회를 장악하게 된다면 국가보안법이 폐지되고 언론 장악과 교회 핍박 후 북한식 연방통일제 수순을 밟게 될 것이고, 이는 곧 미군 철수 후 공산화를 의미한다."[20]

이렇게 반공친미의 정치이념은 기독교의 복음의 메시지와 잘 비벼져 거의 종교적인 신념으로 이들에게 받아들여지고, 주변으로 전파되고 있습니다. 하지만 이러한 메시지는 바로 건국 이래 한국과 미국 정부가 지속적으로 한국사회에 퍼뜨리고 있는 정치적 이데올로기와 다름없습니다. 이런 유의 이데올로기를 간단히 정리하면 이렇죠. "미국이 한국을 한국전쟁의 위기에서 구했고 전쟁이 끝나고서도 도왔다. 공산당의 〔특히 북에서 교회를 상대로 한〕 만행을 잊으면 안 되고 〔기독교 나라인〕 미국의 은공을 저버리면 안 된다." 이 메시지의 사실관계가 맞고 안 맞고는 복잡한 논의의 대상이니 여기서는 일단 생략하기로 하죠. 하지만 분명한 것은 전쟁 직후부터 비민주적인 정부들이 자기정당화를 위해서 이런 이데올로기를 이용했다는 것입니다. 누구도 감히 미국을 비난할 수 없었고 반공의 '국시(國是)'에 도전할 수 없었죠. 학생들은 어려서부터 '나는 공산당이 싫어요'의 전설을 들으며 도덕시간을 보냈고 반공 포스터를 그리며 미술시간을 보냈습니다. 간첩이나 친북인사는 물론이고 보통 사람들도 북한을 찬양하는 사소한 발언만으로도 잡혀가는 일이 드물지 않았습니다. 박정희정권 때야 말할 것도 없고 민주화가 시작된 후에도 반공친미의 벽을 넘을 수는 없었습니다.

다만 민주화가 이루어진 마당에 국가는 더이상 예전의 반공친미 찬가를 계속 부르기 힘들어졌습니다. 권위주의 시절의 노래니 어색한 것이죠. 그렇다고 그 노래가 없어진 것은 아니고 보수 교회들이 예전 정부가 하던 반공친미공세를 대신하다시피 하게 된 것입니다. 국가의 지배이데올로기를 전파하는 정치적 역할을 자임함으로써 이들 목사들은 한국 대중의 사고를 반공친미의 틀에 가두어 버리고 그 이데올로기를 거부하는 이들을 마귀로 바꾸어버리는 정치력을 획득한 것입니다.

이들의 반공친미 이데올로기 공세가 마냥 공허한 것이 아님은 2013년 이석기 사태와 일련의 사건들에서 볼 수 있습니다. 통합진보당의 현역 국회의원인 이석기는 2013년 5월 서울의 한 종교시설에서 RO(Revolutionary Organization) 조직원 130여명과 모임을 갖고 통신·유류시설 등 국가기간시설 파괴를 모의하고 인명살상 방안을 협의했다는 혐의로 9월 5일 구속되었습니다. 검찰은 이들이 북한과 동조하면서, 남침할 때 폭동을 일으키려 했다는 주장을 했고 11월 5일 법무부는 통합진보당에 대한 정당해산심판을 청구하면서 뒤를 이었습니다. 때맞춰 보수단체들은 통합진보당은 간첩소굴이라며 반공장단을 맞췄습니다. 한기총 등 기독교계가 들고 일어난 것은 자연스러운 일일 테지요. 한기총은 "대한민국의 정치·경제·사회·문화 심지어는 종교에까지 퍼져 있는 종북주의자들, 단체 그리고 정당 등이 절대로 이 땅에 발을 붙이지 못하게 해야 할 것"이라며 열변을 토했습니다. 재판이 진행되면서 검찰의 주장에 여러 의문이 제기되었지만 이미 부활한 반공의 망령은 망나니 춤사위를 바삐 이어갔습니다. 송영근 새누리당 의원은 10월 10일 남재준 국정원장에 대해 "종북·친북세력만 제외하고는 대부분의 국민들도 잘한다고 박수를 보내고 있다"라며 남원장 사퇴를 요구하는 야당 의원뿐 아니라 수많은 민중을 종북세력으로 매도했고[21] 정홍원 국무총리도 11월 20일 "국내 종북세력을 끊을 때가 됐다고 생각한다"고 했습니다.[22] 11월 22일 박창신 신부가 시국미사를 통해 박근혜의 퇴진을 요구하자 조선일보는 정의구현사제단 소속 박신부를 '종북구현사제단'이라고 비꼬았죠.[23] 게다가 검찰은 국가보안법 위반혐의로 박신부에 대한 수사에 착수했습니다. 세상이 이렇다보니 서울의 한 대학에서는 학생이 맑스 자본론과 변증법적 유물론 등에 관해 강의를 해온 강사를 국가정보원에 간첩·좌익사범으로 신고하는, 웃지 못할 일까지 발생했죠.[24] 일개 강사부터 원로 신부, 심지어 야당과 국민의 다수에 이르기까지 모두가 종북이라는 꼬리표를 달게 된 것은 반공친미 목사들의 공헌 없이는 불가능한 일이었습니다. 이들이 보약 달이듯 이어온 반공의 정신이 정치적으로 필요할 때 적절하게 쓰여진 것이니까요. 어찌 보면 존 헤이기 목사에 못지않은 힘이 한국의 목사들에게도 있는 듯합니다.

꼼꼼하고 치밀한 교회의 조직

반공친미 목사들이 그만큼 정치력을 키울 수 있었던 데에는 여러 요소가 있습니다. 카리스마적인 지도력이 첫째이고 이들을 하나로 묶는 종교적 믿음이 둘째일 것입니다. 하지만 이런 요소들은 교회가 구축한 탄탄한 조직이 없이는 어떠한 힘도 발휘할 수 없습니다.

이들 중 가장 성공한 조용기의 교회를 예로 들어 살펴보죠. 우선 교회의 대표적인 기제로는 예배가 있습니다. 여의도순복음교회는 예배라고 불리는 집회를 통해 수많은 사람들을 효과적으로 관리합니다. 표 5-1에 보이듯 수많은 집회가 일주일 내내 제공됩니다. 밤낮을 가리지 않을 뿐 아니라 새벽에도 열립니다. 아이들을 위한 교육은 따로 있습니다. 영아부, 유아부, 유치부를 시작으로 아동 1~6부, 중등 1~3부, 고등 1~3부가 있습니다. 여기에 청년예배, 장년예배가 있고 외국어(영어, 중국어, 일본어, 스페인어, 인도네시아어, 러시아어)예배에 장애인예배까지 따로 있습니다. 또 새신자교육이 있고 이들을 교육하는 사람들의 모임이 따로 있죠. 일반 신자들이 예배 외에 따로 성경을 공부할 수 있는 교육시설도 잘 갖춰져 있습니다. 평신도 성경학교, 평신도 성경대학, 평신도 성경대학원, 신학아카데미, 평생교육대학원 등이 그것들입니다.

그밖에도 각종 모임이 있습니다. 교회의 소식지인 주보를 보면, 교육훈련국이 주최하는 (부모교육인 듯한) '파더스드림'과 '마더

예배명	시간
주일예배	1부 • AM 07:00
	2부 • AM 09:00
	3부 • AM 11:00
	4부 • PM 01:00
	5부 • PM 02:40
	6부 • PM 05:00
	7부 • PM 07:00
수요예배	수요말씀강해 • AM 10:30
	2부 • PM 02:00
	3부 • PM 07:30
토요예배	오전 • AM 10:30
매일철야기도회	월·화·수·목·토·주일: PM 11시~AM 4시
목요찬양예배	목요일 오후 • PM 07:30
금요성령대망회	밤 • PM 09:20~PM 11:00
	밤 • PM 11:50~새벽 • AM 04:00
새벽예배	〔월요일~금요일〕
	1부 • AM 05:00
	2부 • AM 06:00
	3부 • AM 07:00
	〔토요일〕
	1부 • AM 06:00
	2부 • AM 07:00

표 5-1. 여의도순복음교회 예배 일정(2013년 12월 현재)
출처: 여의도순복음교회 웹싸이트

스드림', 선교회에서 주최하는 '홀로된 여성을 위한 나오미 교실' '효과적인 부모 역할하기' 등에 사람들의 참여를 독려하고 있습니다. 교회가 어떻게 돌아가는지 잘 모르시는 분들은 뭐가 이렇게 많은지 아마 믿기 힘드실 것입니다. 교회라는 데를 일요일마다 가는 곳으로만 알기 쉽기 때문입니다. 그런데 놀라지 마십시오. 이게 다가 아닙니다. 교회 안에서 공식적으로 만나는 것이 이 정도고, 사적이고 자잘한 모임이 참 많습니다. 게다가 교회 밖에서도 조직적으로 만납니다. 이런 모든 조직을 관장하는 교회의 행정도 대기업 뺨치게 복잡합니다. 현재 순복음교회의 행정은 원로목사 조용기 밑에 네개의 조직을 별도로 하고 담임목사 밑으로 교무국, 장년국, 방송국, 경리국 등 15개의 '국' 단위 조직이 있습니다.

여의도순복음교회의 거대 조직이 이들의 종교적 가르침을 더욱 효과적으로 퍼뜨리기 위해 있는 것이 사실입니다. 그 종교적 가르침이 전달되는 과정에서, 전달하는 사람의 영향력은 클 수밖에 없습니다. 조용기의 성경 해석과 그가 바라보는 신, 그리고 그 신 아래의 세상은 자연스레 교회의 가르침이 되고 그 가르침은 교회의 잘 조직된 체제를 통해 일사불란하게 45만 신자들의 머릿속으로 흡입됩니다. 그 흡입은 일단 목사를 '믿는' 마음을 바탕으로 합니다. 신의 뜻을 헤아리는 사람의 지위, 즉 목사의 권위는 어떤 교회에서도 예사롭지 않지만, 여의도순복음교회 정도면 상상 이상이 됩니다. 그의 발언은 거의 절대적이죠. 신앙에 관한 것은 물론이고 사회가치관까지, 신자들에게 끼치는 영향력은 일반인들이 상상할 수 없는 무게를 가집니다. 어쩌다가 그 교회 사람들이 아주 결연한 어조로 판에 박힌 반공, 친재벌, 친미 메시지를 답습하는 것을 듣고 있노라면 놀라지 않을 수 없죠. 딱히 뉴스나 인문서적을 접하는 것도 아니고 사적인 삶의 대부분을 교회에 올인하는 분들이 어떻게 저런 확신을 가질 수 있나 놀랍지만, 사실 답은 간단합니다. 바로 교회죠. 새벽부터 밤중까지, 일주일 내내 교회 안팎의 이런저런 모임에 참석하다보면 조용기의 메시지와 교회의 보수적인 시각이 머릿속 깊이 박히지 않을 수가 없죠. 거꾸로 보면 교회의 촘촘한 조직은 교회의 반공친미 이데올로기를 참석자들에게 전달하는 데 결정적으로 중요한 역할을 하는 것입니다.

교회가 만든 '장로 대통령'

뚜렷한 정치이념이 있고, 탄탄한 조직과 많은 추종자들을 가진 단체라면 선거에 딱이죠. 이것이 앞에서 보았듯 선거철이면 반공친미 목사들 주도의 대형집회가 성황인 까닭입니다. 이들의 권세가 높아지는 때이기도 합니다. 대한민국 헌법 20조 2항은 "국교는 인정되지 아니하며, 종교와 정치는 분리된다"라고 명시하고 있습니다. 하지만 목사들의 언행을 살펴보면 종교를 이용한 적극적인 정치적 개입이 벌건 대낮에 이루어지고 있었음을 쉬이 알 수 있습니다. 2007년 대선은 아마 가장 좋은 예가 아닐까 합니다. 당시 이명박 후보의 등장에 보수 기독교 세력이 반색한 것은 당연하겠지요. 이명박은 소망교회 장로로서 독실한 개신교 신자였으니까요. 다른 유력한 후보인 박근혜가 불교계의 지지를 받으니, 개신교 측에서는 이명박의 승리가 더욱 갈급했을 것입니다. 2007년 8월 20일 한나라당 전당대회를 향한 두 후보의 다툼이 치열한 가운데 보수 기독교계의 이명박 지지가 잇따랐습니다. 사실상 이명박 후보를 공개적으로 지지하던 한 기도회에서 금란교회 김홍도 목사는 "다시는 좌파정권이 (정권을) 잡지 못하도록 해야 한다. (…) 장로 후보를 마귀의 참소, 테러의 위협에서 지켜달라고 기도해야 한다."라며 이명박을 지지했습니다.[25] 이어 뉴라이트전국연합 상임의장인 김진홍 목사도 "정말 역량있고, 국가경영의 능력이 있고, 신앙이 바로 서 있는 장로라면 교회와 신앙을 위해서 밀어줘야 하지 않겠나"하며 이명박에 대한 지지를 분명히 했죠.[26] 뉴라이트계인 한국 기독교개혁운동도 6월에 이명박 후보 지지를 공식 선언합니다.[27] 그들은 선언문에서 "뉴라이트 단체인, 교회와 사회의 양심의 빛 한국기독교개혁운동은 이명박 후보를 공식적으로 지지합니다"라고 밝히고 이명박이 "망국적 지역감정의 실제적인 해소 (…) 민생경제를 회복 (…) 소외 계층 복지의 실질적 향상 (…) 새로운 대한민국 정신의 수립"을 가능하게 할 후보라고 주장했습니다.[28]

이명박이 한나라당의 후보가 되고 나서는 더욱 노골적으로 이명박을 지지하게 됩니다. 대통령선거 직전에 열린 한 집회에서 김진홍 목사는 "2년 반 전부터 뉴라이트 운동을 시작했다. 시작할 때부터 이명박 장로가 다음 대통령이 된다고 확실히 믿고 시작했다. (…) 그것이 나라의 유익이고 교회의 유익이다. 나라 사정 교회 사정을 생각할 때에 이명박 장로가 제17대 대통령이 되는 것이 옳다.

그것이 합당한 것이고 되게 할 수 있다고 확신을 가지고 시작했다. 2년 반 동안에 한번도 그것을 의심한 적이 없었다. (…) 1번(정동영) 3번(이회창) 가지 말고 2번(이명박)으로 바로 가자."고 열변을 토했습니다.[29] 이 발언이 흥미로운 것은 단지 종교가 정치와 분리되어야 한다는 통념과 헌법을 무시해서만이 아닙니다. 더 흥미로운 것은 김진홍은 나라의 이익과 교회의 이익을 동일시하고 있다는 점이죠. 민주체제하에서는 한 집단의 이익이 나라의 이익으로 직결되기 힘듭니다. 민주체제라는 것이 다양한 세력과 목소리의 공존을 전제하기 때문이지요. 하지만 이들은 자신의 이익과 국가의 이익을 동일화함으로써, 어쩌면 가장 솔직한 고백을 한 것인지도 모릅니다. 즉 자신이 건설하고 싶은 사회는 나라가 교회의 이익을 우선시하고, 교회의 가르침을 따르는 곳이라는 그들의 이상 말입니다.

이러한 '하나님의 나라'를 건설하는 데 이명박은 이상적인 정치 지도자라는 믿음을 가진 이들에게 후보의 결점이나 '진실' 따위는 그다지 중요치 않습니다. 그 모임에서 이광선 목사는 BBK사건에 의혹을 제기하는 사람들을 종교적으로 공격합니다. 또한 노무현정권도 종교적으로는 물리쳐야 할 우상의 대상으로 치부해버리죠. 그는 "BBK사건의 당사자들, 그리고 그 사건을 정치적으로 이용하고자 하는 사람들의 심장에는 탐심이 있다. 탐심은 우상숭배다. 보이는 우상과 보이지 않는 우상숭배가 이 땅에 판을 치고 있다. 이래서는 하나님의 도움을 받을 수가 없다. (…) 더이상 이 정권이나 이 정권에 속한 아류들에게는 정권을 맡길 수 없다. 우상에 무릎을

꿇고 우상에게 입을 맞추고 우상과 함께 살아가는 사람들에게 나라를 맡기면 하나님이 그냥 두지 않을 것 (…) 반드시 그들을 사라지게 해야 한다."라고 했습니다.[30]

의혹을 제기하는 것과 노무현정권을 지지하는 것을 우상숭배라 함은 사실상 종교적인 협박이라고 볼 수 있습니다. 기독교 믿음에 따르면 신이 유대인의 지도자 모세에게 열가지 가르침을 내립니다. 바로 십계명이죠. 첫번째는 자신 외에는 어떠한 다른 신을 숭배하지 말라는 것이죠. 그리고 바로 두번째로 "너를 위하여 새긴 우상을 만들지 말고 또 위로 하늘에 있는 것이나 아래로 땅에 있는 것이나 땅 아래 물속에 있는 것의 아무 형상이든지 만들지 말며 그것들에게 절하지 말며 그것들을 섬기지 말라"고 명하고 있습니다. 이렇게 중요한 기독교의 죄목을 자신의 정적에 뒤집어씌움으로써 정적들을 단순한 정치적 라이벌이 아닌 죄인으로 낙인찍는 것이죠. 종교적으로 가벼운 비난이 아닙니다. 하지만 어떤 이는 더 노골적인 협박도 서슴지 않았습니다. 사랑제일교회 전광훈 목사는 부흥회에서 "이명박 후보를 찍지 않으면 생명책에서 지워버릴 것"이라고 듣는 사람들을 위협했습니다.[31] 이런 공개적인 움직임을 제외하고도 목사와 장로 절대다수가 이명박을 지지했습니다.[32]

반공친미 목사들의 이런 정치공세가 과연 얼마만큼 효과가 있었을까요? 실제로 강제력이 있었을까요? 정말로 개신교도들이 이 목사들의 말에 따라 이명박을 지지했을까요? 보수 교회에 다닌 분들의 말을 들어보면 대답은 '그렇다'입니다. 이들과 대화를 나눠보면 이명박에 대한 지지 이유는 판에 박힌 듯한 대답이었습니다. 여러 이유를 대지만 결국 '하나님의 종'이라는 것이죠. 이러한 단편적인 증거가 단편적이지만은 않음을 보여주는 보도가 있습니다. 한 분석에 따르면 "『중앙일보』가 대선 직전인 2007년 11월 28일에 실시한 조사에 따르면, 당시 이른바 'BBK 주가조작사건' 수사로 이명박 후보의 지지율이 41.2퍼센트로 떨어졌지만, 개신교 신자는 여전히 과반수(52.6%)가 이 후보를 지지하고 있었던 것으로 나타난 바 있다. 이명박 후보의 최종 득표율이 48.7퍼센트였으므로 (…) 개신교 신자들(평신도)의 이명박 후보 지지율도 60퍼센트에 가까웠을 것으로 판단된다"고 했습니다. 또한 300~400만표로 추정되는 개신자 표가 이명박의 당선에 결정적인 기여를 했을 것이라고 추정했습니다.[33] 반공친미 목사들이 얼마만큼 많은 표를 이명박 후보에게 몰아주었는지는, 추정할 수밖에 없지만 적은 표가 아님은 확실하죠.

반공친미 목사들의 정치참여의 예는 물론 이에 그치지 않습니다. '장로 대통령 만들기'만 해도 2007년이 처음이 아니었죠. 1992년 대선이 김영삼과 김대중 간의 대결이 될 것이 분명해지자 순복음교회의 조용기는 장로 대통령 만들기에 적극적으로 나섭니다. 그는 1992년 2월 24일 기독교부흥협의회 제23대 회장 취임 축하예배 설교에서 "앞으로 한국정치는 기독교가 일어나서 해야 한다. 그러기 위해서는 국회의원은 기독교인이, 대통령은 장로가 해야 한다"며 이른바 '장로 대통령'론에 불을 지폈고 그 자리에서

"이제까지 청와대에서 목탁 소리가 너무 많이 들렸다. 〔김대중의 종교인〕가톨릭의 김〔수환〕추기경이 청와대에 자주 들어가는 일이 없도록 하자. 복음의 나팔수인 부흥사들이 기독교인의 대통령 선출 노력에 앞장서야 한다."고 목청을 높였습니다.[34] 이후 각종 예배 때마다 장로 대통령론을 주장했음은 물론입니다.[35]

선거 때뿐 아니라 정치적으로 민감한 이슈 때에도 이들은 자신의 정치력을 이용해 정국을 주도하려는 노력을 기울여왔습니다. 2008년 이명박 대통령 당선 직후 가장 큰 정치적 위기였던 광우병 정국에서 조용기는 정부의 편에 서서 시민들의 불안과 걱정을 마귀의 꼼수로 폄하해버립니다. 그는 '나라를 위한 특별기도회'에서 "한국에 광우병 공포가 밀어닥치고 있다. 시장바닥의 뜬소문이 과장되고 비과학적 선동이 국민들을 공포로 몰아넣고 있다. (…) 마음에 일으키는 공포가 무서운 것이다. 공포는 예수 안에서 물리쳐야 한다. (…) 광우병 공포는 마음속에 공포와 좌절, 불안감을 일으키려는 마귀의 꼼수다. (…) 초등학생, 중학생, 고등학생들이 뭘 아나. 초등학생은 광우병이란 단어, 개념 자체도 모른다. 이런 학생들 선동해서 촛불 들게 하는 게 민주주의냐. (…) 하나님 믿으면 장로도 믿자."라고 주장했습니다.[36]

그렇게 많은 촛불이 켜졌음에도 불구하고 결국 광우병 정국은 어물쩍 넘어갔죠. 2010년엔 세종시 수정안으로 갈등이 깊어가자 원로 목사들이 모여 성명을 발표합니다. "정부 부처가 나뉘거나 수도가 분할되면 행정적 비효율과 막대한 유무형의 국가적 손실이

염려된다"며 이명박정권의 세종시 수정안을 지지하면서 세종시 수정안을 적극 반대하는 박근혜 대표에게 열린 자세를 요구했고, 야당에게는 무조건 반대나 정략적 투쟁이 아닌 합리적 토론과 대안을 제시하라고 충고했습니다.[37]

보수 목사들이 초능력자는 결코 아닙니다. 하지만 잘 짜인 교회라는 조직을 통해 반공친미의 정치적인 가치를 심어줌으로써 신자들의 정치행동에 막강한 영향을 미칠 수는 있습니다. 또한 그 영향력은 이들에게 교회 밖에서도 특별한 지위를 부여하게 했습니다. 선거에서 한표라도 아쉬운 이들에게는 이들의 말 한마디가 소중하지 않을 수 없죠. 바로 이들을 정치권력으로 만드는 것들입니다. 즉 정치이데올로기를 조정하고, 수많은 이들의 표를 좌지우지하며 정치인들에게 영향을 미치는 이들의 정치력이라는 것은 달랑 내 한표로 민주체제에 참여하는 일반 시민들과는 차원이 다를 수밖에 없습니다.

6장

숨은 정치 2:
돈의 정치

촛불과 태풍

앞에서 논의한 사람들의 정치권력이 산과 같이 거대하다면 이번 장에서 논의할 이의 권력은 그 산을 덮어버리는 거대한 태풍에 비할 만합니다. 혹 그럴 만한 사람이 바로 떠오르세요? 바로 이건희 삼성그룹 회장입니다. 최고 최대의 재벌그룹 삼성의 주인이자 독보적인 리더로서, 한국 최대의 거부로서 그는 천하무적입니다. 어느 순간 '대한민국은 삼성공화국'이라는 말이 어색하지 않게 되었습니다.

하지만 이건희가 정치권력을, 그것도 거대한 정치권력을 지녔다고 하면 좀 의아할 수도 있습니다. 그는 삼성의 주인이자 재산가일 뿐이지 선거에서 나간 적도 없고, 장관 같은 공직을 가진 적도 없으니까요. 하지만 앞으로의 논의에서처럼 가만히 살펴보면 그가 갖고 있는 삼성과 부(富)는 이건희에게 선거나 장관직 따위로는 얻을 수 없는 권력을 가져다주었음을 알 수 있습니다.

또 한편 삼성의 영향력이야 다 알지만 그게 이건희의 권력이냐고 의구심을 가질 수도 있습니다. 하지만 이건희가 소유한 삼성에 대한 영향력을 생각해본다면 우리가 피상적으로 생각하는 삼성의 영향력은 결국 이건희의 정치적 힘과 크게 다르지 않음을 알 수 있죠. 그룹 전체의 경영만 보아도 이건희는 그룹의 전반적인 방향과 사업을 좌지우지합니다. 사장들은 허수아비일 정도죠. 내부에서는 계열사 사장의 신세가 심지어 회장 비서실만 못하다고 알려져 있습니다. 삼성의 핵심으로 근무했던 김용철은 "삼성그룹은 60여개 계열사가 있고 각각 다른 법인체지만 〔비서〕'실'이 운영하는 사실상 하나의 회사라고 볼 수 있다. 주요 결정은 모두 '실'(비서실, 구조본, 전략기획실 등으로 이름만 바뀌었다)에서 이루어졌다"라고 증언합니다.[1]

또한 이건희-이재용으로 이어지는 부자세습을 위해 삼성 핵심 간부들이 온갖 수단을 동원하는 것을 마다하지 않는 것만 보아도 그룹 내에서 이건희라는 개인의 위상을 알 수 있습니다. 그렇지 않고서야 새파란 젊은이가 쟁쟁한 인재들을 제치고 승계자로 서는 것이 당연시될 리 없죠. 그 무엇보다 이건희라는 개인이 그룹 내에서 신격화되듯이 하는 것은 그가 얼마나 삼성을 장악했는가를 보여줍니다. 한 예로, 그의 이름 석자, 이·건·희를 쓰는 것조차 삼성 내에서는 금기시되어 있다죠. "구조본 공식 문서에서 '이건희' '회장' 등의 표현을 직접 쓰는 경우는 없었다. (…) 불경스러운 일이었다. 이건희라는 말이 들어가야 할 자리에는 대문자 'A'가 쓰였다."[2] 이건희가 삼성은 아니지만, 이건희가 삼성을 움직인다는 것에는 별 의심의 여지가 없어 보입니다. 그런 이건희가 삼성을 움직여 어떤 정치권력을 어떻게 휘두를까요? 그의 권력의 크기를 살펴보기 위해 먼저 한국의 변한 모습에서부터 시작하는 것이 좋겠습니다.

달라진 자본의 표정

저는 미국의 한 대학에서 일을 하고 있습니다. 몇년 전 거의 십년 만에 와본 한국은 저에겐 여러가지로 참 낯선 곳이었습니다. 버스가 대로 한가운데로 다니는 것은 정말로 충격이었죠. 빌딩들도 비 온 뒤 대나무 자라듯 키가 훌쩍 컸더군요. 이런 외형적인 것들에 놀란 마음이 잠시 진정되자 그 변한 얼굴 뒤의 모습이 눈에 들어왔습니다.

그것은 다름아닌 무서운 경쟁이었습니다. 물론 저도 경쟁적인 한국사회에서 고등학교를 다니고 대학을 나왔지만(제가 대학 입학할 때 입시생의 수가 역대 최고여서 동기들이 통탄을 했죠), 제가 알던 경쟁은 댈 것도 아니었습니다. 그리고 경쟁이 심해진 것만이 아니라 질적으로도 달라져 있더군요. 경쟁은 당연하고 승리는 아름다운 것이 되어 있었습니다. 염치와 측은지심은 점차 찾기 힘든 사회가 되어 있었고요. 한편으로는 노조가 힘을 잃고, 다른 한편에선 기업 중에서도 점차 몇몇 대기업으로 부의 집중이 가속화되고 있었습니다. 편의점은 동네 구멍가게를 몰아내고, 대형마트는 재래시장을 죽이고 있더군요. 외국생활을 오래 한 저에게도 이름조차 낯선 외국 브랜드 핸드백은 우상이 되었고, 그것을 숭배하기 위해서라면 무슨 짓이라도 하는 놀라운 사회가 되어버렸습니다. 그리고 사람들은 이러한 변화를 어쩔 수 없는 현실로 받아들이고 있었습니다. 경쟁의 열기를 식히려는 노력 대신 모두들 경쟁에 조금이라도 앞서려고 전방위적으로 노력하고 있었습니다. 무의미한, 광적인 영어 사교육은 그 대표적인 예일 테죠.[3]

이러한 인식과 사회체제의 전환이 저절로 그렇게 된 것은 아닐 것입니다. 1997년 IMF 금융위기 사태로 인한 외부적 요인이 물론 중요했겠지만, 그러한 외적 요인은 내적 동력 없이 이런 변화를 가져올 수 없었죠. 그 내적 요인 중 가장 큰 것은 물론 돈·조직·지식으로 무장한 거대자본이었습니다. 그리고 맨 앞에는 삼성이 있었습니다. IMF를 중심으로 하는 외국자본이 원했던 것은 신자유주의를 받드는 정치권력이었고, 김대중정부는 이들의 요구에 충실함으로써 경제위기에서 빠져나올 수 있었습니다. 그리고 그 댓가는 노무현 스스로 인정했듯 '권력이 시장으로 넘어간' 사회였죠. 이러한 사회체제의 변화는 대기업에게, 특히나 삼성같이 야심 많고 조직화되어 있는 재벌에겐 반갑지 않을 수 없었죠. 그리고 그들은 이러한 사회적 변화의 가속과 영속화를 위해 집요한 노력을 벌였습니다. 사회의 틀을 바꾼다는 점에서 이러한 노력은 어떠한 정책 결정보다 심각하고 중요한 정치행위라고 할 것입니다.

삼성의 정치권력이 유달리 눈에 띈 것은 자본주의사회의 요체인 자본을 이용하여 다른 권력집단을 관리한다는 점에서 찾을 수 있습니다. 언론은 물론이고 국가기관과 정치지도자 또한 삼성의 관리를 받고 있다는 증거나 증언이 속속 나오고 있고 그것을 인정하는 분위기입니다. 그리고 이들을 통해 이건희는 자신과 자기 조직의 이익을 극대화하는 것을 주저하지 않습니다. 그의 전선이 시장에만 그치는 것도 아닙니다. 한국사회의 가치, 법체계, 민주주의 제도 등 사회 전반에 삼성의 정치 전선이 드리워져 있습니다. 긴 전선에서 그는 밀리는 법이 없습니다. 그러니 이건희의 권력은 우리 사회에서 가장 광범위하고 그래서 가장 강력하다고 할 수 있을 것입니다. 그럼 이제 이건희의 정치권력을 좀더 구체적으로 살펴보기로 하겠습니다.

이건희의 정치적 승리

여러분 중 2002년 대선에서 노무현에게 한표를 준 분도 있겠죠.

노무현 후보의 대선 승리를 축하하는 노사모

아니면 혹 '노무현을 사랑하는 모임'(노사모)의 리더로서 몇백표 정도 몰아주었습니까? 그렇다면 개인의 한표보다는 큰 정치력입니다. 하지만 이건희는 그 노무현정권에 지혜와 머리를 빌려주었습니다. 몇백표는 댈 것도 아니죠. 이건희의 머리는 노무현정권을 통해 국가 전체의 운영을 바꿔놓았습니다. 더 나아가 우리 사회의 이데올로기마저 한쪽으로 틀어놓았습니다. 그 결과 노무현정권하에서 한국사회는 신자유주의적인 색채를 더욱 노골적으로 띠게 되었습니다. 무한경쟁이 당연하게 받아들여지게 되었죠. 이를 가장 잘 보여주는 예가 한미FTA 추진이 아닐까 합니다. 무역국가로 성장한 마당에 갑자기 위기를 외치며 자유무역을 강조하는 노무현정부는 좀 엉뚱해 보이기까지 했습니다. 하지만 우리 사회는 이미 이들의 논의를 자연스레 받아들일 만큼 성장(?)해 있었습니다.

이러한 국정운영의 전환 뒤에는 삼성이 있었고, 대선 투표용지의 인주가 마르기도 전에 그들의 공세가 시작되었습니다. 노무현이 당선된 직후 삼성경제연구소(SERI)에서 나온 자료가 정권인수위원회를 통해 국정운영 백서의 하나로 노무현에게 올라갑니다. 이 삼성경제연구소의 '국정과제와 국가운영에 관한 어젠다'라는 보고서는 재벌 개혁 속도 조절, 기업하기 좋은 나라 만들기, 인사씨스템 개혁 방향 등 삼성의 논리를 적극 강조한 신자유주의 정책서였습니다.[4] 노무현정권이 좌회전 깜빡이를 켜고 우회전을 하는 순간이었죠. 정태인 당시 청와대 비서관에 의하면 '국민소득 2만 달러' 목표 설정도 청와대 386 당료연합이 삼성이 만든 보고서를 근거로 내세운 것이었습니다.[5]

또한 이 연구소가 2000년 11월 '한중일 산업협력방안' 심포지엄을 개최한 이래 동북아 중심의 프로젝트를 지속적으로 연구·개발했고, 동북아 중심 프로젝트는 노무현정부 출범 당시 12대 국정과제 중 하나로 당당히 채택되었습니다.[6] 산업클러스터(집적단지)라는 정부의 아이디어도 마찬가지입니다. 2002년 10월 삼성경제연구소의 산업클러스터 심포지엄은 『클러스터: 한국 산업과 지역의 생존전략』(복득규 외 지음, 삼성경제연구소 2003)이라는 책으로 그 내용이 정리되었고, 이는 곧 산업클러스터라는 정책으로 나타났습니다. 정부는 2004년 구미·창원·울산 등 전국산업단지 6곳의 '산업단지 혁신 클러스터화' 추진방안을 발표했죠.[7] 하긴 노무현정권의 명칭인 '참여정부'라는 표현조차 삼성에서 나왔다고 하니 정권의 삼성 의

이건희 회장과 노무현 대통령

존이 어느정도였는지 잘 알 수 있습니다.[8] 반면 삼성에 반하는 목소리는 점차 정부 내에서 사라져갔고, 자연 그런 목소리는 점점 더 듣기 힘들게 되었죠.

삼성의 신자유주의 공세는 재벌의 전횡을 막기 위해 설치된 법적 기제들도 가만두질 않았습니다. 예를 들어 이건희 일가는 삼성지배를 가능케 한 순환출자의 고리를 위협한 금산법(금융산업의 구조 개선에 관한 법률)의 무력화를 위해 오랜 공을 들였습니다.[9] 그리고 묘하게도 정부가 손수 앞장서 삼성의 편을 들었음을 볼 수 있습니다. 『시사IN』의 보도에 따르면 2004년 삼성에버랜드나 삼성생명, 삼성카드가 금융지주회사법이나 금산법을 위반해도 즉각 감독에 나서야 할 금융감독위원회와 금융감독원이 조처를 취하지 않았을 뿐 아니라 윤증현 전 금융감독위원장은 '소신있게' 금산분리를 완화해야 한다고 발언했습니다.[10] 또한 재경부의 금융정책 문건도 금산법이 지나치게 엄격하다고 지적했고, 결국 2005년 정부는 삼성카드의 에버랜드 지분만 5년 내 매각처분하고 삼성생명이 보유한 삼성전자 지분은 처분하지 않고 의결권만 제한함으로써 삼성의 손을 들어주었습니다.[11]

노무현정권에 이어, 친기업 정부를 표방한 이명박정부는 결국 금산분리 완화 정책을 추진, 그 결과 산업자본도 은행지분을 9퍼센트(종전에는 4%)까지 소유할 수 있게 됐고, 보험증권 등 비은행 금융지주회사는 제조업체를 자회사로 둘 수도 있게 됐습니다.[12] 금산법이 사실상 무력화된 것이죠. 그리고 이 모든 금산법 논란이 거의 삼성그룹에 국한되었음을 본다면 산업자본과 금융자본을 엄격히 구분함으로써 재벌의 비대화를 견제하고 금융 안정화를 꾀하고자 했던 정부의 의지가 삼성의 힘에 꺾여버린 것이라고 할 수 있습니다.

삼성과 공권력

삼성의 정치력은 국정운영에만 미치는 것이 아닙니다. 국가의 공권력에도 상당한 영향력을 미치고 있습니다. 그것도 금융감독원, 검찰 등 보통 사람들이라면 벌벌 떨 국가기관이 삼성 앞에 서면 공손해지니 그 위세를 가늠케 합니다. 오죽하면 금융감독원 내부에서 자탄의 소리가 나왔을까요. 금융감독위원회 부회장을 지낸 이동걸은 노무현정부의 '삼성 봐주기' 식 금융감독 정책으로 법치금융 원칙이 크게 훼손되고, 삼성은 "막대한 정치적, 경제적, 사회적 영향력을 행사해 법 위에 군림하면서 국가와 국회를 제압하고 명백한 위법행위에 대해 사후 용인을"[13] 받는 지경에 이르렀다고 비판했습니다.[14] 예를 들어 금감위는 삼성생명과 삼성카드의 금산법 위반 사실을 적발하고도 검찰에 고발하지 않는 식으로 책임을 회피했고 이에 대한 비판을 굽히지 않던 이동걸 금감위 부위원장은 결국 자리에서 밀려나게 되었죠. 그후 금감위의 태도는 삼성에 더욱더 우호적으로 변해 여러가지 불법과 편법을 덮어주고 삼성의 편의를 봐준다는 비판을 받았습니다.[15]

검찰도 마찬가지입니다. 검찰 특수부에서 근무했던 경험 덕에 삼성의 심장이라고 할 수 있는 구조본부에서 근무하면서 삼성의 법무팀을 이끈 김용철 변호사의 증언에 의하면 검찰은 비상식적인 조처를 통해 이건희 부자(父子)에 면죄부를 주다시피 했습니다. 1996년 12월 삼성에버랜드가 전환사채를 헐값에 발행해 이재용이 이를 획득하게 한 일을 두고 2000년 법학 교수들이 이건희 등을 업무상 배임 혐의로 고발했습니다. 하지만 2003년 12월 1일 이건희 일가에 대한 배임 혐의 공소시효 만료 하루 전, 당시 서영제 검사장은 이건희 일가는 조사하지 않고 일부 피의자인 허태학·박노빈 에버랜드 전·현직 사장들에 대해서만 분리기소했습니다. 분리기소 자체부터 검찰 실무교육을 받을 때부터 하지 말라고 배우는 것이고, 분리기소를 한다면 이건희 부자를 대상으로 해야 하는데 이들은 놔두고 머슴들만 기소하는, 완전히 상식을 뒤집는 조치였죠. 김용철 변호사는 이 조치는, 이건희 일가의 경우 공소시효가 끝남과 함께 "소환하지 않겠다는 말을 다르게 표현한 것에 다름아니다"라고 단정합니다.[16] 결국 이 소송에서 이건희는 건드리지도 못하고 나머지 관계자들에 대한 조사도 유야무야 끝나고 말았죠.

2005년 X파일 사건에선 이학수 부회장과 홍석현 중앙일보 사장의 은밀한 대화가 세상에 공개되었습니다. 삼성은 비자금을 통해 대선 후보, 현직 검사 등을 관리해왔음이 드러났죠. 하지만 검찰은 이 두사람에 대해서는 '혐의 없음'으로 결론내리고 정작 이 파일을 보도한 이상호 기자(당시 MBC 보도국), 김연광 기자(당시 『월간조선』)를 불구속기소했습니다. 물론 이건희 회장은 아예 조사도 하지 않았음은 물론입니다.

2008년 삼성 비자금 관련 특별검사의 수사도 마찬가지입니다. 김용철 변호사는 국세청이 갖가지 핑계로 드러난 비자금조차 덮어버렸다고 지적했습니다.[17] 결국 알맹이는 모두 빠진 채 이건희는 조세포탈이라는 가벼운 혐의만 인정받아 유죄를 선고받았습니다. 이 특검 결과로 이건희는 2008년 경영 일선에서 잠시 은퇴하는 데에 그쳤습니다. 삼성에 대한 의혹 제기와 증거가 계속 나오는데도 각종 사법당국의 칼날은 삼성 앞에서는 늘 알프스 소녀 하이디의 치맛자락처럼 부드럽게 나풀거리기만 하는 셈이죠. 대통령에게도 당당히 대들던 검사들의 호연지기(浩然之氣)는 온 데 간 데가 없습니다.

그 호연지기가 사라진 데에는 삼성의 적극적인 '관리'가 큰 영향을 미친 듯합니다. 관리라는 것은 다름아닌 돈과 편의의 제공이죠. 삼성의 관리는 그 폭과 깊이가 남다른 것으로 알려져 있습니다. 보통 사람들로서는 알 수가 없지만, 다행히도 관리를 직접 했던 김용철 변호사의 증언으로 일부나마 세상에 알려졌습니다. "자신이 '관리대상 명단'을 2000년부터 2002년까지 다뤘다'고 함으로써[18] 일단 '관리'를 한 쪽의 고백이 나온 것이죠.

그 증언을 들어보면 대상과 규모, 그리고 대범함이 역시 삼성이다 싶을 정도였습니다. 그는 관리대상 명단을 기초로 "검찰의 핵심 주요 보직 간부, 초임 근무를 서울지법에서 한 간부 판사, 사법시험 성적우수자 등을 대상으로 리스트를" 만들고 "이들에게 설, 추석, 여름휴가 때 1년에 세차례 500만원에서 2000만원의 뇌물성 현금을 전달"했습니다.[19] 재경부와 국세청 관리들은 떡값 단위가 훨씬 컸다고 합니다. 삼성은 그에게 "돈을 맘대로 쓰라고 하면서, 돈을 안 쓰면 일을 안 한 것이라고 했〔고〕 검사들에게 돈을 뿌리고, 술과 여자를 접대하고 원하는 대로 해주면서 마구 쓰라"고 했습니다.[20] 에버랜드 무료이용권이나 의류상품권을 현직 검사들에게 준 것은 물론, 골프로 접대하기도 하고, 대법관에게 150만원짜리 굴비 선물세트를 보내는 등 세세한 곳에 신경을 썼음이 드러납니다.[21]

정기적인 용돈이 모자라 어떤 이는 목돈을 얻어가기도 했죠. 김용철 변호사에 의하면 삼성은 "2001년 2월부터 이듬해 2월까지 에버랜드 사건을 맡았던" 검사를 어린이날 가족과 함께 에버랜드에서 접대합니다. 이뿐 아니라 이 검사의 부장검사가 자신의 처남이 삼성증권에 투자해서 1000만원쯤 손실을 봤다고 하자, 삼성 구조본이 나서서 손실을 보전해주도록 하기까지 했습니다.[22] 철저하고 용의주도한 관리입니다.

돈을 준 사람이 있으면 받은 사람도 있는 법. 하지만 돈을 받고 자랑할 사람은 거의 없을 테니 실체를 파악하기는 힘들죠. 하지만 다행히도 돈을 받은 사람의 고백도 나왔습니다. 검찰이 아니라, 공권력의 핵심인 청와대에서 근무한 이용철 변호사입니다. 그가 청와대에서 근무할 당시 삼성에서 보내온 선물을 뜯어보니 책으로 포장된 현금 다발 500만원이 나왔다고 했습니다. 그는 사진을 찍어놓은 후 돈을 돌려보냈습니다. 이것이 보통 일이 아닌 이유는 김용철 변호사가 밝힌 삼성의 뇌물 액수 및 전달 방법과 정확히 일치한다는 것과[23] 그 시점이 이변호사가 청와대 민정2비서관으로 근무하다가 법무비서관, 즉 범국가 차원의 반부패 씨스템 구축 및 제도개혁을 주된 업무로 맡게 된 직후라는 것입니다.[24]

이렇게나마 공개된 것은 다행스럽기도 하지만, 대부분의 사람들은 입을 다물고 있다는 반증이니 슬픈 사실이기도 합니다. 이렇게 일단 삼성의 '관리'를 받기 시작한 사람들이 공정한 법의 관리·집행을 하리라 기대할 수는 없겠죠. 그렇다면 삼성이 계속 돈을 주었을 리도 없습니다. 이러한 관리를 통해서 삼성은 사정기관 뒤에 숨은 권력을 키우는 것입니다. 보통 사람들이라면 꿈도 꾸기 힘든 일이죠.

언론 위의 금권

비정상적으로 거대해진, 선출되지 않은 권력을 누리고 있다고 비판을 받는 언론도 삼성 앞에선 작아집니다. 보통은 상대가 어느 일간지의 기자라면 기가 죽고 조심스러워지는 게 우리 사회입니다. 기자들의 권세는 여론을 조성하는 데 큰 영향을 미치기 때문이죠. 기업이라면 자신들의 사업에 호의적인 기사 하나가 아쉽고, 정치인이라면 좋은 사진과 근사한 제목에 목이 타기 마련입니다. 반대로 부정적인 기사는 큰 상처를 남기기 쉽고, 때로는 사업을, 심지어 삶을 파괴하기도 합니다. 기자가 괜히 기자가 아니죠. 하지만 이런 언론의 머리 위에는 이건희가 있습니다.

이건희의 지시사항 중 하나를 보죠. "LG가 해외에서 덤핑을 일삼는다 하는데, 제대로 하면 몇조 이익이 날 것을 국가적으로 손해고 전부 같이 망할 수도 있다 하는 여론을 만들어볼 것. 경제 담당 기자나 교수를 시켜서 삼성, LG의 이익 등을 비교해 홍보하고 이게 얼마나 손해인지 여론을 조성해볼 것."[25] 기자 하나쯤은 일을 "시켜서" 여론을 반죽할 능력이 있는 것입니다. 삼성의 이익을 증대하기 위한 홍보성 선전을 마치 사실을 보도하는 기사인 듯 내보내면, 독자들은 대개 아무 여과 없이 이런 기사를 사실로 받아들이죠. 언론을 통한 삼성 홍보가 일회성으로 끝나는 것도 아닐진대, 삼성에 대한 대중의 인식이 좋은 것은 이상할 것이 하나 없습니다.

언론을 부려 삼성의 프로파간다를 소비자에게 뿌리는 것, 보통 권력이 아니죠. 친(親)삼성 프로파간다를 퍼뜨리는 것은 기본이고, 가끔씩 눈에 띄는 부정적 기사를 막을 수도 있습니다. 다음은 드러난 예의 일부입니다.

1995년 6월 13일 삼성중공업 상용차사업본부 마케팅팀 직원 3명이 기아자동차 공장 내 신형 봉고차 등을 사진 촬영하다 적발되는 사건이 발생했다. 이날 『연합통신』에서 최초로 스파이 의혹을 기사화하자 삼성은 직원 3명을 보내 로비를 했고, 결국 기사가 삭제됐다. (…)

이재용씨의 사모 전환사채 취득을 통한 편법 상속 문제를 처음 제기한 1996년 6월 17일자 『주간 매경』의 경우 매경 측이 삼성그룹 비서실 등의 요청을 받아들여 일부 배포까지 끝난 『주간 매경』을 폐기처분하고 대신 삼성 광고를 게재해 재발행했다. (…)

재벌의 변칙 상속 문제를 다룬 1997년 MBC 「시사매거진 2580」의 '재벌 상속의 묘수' 편이 준비된다는 사실이 확인되자 삼성은 보도국에 압력을 넣었고 MBC 이상렬 보도이사 등 보도 제작국 고위 간부들은 경영상의 문제 등을 이유로 이 보도물을 방송하지 않기로 결정했다가 취재팀과 노조의 반발에 부딪히자 대폭 축소 보도했다.[26]

어떤 조직이나 회사라도 언론의 우호적인 보도를 위해 갖가지

묘수를 내겠지만, 그 치밀함과 승률에서 삼성은 독보적입니다. 삼성에 적대적인 취재를 한다는 것이 알려지면 우선 전방위수비가 들어옵니다. 삼성으로부터 '협조'를 구하는 연락이 끈질기게 오는 것은 기본이고 친지들까지 동원되죠. 2003년 MBC「PD수첩」에서 '불패신화 무노조 삼성' 편을 만든 한학수 PD는 "취재 중 연락하지 않았던 중고등학교 동창들에게 연락이 왔다. 모두 삼성맨들이었다. (⋯) 나와 동료 PD, 작가, 심지어는 임원들에게까지 이런 식으로 접근하더라."고 했습니다.[27] 이 정도면 농구로 치면 코트의 상대방 선수뿐 아니라 그 팀의 감독, 벤치, 관중석의 팬들까지 전방위수비로 마크한 셈이죠.

이러한 삼성의 공격적인 간섭은 『시사저널』 사태에서 가장 극명하게 나타납니다. 2006년 6월 16일 『시사저널』 제870호에 실릴 예정이던 '이학수 부회장, 힘 너무 세졌다'라는 기사는 편집국장도 모르게 인쇄소에서 빠져버립니다. 잡지 발간 직전까지 몰아붙인 삼성의 공세 덕이죠. 삼성그룹 전략홍보실에서 거의 모든 기자들에게 연락을 해서 "삼성에 지나치게 민감한 사안이므로 부탁드린다" "기사를 뺄 수가 없으면 미룰 수는 없나?" 등등 부탁을 하죠. 이래도 안 되자, 급기야는 사장에게까지 직접 전화를 겁니다. 사장은 취재진에 압력을 넣고, 데스크와 기자들이 물러서지를 않자, 결국 심상기 회장, 금창태 사장, 박경환 상무, 현병구 광고팀장이 발간 예정일이던 16일 당일 모여 기사를 빼기로 하죠. 이들은 편집국장 동의 없이 인쇄소에 연락해 기사를 광고로 바꿉니다.[28] 이런 극단적인 조치는 자연스레 기자들의 파업을 불러일으켰고, 징계와 직장폐쇄가 이어졌습니다. 끝내 파업 기자들은 『시사IN』을 창간하게 되죠.

일이 이 지경이다보니 일선에서 삼성을 파헤치는 보도를 하려 해도 데스크의 벽을 넘지 못하는 경우가 대부분입니다. 앞의 예에서 보듯이 보도가 축소되거나 아예 삭제되어버리니까요. 그리고 이런 일이 흔하다보니 기자들은 삼성에 비판적인 기사를 쓰고 싶어도 기사가 나갈까 회의하게 마련이고 그러다보면 점차 자기검열을 하게 되는 것입니다.[29] 더더욱 삼성에 비판적인 기사가 나올 여지가 없어지는 것이죠. 바로 이건희가 원하는 바입니다.

전화 한통으로 언론사 사장마저 쉽게 움직일 수 있는 삼성의 권력의 원천은 무엇일까요? 가장 크고 직접적인 이유는 바로 돈입니다. 사나운 언론을 다루는 무서운 채찍인 셈이죠. 삼성은 가장 큰 광고주로서 일개 기자가 상대할 수 없는 무서운 힘을 사주에게 쓸 수 있습니다. 한국광고데이터(KADD)와 금융감독원이 발표한 자료에 따르면, 2006년 광고업계 최대 광고주는 총 광고액 1조 1551억원을 쓴 삼성전자입니다. 이는 금융감독원 발표 상위 30개 기업 중 24개 사의 총 광고액 2조 6389억원의 절반에 달하는 액수입니다. 2위인 SK텔레콤 3008억원, 3위인 SK 1608억원에 비교해보면, 광고업계에서 삼성의 위상을 잘 알 수 있는 것이죠.[30]

받은 입장에서는 삼성의 입지가 어떨까요? 표 6-1은 이를 가늠하게 해줍니다. 2004년 주요 언론사의 광고수익 중 삼성그룹의 광

KBS	MBC	SBS	조선	중앙	동아	한겨레	한국	국민	세계
8.1	6.0	9.7	3.2	3.9	4.5	10.7	12.3	13.1	13.3

표 6-1. 2004년 주요 언론사의 광고수익 중 삼성그룹의 광고비 비중(%)
출처: 『미디어오늘』(2005.8.10): 이종보(2010)에서 재인용

고비 비중을 비교한 것인데요. 삼성이라는 기업 하나가 주요 언론사에 얼마나 중요한 존재인가를 알려주는 자료입니다. 표를 보면 삼성은 신문사들의 광고수익에 작게는 3퍼센트, 크게는 13퍼센트를 차지했습니다. 점점 시장이 위축되는 언론계에서 삼성 같은 기업의 광고비는 정말 오랜 가뭄 끝의 단비 같은 존재가 아닐 수 없습니다. 게다가 다른 기업들이 홍보예산을 크게 축소하는 마당에 꾸준히 광고 협찬을 해주는 기업은 삼성이 유일하니 언론사 입장에서 보면 삼성의 광고비가 얼마나 귀하겠습니까.[31] 삼성의 전화 한통이 무섭지 않을 수 없습니다.

한 조사에서는 편집권 독립에 가장 위협적인 세력을 묻는 질문에 응답자의 88.3퍼센트가 대기업 등 광고주를 들었습니다. 예전에는 그 답이 정부였던 것에 비하면 시대가 변한 것이죠.[32] 그리고 가장 큰 광고주인 삼성이 그중에서도 가장 큰 목소리를 가진 것은 분명합니다. 실제로 삼성은 필요할 때면 그 채찍을 휘두르는 데 주저함이 없습니다.

2001년 1월 3일 CBS「시사자키 오늘과 내일」에서 삼성생명의 부당해고에 대해 복직투쟁위원장과 집행부가 출현해 삼성 측이

어떤 식으로 위협해 해고하고 방해공작을 했는지 폭로했다. 방송 다음날인 4일 삼성 측이 CBS에 전화를 걸어 1999년부터 협찬해오던 1300만원 상당의 삼성화재 교통안전 캠페인 중단을 일방통보했다.[33]

2007년 11월 삼성 비자금 관련 보도를 적극적으로 낸 이후 한겨레와 경향신문에 삼성이 광고를 중단했다. 이로써 두 신문은 2007년 예상 매출액 중 약 20억원가량 타격을 입은 것으로 알려졌다.[34]

하지만 삼성이 이렇게 강공 일색일 리가 없습니다. 채찍이 있으면 당근이 있는 법, 삼성은 이 둘을 적절히 쓰고 있습니다. 각종 연수는 그 한 예죠. 참여연대에 따르면 1996년부터 2004년까지 삼성전자와 이건희 회장의 출연금 200억원으로 설립된 삼성언론재단의 수혜를 받은 사람은 총 237명입니다. 이들 대부분이 언론인이고 신문기자 출신이 153명(64.4%)으로 가장 많고 다음이 방송기자 53명(23.6%)이었습니다. 수혜자 10명 가운데 6명 이상은 언론사 현직 간부였고요.[35] 이 재단의 한 연수프로그램을 보면 매년 1인당 1년 동안의 각종 경비 수천만원을 지원하고 있습니다. 매해 약 10~15명의 연수자를 선정, 수억원을 투자하고 있죠.[36] 경비 지원 내역을 자세히 보면, 체재비로 월 2700달러, 학비로는 연 1만 달러 이내, 본인 왕복항공료와 연구논문비 300만원을 지원합니다.

연수를 보낼 뿐 아니라 삼성은 기자들의 모임을 주선해 이들의 유대를 적극 지원하기도 합니다. 전직 삼성그룹 출입기자들의 모임을 만들어 전·현직 기자들의 네트워크를 관리하기도 합니다. 삼성그룹 홍보실은 '프레스 라이온스'라는 전직 삼성그룹 출입기자들 모임을 운영하고 있습니다. 매년 4월 7일 신문의 날에는 '홈커밍데이'라는 이름을 붙여 행사를 하고 기자들에게 삼성 제품을 향응으로 제공하는 것이죠.

2007년 1월 모임에는 차장급 이상의 언론사 간부를 포함하여 기자 100명이 참석했습니다.[37] 이 모임에서는 고가의 선물들과 삼성전자에서 만드는 전자제품이 건네졌습니다.[38] 이런 당근을 배불리 먹은 언론인들이 과연 삼성의 문제점을 파헤칠 수 있을까요? 공공연하게 드러난 사실이라면 모르겠지만 굳이 드러나지 않은 사실을 적극적으로, 소신있게, 있는 힘껏 파헤치기란 쉽지 않을 것입니다. 굳이 보려 하지 않거나, 보더라도 우선순위 저 밑에 뒀다가 묻히기 쉬울 것입니다.

로비와 광고비를 통한 설득과 위협, 고가의 연수와 특별한 모임 등을 통한 설득으로 삼성은 언론에 막강한 힘을 행사해왔습니다. 물론 이는 대통령조차도 가질 수 없었던 권력이죠. 덕분에 보통 시민들의 눈에 삼성의 긍정적인 측면이 부각되고 부정적인 측면이 잘 드러나지 않는 것은 자연스러워졌습니다. 재벌 중심의 경제, 신자유주의적 경쟁체제 등이 대세인 듯 느껴지는 것 또한 여기서 기인한다고 하겠습니다. 이러한 삼성의 언론 플레이는 삼성의 단기적인 금전적 이익뿐 아니라 장기적인 정치적 우위를 공고히 하는 데에도 직결됨이 당연하겠지요.

삼성의 가르침

국가운영의 기조를 바꾸고, 경제이데올로기를 주입시키며, 사정당국과 언론을 길들이는 힘은 어디서 나오는 것일까요? 물론 이건희 회장은 한국 최고의 재력가입니다. 보유한 주식의 가치만 해도 국내 최초로 10조원을 돌파했으니 그외 부동산, 현금, 우리가 알 수 없는 재산까지 다 하면 엄청난 재산가임이 확실합니다.[39] 10조원만도 얼마나 큰돈인지 감이 잘 오지 않죠. 2012년 서울시 예산이 22조원에서 살짝 모자랍니다.[40] 이중 5조원이 복지부분 예산으로 잡혔습니다. 이건희 본인의 주식가치만 해도 서울시 복지부분 예산의 두배인 셈이죠.[41]

물론 이건희의 재력은 그가 갖고 있는 돈 이상의 가치입니다. 한국의 재벌들은 나라의 경제 전반을 뒤흔든다는 면에서 특별하기 때문입니다. 2010년 삼성의 자산과 매출액은 각각 230조원과 209조원으로 대한민국 명목 GDP의 19.7퍼센트와 17.9퍼센트에 해당합니다.[42] 삼성이 어떻게 하느냐에 따라 나라의 산업·투자·고용에 큰 변화가 생기는 것만으로도 이건희의 권력은 여느 사람에 댈 것도 아닙니다. 하지만 그것만이 권력의 샘이라고 하기에는 어쩐지 모자란 느낌이 듭니다. 정몽구가 이건희의 뒤를 잇는 재벌회장이지만 그에게 2인자에 어울릴 법한 정치권력이 없다는 것을 생각해보면 무언가가 더 있음이 분명합니다. 그럼 뭘까요?

이건희가 돈만으로 권세를 쌓은 것이 아님은 조금만 자세히 들여다보면 잘 알 수 있습니다. 무엇보다 눈에 띄는 것으로는 삼성과 정부관료의 돈독한 유대를 꼽을 수 있습니다. 삼성은 세미나 등을 통해 정부관료와 꾸준히 접촉하고 그들을 교육함으로써 삼성의 이데올로기를 정부에 유포하는 데 많은 노력을 기울여왔습니다. 한 예로 금융감독원은 2005년 경기도 용인시 삼성인력개발원에서 국·실장급 간부 50여명이 참여한 가운데 삼성경제연구소 주관의 '변화-혁신 연찬회'를 열었습니다.[43] "금융기관에 대한 검사·감독업무 등의 수행을 통하여 건전한 신용질서와 공정한 금융거래관행을 확립하고 예금자 및 투자자 등 금융수요자를 보호"[44]해야 할 기관이 감독대상인 삼성의 사무실에서, 삼성이 주관한 연찬회를 한다는 것, 삼성 입김의 뜨거움을 보여준다 하겠습니다. 하지만 문제는 삼성의 손길이 금감원에 그치지 않는다는 것이죠. 표 6-2를 보면 삼성경제연구소가 주최한 정부부처 교육 현황을 알 수 있습니다.

이 자료만 보아도 주요 정부부처의 고위 관료들이 삼성의 교육을 받았음이 드러납니다. 공정위뿐 아니라 국정을 책임지는 국무총리실, 국가의 예산을 그리는 기획예산처, 나라의 살림을 맡고 있는 재정경제부 등 삼성의 이해와 직결된 정부부처의 관료들이 삼성의 교육을 받은 것이죠. 그것도 때에 따라서는 국장, 실장뿐 아니라 부총리 등 최고급 관료들이 삼성의 가르침을 받은 것은 정말 놀

부처	일자	대상
국무총리실	2004.9	과장급 이상 간부 105명
통일부	2004.12	과장급 이상 간부 88명
기획예산처	2005.1	4급 이상 70명
외교통상부	2004.2	혁신기획관 등 15명
기획예산처	2005.4	서기관 이하 직원 250명
금융감독원	2005.4	국·실장급 간부 50여명
공정거래위원회	2005.4	과장급 이상 간부 60여명
재정경제부	2005.5	부총리를 비롯한 3급 이상 국장급 간부와 주무과장

표 6-2. 삼성경제연구소 주최 정부부처 교육 현황
출처: 심상정 의원실(2005.10.11); 이종보(2010)에서 재인용

라운 일이 아닐 수 없습니다. 이렇게 삼성의 교육을 받은 관료들이 크게는 삼성의 이익, 작게는 삼성의 생각에 반하는 정책을 내는 것이 쉽지는 않을 것입니다. 이들이 삼성의 말을 고분고분 듣는 지경까지는 가지 않았더라도, 삼성만큼 입김을 가하지 못하는 이들(경쟁 회사·삼성 노동자·소비자)에 비하면 삼성의 말이 정부에서 갖는 무게가 분명 남다를 테지요.

정부관료들이 삼성이 오라고 한다고 무작정 달려갈 턱은 없습니다. 뭔가 얻는 것이 있으니 가겠죠. 바로 정책과 아이디어입니다. 그러니 정책 아이디어나 정보 등 정부관료들이 원하는 것을 생산하는 일 또한 삼성의 중요한 업무일 수밖에 없습니다. 이런 두뇌 역할을 하는 곳이 앞에서 언급한 'SERI'라고도 알려진 삼성경제연구소죠. 이 연구소의 영향력이 어느 정도냐 하면, 삼성경제연구

소의 발표가 곧 언론에 그대로 보도되고 정부로도 여과 없이 흘러들어갑니다. "소비 회복 2009년 이후에나 가능"(2008.9.29), "이달 말 미국발 금융위기 진정" "내년 3.6퍼센트 성장"(2008.10.15), "신용상품발 금융불안 대비해야"(2008.10.20). 이 보고서들은 대부분 일간지에 고스란히 인용되었고, 연구소의 전무급 인사가 "우리나라의 균형환율은 1002원 안팎"이라고 하자 당시 강만수 기획재정부 장관이 바로 이를 인용하기도 했습니다.[45]

그도 그럴 것이 삼성경제연구소의 규모를 보면 그들이 생산하는 지식이 왜 그렇게 주목을 끄는지 짐작할 수 있습니다. 국내 유명 경제연구소와 규모를 비교해보면 연구직 직원 수(120명)만 보아도 삼성은 단연 독보적입니다. 정부의 산업연구원(111명)도 삼성경제연구소의 9할 정도밖에 되지 않습니다. 물론 경쟁기업인 LG(83명, 삼성 대비 69.2%)나 현대(20명, 삼성 대비 16.7%)는 상대도 되지 않습니다. 박사급 연구직도 삼성경제연구소(70명)와 다른 연구소는 많이 차이가 납니다. 여기서도 현대는 참 초라하기만 합니다. 겨우 10명의 박사급 연구직원입니다. 이는 삼성경제연구소의 14퍼센트밖에 되지 않는 안쓰러운 수준입니다.[46]

삼성이 생산하는 지식과 정책이 그 양과 질에서 단연 돋보이는 이유가 쉽게 짐작이 갑니다. 정부에서 삼성경제연구소의 입을 쳐다보는 것이 이상할 것도 없죠. 물론 이는 정부에 대한 삼성의 영향력으로 직결된다는 것은 두말할 것도 없고요.

삼성으로 통하는 회전문

삼성경제연구소가 제시하는 국가 전략 중 하나는 '회전문 제도'입니다.[47] "지식순환 효율화"라는 이름 하에 미국의 예를 들며 "미국의 워싱턴에서는 상시적인 세미나를 통해 심층적 정책지식을 순환시키는 싱크탱크들의 활동이 효율적 지식 순환을 견인"하고 있고 "많은 실무관료가 관계와 학계를 순환하며, 특히 전문 정책생산자들은 비집권기에도 싱크탱크에서 정책지식 생산과정에 참여하는 회전문 제도가 장착"[48]되어 있다고 지적합니다. 하지만 이 보고서는 미국에서도 회전문 제도라는 '제도'는 없다는 것을 말하지 않습니다. 이 보고서가 지적하는 '회전문 제도'라는 '관습'은 사실 미국에서도 정경유착의 고리로 끊임없이 비판받고 있습니다.

삼성경제연구소가 논한 회전문이라는 것이 미국에서 많은 비판을 받는 것은 당연합니다. 전문관료들이 퇴임 후 사기업으로 가서 그 기업이 정부에 영향을 미치도록 도와주니 그런 기업들은 정당하지 않은 영향력을 갖는 것이죠. 금융권을 감독하던 정부관료가 은행에 들어가 정부가 어떻게 하는지 설명해주고, 어떻게 하면 규제를 빠져나갈 수 있는지 조언해주고, 또 그 은행을 위해 자신이 있던 부서의 동료들에게 부탁도 하니, 정부의 공정한 조정자 역할이 위협받을 수밖에 없다는 큰 문제가 있습니다. 또한 퇴임 후의 미래를 걱정하는 관료들로서는 자기에게 자리를 줄 듯한 기업에는 아무래도 친절할 수밖에 없죠. 이래저래 기업으로서는 고위관료를 영입하는 것이 큰 득일 수밖에 없습니다.

기업들이 정부에 자기 사람을 보내는 것 또한 공익의 측면에선 위험할 수 있습니다. 전문지식을 빌려준다는 명목 하에 정부로 들어간 기업가들은 기업의 입장에서 정책이나 규제를 토론하고, 이는 기업의 이익만 도모하는 정책으로 나타날 가능성이 아주 큽니다. 그러니 이러한 회전문 제도라는 것이 한국에 정착된다면 그만한 인재와 연줄을 갖고 있는 삼성으로서는 얼마나 달콤하겠습니까? 하지만 문제는, 제도이건 관습이건 간에 회전문 제도가 이 땅에서도 그 싹을 벌써 틔우고 있다는 점입니다. 그리고 국내의 선도자는 뻔하게도 삼성입니다.

정부관료들은 삼성으로 들어가 그들의 지식·경험·권위를 삼성을 위해 토해내고, 삼성의 사람들은 정부로 들어가 삼성의 가치를 대변하고 있습니다. 참여연대의 2005년 보고서에 따르면 삼성에 취업하거나 사외이사 등으로 영입된 전직 관료의 수는 총 101명이었습니다. 이 보고서는 1993년부터 2005년까지의 영입만 파악한 것이니 지금은 이를 훨씬 능가하리라 짐작합니다.

규모도 놀랍지만, 중요한 것은 그뿐이 아니죠. 삼성 전향자들의 면면을 살펴보면 삼성의 인력으로 국무회의를 열 수도 있다는 소리가 농담만은 아니라는 생각이 듭니다. 삼성 전향자들 중에는 전직 국무총리만도 세명, 감사원장, 검찰총장, 법무부 장관, 보건복지부 장관, 과학기술처 장관, 건설교통부 장관, 교육부 장관 등이 있으니까요.[49] 2010년의 자료로만도 이 정도니 이제 명단에 더 추가되어야 할 사람이 늘었을 가능성도 있습니다. 정부의 최고급 정보와 실무 경험이 고스란히 삼성의 손으로 들어간 셈입니다. 그뿐만 아니라 삼성이 정부에 부탁을 하거나, 압력을 넣어야 할 때, 정보를 얻거나 건네주고자 할 때 어느 부처에서 누구를, 어떻게 만나야 할지 삼성은 훤히 꿰뚫고 있는 셈입니다. 게다가 청탁을 하건 압력을 넣건 간에 전직 상사였던 이들이 직접 나서는 경우, 정부부처의 실무자들은 이들을 쉽게 무시할 수도 없는 노릇이죠.

사정이 이러하니 삼성 전향자 중 총리나 검찰총장처럼 직위가 높아서 가치있는 사람들도 있지만 활동분야 또한 중요하지 않을 수 없습니다. 삼성으로서는 자신들의 이익에 직접적인 연관이 있는 정부관료들을 영입하는 것이 좋을 테니까요. 삼성이 중소기업청이나 기상청엔 큰 관심이 있을 리가 없겠죠?

단적으로 국세청 출신만 1998~2003년 사이 12명이 삼성으로 갔습니다. 말 그대로 세금을 '때리는' 한국에서는 국세청의 위세가 높습니다. 삼성이 세금을 더 내기 위해서 이들을 영입한 것은 아닐 테죠. 최한수 경제개혁연대 연구팀장은 "삼성의 경우 이재용 씨 편법 경영권 세습 논란으로 세금문제가 발생하자 국세청 고위 관료를 집중 영입했다"면서 "대개 그룹 세무조사 등에 대비하는 성격이 강하다"고 지적했습니다.[50]

국세청 출신들을 능가하는 경우가 금융감독원 출신(18명)이 있고, 금융감독원을 살짝 앞서는 집단은 재정경제부 출신의 관료

(19명)입니다. 재경부는 예전의 경제기획원과 재무부를 1994년에 통합한 부처로 예산·국고·세제 등 국가재정을 전체적으로 운영하는 기관인지라 삼성 같은 재벌에게 이곳 관료들을 영입하는 것이 아주 중요함은 쉽게 짐작할 수 있습니다.

삼성이 재경부, 금감원, 국세청 출신 관료보다 더 공을 들이는 집단이 있으니 바로 법관들입니다. 삼성이 법대를 세우지 않는 이상, 좀 이상해 보일 정도로 많은 수의 판검사들이 삼성을 찾았습니다. 이들의 수는 1994~2005년 10여년간 46명으로, 재경부와 금융감독원 출신을 합친 수와 거의 같은 수준입니다. 물론 현대의 산업이 복잡해지고, 외국과의 교역이 늘고 경쟁이 심해지다보니 국내외의 까다로운 법적 규제 등으로 인해 법적 판단에 대한 전문지식이 풍부한 인사가 필요할 것입니다. 하지만 모두 삼성의 굵직굵직한 사건을 수사한 경험이 있는 이들이 삼성에 취업한 것을 보면 삼성의 의도는 순수하게 사업에 관련된 것만이 아님을 짐작할 수 있습니다.[51]

최근 한 재벌기업의 임원으로 영입된 검찰 출신 인사는 "변호사 수입을 능가하는 고액 연봉을 주고 영입한 만큼 나한테 부정적 의미의 로비스트 구실도 기대하고 있지 않겠냐"면서, "경우에 따라서는 궂은일도 해야 하기 때문에 영입 제안을 받고 많은 고민을 했다"고 말했다고 합니다.[52] 실제로 삼성의 법무팀을 이끈 김용철 변호사의 경우도 특수부 검사 시절의 경험을 살려 삼성의 곤란한 법적 문제를 해결해주었던 것을 볼 수 있습니다. 여대생 등을 거느리고 있는 윤락업주를 조사하다 걸린 구조본 직원들을 검찰의 손아귀에서 빠져나오게 한 것은 그 한 예이죠.[53]

회전문을 돌아 삼성에 사람들이 많이 들어오기도 했지만 삼성의 사람이 정부로 가 요직을 차지하기도 했습니다. 이들이 삼성의 이익을 얼마만큼 적극적으로 대표하는지는 정확히 가늠하기 어렵지만, 이들을 통해 삼성의 가치, 삼성의 이데올로기가 정부의 정책에 반영되리라는 것은 쉽게 짐작할 수 있습니다. 그런 삼성의 냄새가 배어 있지 않다면 굳이 이들을 정부에서 모셔갈 리가 없죠. 김대중은 삼성그룹의 법률 고문으로 있었던 윤영관을 2000년 헌법재판소 소장으로 임명했습니다. 노무현은 삼성전자 사장 진대제를 정보통신부 장관으로 임명했죠. 그뿐만 아니라 중앙일보 회장 홍석현을 주미대사에 임명하려고 했습니다. 홍석현의 경우 X파일 때문에 그 임명이 물거품이 되기는 했지만 삼성맨들에게 줄줄이 장관직을 준다는 것은 보통 일이 아닙니다.

이러한 장관직뿐 아니라 정부의 여기저기에서 삼성 사람들이 눈에 띕니다. 노무현정부의 경우, 대통령 직속 '3대국정과제 추진위원회' 민간위원에 대기업 출신으로는 유일하게 삼성 출신 두명이 포함되었습니다. '동북아경제중심 추진위원회'에는 현명관 전 삼성물산 회장이, 그리고 '국가균형발전 추진위원회'에는 손욱 삼성종합기술원 원장이 위원으로 위촉되었죠. 그리고 2005년 삼성경제연구소 이언오 전무는 이례적으로 국가정보원의 국가정보관으로 채용되었습니다.[54] 이명박정부의 자문위원에는 지승림 전 삼성

구조조정본부 부사장, 황영기 전 삼성증권 사장이 포함되었습니다.[55] 삼성경제연구소 출신의 인사들도 정부 곳곳에 둥지를 틀었습니다.[56]

이렇게 삼성의 회전문은 삼성에 정부의 귀한 지식과 경험, 그리고 정부와 정책에 관한 남다른 안목을 가져다줍니다. 게다가 법의 그물 어디에서 구멍을 찾을 수 있는지, 어떻게 하면 구멍을 늘릴 수 있는지도 배우죠. 정부의 잣대가 삼성에게만은 유달리 느슨하게 적용되는 것은 삼성의 권력이 정부·사법당국의 권력에 맞설 수 있음을 보여주는 예일 것입니다. 삼성이 보낸 정부관료들은 삼성과 정부의 더 깊은 유대에 공헌할 것이라는 사실 또한 쉽게 짐작할 수 있습니다. 삼성이 사람에 공을 들여 얻은 권력입니다.

선거를 주무르는 돈의 힘

지식과 인재 관리를 통해 정부관료들을 거느리다시피 하며 국가의 경제 논의를 주도하고 더 나아가 국가의 담론을 이끄는 것, 사법기관을 관리해 법으로부터 더 자유로울 수 있는 사회 여건을 마련하는 것은 모두 강력한 권력의 수단입니다. 하지만 한국의 정치권력 정점에 서 있는, 그래서 삼성이 가장 눈독을 들일 수밖에 없는 대상은 바로 대통령입니다. 한데 대통령이 되고자 하는 이에게 가장 필요한 것은 선거를 치르기 위한 돈입니다. 물론 돈은 삼성이

기꺼이 다른 누구보다 더 많이 줄 수 있죠. 삼성의 존재감이 가장 돋보이는 정치 장사의 대목입니다.

노회찬 의원이 밝힌 1997년 대선 직전 안기부 보고서에 의하면 삼성은 대통령선거에 깊숙하게 관여했음이 잘 나타납니다.[57] 보도에 따르면 '홍석현·이학수, 대선 관련 주요사항 협의'라는 이 보고서에서는 이학수 삼성그룹 회장 비서실장과 홍석현 중앙일보 사장의 은밀한 대화가 공개되었습니다. 그리고 그 내용은 삼성의 돈이 얼마나 깊숙이 대선에 연루되었는지 보여줍니다.

물론 1997년 대선뿐 아니었죠. 더 옛날로 가면 전두환·노태우 비자금 사건 때 전두환에게 220억원, 노태우에게 250억원의 정치자금을 제공한 사실이 드러났습니다.[58] 차떼기 사건으로 떠들썩했던 2002년 대선도 마찬가지였습니다. 당시 한나라당은 돈이 든 트럭을 통째로 건네받는 대범한 수법으로 온나라를 충격에 빠뜨렸습니다. 드러난 불법자금의 규모를 보면 한나라당 이회창 후보 측은 약 823억원을 받았고, 노무현 측은 약 114억원을 받았습니다. 그중 삼성은 이회창 쪽에 약 340억(전체의 41%), 노무현 쪽에는 30억원(전체의 26%)을 몰아주었습니다.[59] 게다가 김종필 전 자민련 총재 측에도 15억 4000만원을 전했으니[60] 이것만 보아도 거의 400억이라는 삼성의 돈이 대선에 흘러들었음을 알 수 있습니다.

대선후보들이 한표가 아쉬워서 시장상인들의 손을 잡고 웃는 모습을 우리는 봅니다. 숙이는 고개가 상인 앞에 놓여 있는 바구니에 닿을 듯하죠. 한표가 그럴진대 거액의 기부금을 내는 사람들에게는 어떻겠습니까? 현행법으로는 선거후원회에 기부할 수 있는 후원금은 연간 2000만원을 넘을 수 없습니다. 물론 이도 큰돈입니다. 한표를 행사하는 사람은 잘해봐야 후보와 악수 한번 할까말까 하지만, 돈 몇만원이라도 내는 모임이면 으레 지역구 의원이 얼굴을 공손히 드러내기 마련입니다. 그러니 2000만원을 낸 사람은 대우가 특별할 수밖에 없겠죠. 물론 돈의 액수는 그보다 상회하기도 합니다. 2012년 9월 친박근혜계인 송영선 전 새누리당 의원과 한 사업가의 대화가 공개되었죠. 이를 보면 얼마만큼의 돈이 어느 정도의 정치력을 부릴 수 있는지 가늠할 수 있습니다.

12월 대선에서 (내 지역구인 경기도 남양주 갑에서 박근혜 후보 지지표) 6만표를 하려면 1억 5000만원 필요하다고 말씀드렸잖아요. 그러면 (나를 도와주면 ㄱ씨가) 투자할 수 있는 게 (경기) 남양주 그린벨트가 있어요. 그래서 내가 그 정도를 얘기한 거예요. (…) 지금 제일 급한 거는 변호사비 3000만원 그겁니다. (그 돈을 주면) 그건 기부예요. 그런데 여의도에 거처가 필요합니다. (…) 여의도 오피스텔 하나는 좀 도와주셨으면 합니다. 보증금 1000만원에 나 혼자 있으면 관리비 해서 (월) 120만원 정도 (…) (일 도와줄) 아가씨까지 있으려면 한달에 250만원, 관리비 하면 300만원 정도 주셔야죠. 그러면 (여의도의) 연락 사무실은 됩니다. (…) (당신은) 한달에 200~300만원 주는 그런 쩨쩨한 사람이 아니니까, 후원회장으로 만들어드리겠습니다. (…) 그렇게 돈 몇억원 때문에… (내가 대구에서) 공천 받으려고 그렇게 애를 썼는데, ㄴ의원한테 3억만, (아니) 2억만 갖다줬어도 내가 공천을 받았을 텐데. ㄴ의원이 (박후보의) 최측근이에요. 박후보 사람 쓰는 거 실망이죠. 나는 돈을 안 줘서 공천을 못 받았어요.[61]

그녀의 말을 보면 가끔 몇천만원씩 하는 목돈과 한달에 300만원 정도를 계속 내줄 수 있으면 여당 내 영향력이 있는 전직 국회의원과 은밀한 접촉을 통해 깊은 인연을 맺을 수 있는 것을 알 수 있습니다. 1억 정도의 목돈이면 그린벨트에 투자할 수 있는 길을 열 수 있고, 2억이면 자신이 미는 사람이 공천을 받는 데 결정적인 공헌을 할 수 있네요. 국회의원이 한국사회에서 갖는 특권과 권력을 생각해보면 2억으로 그 권력을 살 수 있으니 결코 밑지는 장사는 아니라고 생각됩니다. 2억이라는 돈이 그럴진대, 삼성이 이회창에게 가져다준 340억원은 도대체 어떤 효과가 있었을까요? 이회창이 대통령이 되었다면 삼성은 어마어마한 권세를 가졌을 것이 확실합니다.

지금까지 살펴보았듯이 이건희는 한국사회에서 보통 시민은 상상도 할 수 없는 정치권력을 행사합니다. 국가정책을 논의하고 실행하는 곳에도 이건희의 입이 있고, 사법권력의 칼날 뒤에도 이건희의 눈이 있습니다. '낮의 대통령'도 '밤의 대통령'도 이건희의 그늘 아래 있는 셈이죠. 민주체제 내에서 시민이 한표로 보이지도 않을 만큼의 변화를 일으킬까 말까 한다면 이건희는 자신의 어마어마한 권력을 통해 우리 사회를 이쪽에서 저쪽으로 요동치게 하고 있는 것입니다.

　정부의 정책이 마음에 들지 않아 다음 선거를 몇년째 기다리시는 분, 어느 신문의 기사가 불만이어서 법적 절차를 밟아보신 분, 검찰의 결정에 억울함을 느껴보신 분, 또는 현재 경제체제의 담론을 바꾸어보려고 토론회를 열어보신 분들은 아마 자신과 이건희의 권력의 차이를 더 잘 느낄 수 있을 것입니다.

3부

다른 정치를
위하여

7장

/

정치체제 변화의 역사

권력자들의 공통분모

민주체제가 성립된 뒤, 권력을 독재자의 손아귀에서 빼앗았음에도 불구하고 보통의 시민들이 갖고 있는 정치력이 고작해야 달랑 한표에 불과한 것에 비교하면 조용기나 이건희 같은 이들의 정치력은 막강하고 거대합니다. 하지만 이들의 정치권력을 들여다보면 크다는 사실 말고 또 하나의 공통점이 있습니다. 바로 그 권력의 쓰임이죠. 모든 정치권력자가 자신의 이익을 찾는 것은, 욕을 먹을지언정 사실 당연한 이치입니다. 하지만 보통 잊고 있는 것은 거대권력을 가진 사람들은 하나의 일반적 목적을 공유한다는 것입니다. 이는 바로 현상의 유지이죠. 권력자가 현상유지를 바라는 것은 사실 당연합니다. 정치권력을 가진 정치엘리뜨들은 그만큼 정치권력을 누리게 해준 정치체제가 바뀌는 것이 반가울 리 없죠. 그러므로 현상을 유지하는 것이 지금 자신들이 누리는 권력을 유지하는 길임을 잘 알고 이에 충실할 수밖에 없습니다.

이건희에게는 신자유주의 경제체제를 유지하는 것이 이익일 수밖에 없습니다. 기업화된 시장이 시민들의 세세한 생활(유아 영어교육, 줄넘기, 동네 빵집, 손톱 정리 등)까지 확장된 세상에서, 극대화된 기업의 자유는 커다란 기업일수록, 특히나 이미 월등히 앞서 있는 삼성에는 유리할 수밖에 없죠. 물론 이는 바로 이건희 자신의 개인적인 부와 권력을 증가시켜주는 결과를 가져옵니다. 기회만 되면 '기업하기 좋은 나라'를 외치는 것은 그래서 우연일 수 없죠. 신자유주의체제를 유지하고 싶은 것입니다.

이는 조용기도 비슷합니다. 자신의 반공친미 이데올로기는 권위주의체제의 이익과 맞물려 조용기 자신의 정치권력을 성장시켰습니다. 물론 교회도 성장을 거듭했죠. 그런 조용기는 반공과 친미를 무작정 따르지 않는 사람들이 불편하고 자신의 이익이 위협받을 것 같아 두렵습니다. 그러다보니 우리 사회에서 탈반공, 탈친미가 심화될수록 조용기의 외침은 더 날카롭고 커질 수밖에 없습니다. 자신을 존재하게 한 정치체제를 지켜야만 하기 때문입니다. 집회에서마다 좌파를 마귀로 몰아붙이는 것이 그로서는 당연한 정치공세입니다.

이렇게 본다면 다양한 이익을 갖고 있는 서로 다른 권력자들을 하나로 묶는 것은 바로 '현상유지'라고 볼 수 있습니다. 그러니 현상을 바꾸는 것, 변혁을 이루기란 쉬울 수가 없습니다. 일단 공권력을 바탕으로 하는 정치체제는 생래적으로 변화를 싫어합니다. 그리고 이 체제는 정점에 있는 지배자들의 적극적인 보호를 받죠.

게다가 일반 민중들 또한 나름대로 변화를 추진할 만한 여유를 찾기 힘듭니다. 해야 할 일이 있고 부양할 가족이 있으니 틈을 내서 정치변화를 모색하는 것은 거의 생각도 하지 못합니다. 미국의 많은 흑인들이 오랫동안 자신들의 권리를 찾는 데 주저한 이유도 부분적으로는 이 때문입니다. 그나마 틈을 내서 할 수 있는 것이 투표죠. 그리고 사실 투표 말고는 민주체제에서 제도적으로 정치참여를 할 수 있는 길은 거의 없다고 할 수 있죠. 문제는 그 투표라는 것이 그다지 효과적이지 않다는 점입니다. 그 한표라는 것이 주는 정치적 목소리는 이건희나 조용기 같은 이들의 정치적 힘에 비해 초라하다는 표현이 무색할 정도로 작습니다. 그러므로 자연히 사회는 현상유지가 일반적일 수밖에 없습니다.

물론 현상유지가 꼭 나쁜 것은 아닙니다. 그 유지되는 '현상'이라는 것이 전반적인 사회의 지지를 받는다면 굳이 바꿀 이유가 없겠죠. 그리고 변화가 필요하더라도 극단적인 정치변화를 모색하는 일이 폭력적으로 진행되거나 심지어 전쟁으로 번지는 경우를 보면 현상유지의 미덕을 쉬이 짐작할 수 있습니다. 이는 일제강점이 끝난 후 한반도에서 뼈아프게 경험한 것이기도 하죠.

다만 정치의 변화가 필요할 때, 그것도 많은 사람들이 아주 절실하게 원하는데 그 체제가 변화를 수용할 수 없다면 이는 큰 문제입니다. 이러한 예는 미국의 노예제에서 찾아볼 수 있습니다. 북미지역의 노예제가 경제적으로, 특히나 목화 재배 등 일손이 많이 필요한 대규모 농업에서 중요한 부분이었지만 반대의 목소리 또한 오래되었습니다.[1] 평화주의자인 퀘이커 신자들은 이미 18세기 말부터 노예제를 반대하는 여론에 불을 지폈고 일찍이 여론 조직화에 나섰습니다. 그들은 지역의 노예주를 설득해 그들이 소유하던 노예들을 풀어주게 하기도 했습니다. 미국의 건국과 독립전쟁이 끝나고(1783) 북부에서는 노예를 금지하는 주가 속속 늘어나는 가운데 노예의 국내 수입이 금지되었습니다(1807). 이후 1830년대를 지나며 대학과 종교단체를 중심으로 노예해방 단체가 성장합니다. 노예제가 지속되던 남부에서 탈출한 노예들을 도와주는 운동(Underground Railroad)이 1850년을 전후해 급성장했고 심지어는 노예해방을 위한 무력투쟁 시도까지 벌어집니다. 링컨도 애초에는 노예제에 온건한 입장이었습니다. 반대는 했지만 남부의 노예제는 연방정부가 간섭해서는 안 된다고 했고, 노예제를 천천히 점진적으로 끝내자는 입장이었죠.[2] 링컨이 1860년 공화당 대통령 후보가 되었던 것도 그가 노예해방에 온건한 입장을 표명했기 때문이었습니다.

하지만 결국 그가 대통령에 당선되자마자 남부는 독립을 선언하고 미국은 전쟁의 소용돌이에 빠집니다. 남북전쟁은 북부가 이끄는 연방정부로 하여금 노예해방을 공식 선언하게(1862) 하고 북부가 이김으로써(1865) 마침내 노예해방이 이루어집니다. 노예해방의 역사를 거꾸로 남부의 입장에서 보면 노예제를 지속하고자 했던 현상유지의 역사이기도 합니다. 노예제를 반대하는 세력의 끈질긴 노력과 북부에서의 광범위한 공감에도 불구하고 남부를 중심으로 한 노예제 찬성자들은 끈질기게 투쟁을 계속합니다. 이들 덕택에 노예제가 끝나는 데는 오랜 세월이 걸려야 했습니다. 그것도 아주 잔인하고 처절한 내전을 거치고서야 말입니다.

미국 노예제도의 예에서 볼 수 있듯이 정치변화라는 것은 현상유지를 선호하는 체제의 특성상 쉽지도 않고 흔치도 않은 것입니다. 그러므로 거꾸로 생각해보면, 정치변화란 흥미로운 일이 아닐 수 없습니다. 어째서 현상유지를 선호하는 권력자가 변화를 받아들였을까? 이들이 어떤 상황에서 받아들인 것일까? 과연 순순히 받아들였을까? 순순히 받아들이지 않았다면 어떻게 된 것일까? 궁금하지 않을 수 없습니다. 이 궁금증은 사실 정치의 가장 원초적 얼굴에 직결된다고 할 것입니다. 권력이 있는 자가 놀랍게도 정치 투쟁에 패한 것이니까요.

한국에서도 그런 정치변화가 있었을까요? 미국사회의 근간이던 노예제가 무너지듯이 근본적인 변화가 있었을까요? 물론 2000년을 이어온 왕조가 송두리째 무너진 것은 파격적인 변화가 틀림없습니다. 하지만 공화국의 성립은, 한국 내의 정치적 산물이라기보다는 국제정세의 영향이 너무나 컸기에 논의에 적합하지 않아 보입니다. 그럼 또 무엇이 있을까요? 저는 이승만체제의 몰락이 중요한 정치체제의 변화가 아니었나 생각합니다. 그리고 그뒤를 이어 박정희·전두환으로 이어지는 군정체제가 몰락한 것 또한 중요한 정치변화였죠. 그럼 이 장에서는 그 두번의 정치변화를 살펴봄으로써 어떻게 이러한 정치변화가 이루어졌고 그 원동력은 무엇인가 살펴보기로 하겠습니다. (이후 군사정권에 관한 논의는 다른 주석이 없는 한 민주화운동기념사업회 연구소의 『한국민주화운동사』 1~3권(돌베개 2010)을 참조했음을 밝힙니다.)

정치변화 1: 반공독재에서 민주체제로의 전환

이승만체제는 민주체제?

이승만체제가 몰락하고 제2공화국이 들어선 것은 한국정치사에 커다란 변화가 틀림없습니다. 그럼 그 이승만체제는 어떤 것일까요? 2008년 뉴라이트 계열의 학자들이 보수적 시각에서 한국 근현대사를 재조명한 대안교과서 『한국 근·현대사』를 살펴보면 이승만체제가 '대한민국의 기틀을 자유민주주의 체제'로 세운 것으로 보고 있습니다. 또한 "(이승만은) 유라시아 대륙 전체를 대상으로 한 국제공산주의 세력의 공세로부터 한반도 남부를 지켜낼 수 있었던 '거물'(로서) (…) (그가) 존재하지 않았다면 한국은 사회주의 세력권"[3]하에 들어갔을 것이라고 합니다. 그들이 보기에는 당시 남한은 "좌파 공산주의자들이 끊임없이 체제를 위협하는 상황에서 친일파 청산보다 내부 단결과 반공 태세가" 더 급한 상황에 처해 있었기 때문이죠.[4] 즉 이승만체제를 공산주의 정권에 맞서 싸운 민주체제로 규정하는 것입니다.

물론 이는 이승만과 이승만체제에 대한 기존의 평가를 상당 부분 뒤집는 것으로 학계에서 큰 논란이 되었습니다. 기존의 평가가 오랜 시간 동안 역사적 사실로 받아들여져왔던 터라 이러한 논란 자체가 당황스러운 것은 사실입니다. 하지만 이 새로운 시각이 그럴듯하게 들리는 것은 바로 이승만체제를 김일성체제와 비교해놓았기 때문입니다. 뜨거운 커피를 마시다 물 한모금 마시면 시원하죠. 그렇다고 그 물이 얼음처럼 차다고 말한다면 좀 문제가 있는 것과 비슷한 이치입니다. 김일성의 조선민주주의인민공화국은 조선로동당의 일당 지배를 기본으로 하는 전형적인 공산주의체제로 출발했습니다. 이에 비하면 이승만체제는 훨씬 덜한 독재체제였습니다. 정당 간, 후보 간의 경쟁이 있었고 시장경제를 들여왔으니까요. 하지만 과연 그렇다고 해서 이승만체제를 민주체제라고 할 수 있을까요? 커피보다 덜 뜨겁다고 그게 찬물일까요?

선거 조작

이승만정권이 민주체제였는지 한번 살펴보겠습니다. 선거는 민주체제의 핵심적인 요소이니 이승만정권하에서 선거가 어떻게, 얼마만큼 공정하게 치러졌는가 돌아보도록 하겠습니다. 김대중이 들

신익희, 장면의 선거운동 포스터

려준 그의 선거 경험 이야기를 들어보죠. 그가 참여했던 1958년 국회의원선거에서는 후보등록을 위해서 100명 이상 선거인 추천이 있어야 했습니다. 중복추천은 불허했죠. 김대중은 만약의 사태를 대비해 130명에게 추천을 받았습니다. 혹시라도 몇표를 무효처리 하더라도 등록할 수 있게 말이죠. 하지만 선거관리위원회에서는 추천서를 확인해 추천자들을 알아낸 후 이들을 찾아가 자유당 후보를 추천하도록 해 이들을 왕창 중복추천자로 둔갑시켜버립니다. 다급한 김대중이 유권자들로부터 추가로 서명을 받으려 하자 벌써 이장들이 사람들의 도장을 거두어간 뒤였고 도장가게에 가도 도장을 새겨줄 수가 없다고 거절당했습니다.[5] 결국 김대중은 후보등록도 못했습니다. 공권력을 동원해 야당 후보들의 후보등록조차 원천 봉쇄한 예이죠.

1956년 지방선거에서는 경범죄처벌법으로 구류를 남발해서 후보등록을 막았습니다. "야밤에 집 앞에다 쓰레기를 버려놓고 새벽같이 찾아와서는 청소 불결이라는 죄목으로 구류처분하지 않나, 밤사이에 단단히 붙여놓은 문패를 떼어버리고는 문패가 없으니 구류처분이라고 집어넣지를 않나, 형사들이 술을 사달라고 졸라서 술을 사주었더니 밤 12시가 되도록 나가지 못하게 해놓고 12시가 지나 집으로 가려고 한즉 통금위반이라고 집어넣지를 않나……"[6] 자유당 후보가 아니면 선거에 나가는 것조차 공권력으로 막는 것이 이 당시 선거풍토였던 것이죠. 자유당의 이기붕을 이긴 민주당의 장면 부통령은 총격으로 부상을 당했고, 진보당은 창당 자체가 불가능할 정도로 폭력, 위협, 연행에 시달렸습니다.[7] 남한에서 처음으로 1948년 보통선거가 실시된 이후 1960년까지 네차례의 총선거와 네차례의 대통령선거가 있었지만 한번도 공정한 선거는 없었습니다. 관권과 금권이 개입했고, 항상 집권 여당의 승리로 끝났습니다.

1960년 3·15 정·부통령선거는 이러한 불법적 선거관리가 절정에 이른, 국가가 기획한 거대한 정치쇼였습니다. 한편으로는 폭력이 난무했습니다. 벌건 대낮에 야당 후보자와 이들의 지지자에 대한 정치깡패들의 폭력이 자행되었지만 국가권력은 수수방관함으로써 실질적으로 탄압의 주체가 되었습니다. 이런 정치깡패들 중 대표적인 폭력조직으로는 여러 조직을 흡수해 회원 수가 131만여 명에 이른 '대한반공청년단'이 있었습니다. 임화수·유지광 등 정치깡패들이 요직을 차지하고 있었죠.[8] 민주당 간부, 야당 참관인이 이들의 폭력에 시달리고 살해를 당하기도 했습니다. 이러한 폭력 또한 이승만세력의 조정과 비호 아래 있었습니다. 이승만 대통령의 경호 책임을 맡고 있던 곽영주 경무관과 이기붕 자유당 부총재가 이들을 조정하고 있었습니다. 혹시라도 깡패들이 잡히면 곽영주가 손을 써 풀려났죠. 그래서 사람들은 기존의 6법에 무법과 불법이 가세해 8법이 지배하는 세상이라고 했습니다.[9] 야당에 대한 위협이 공공연한 시대였죠.

또다른 쪽에선 거대한 정치자금을 불법적으로 모으고 있었습니다. 다른 기관도 아닌 한국은행은 시중은행을 통해 산업채권을 재할인하는 방식으로 불법 정치자금을 마련했고, 이승만정권은 정경유착의 고리를 통해 대한양회와 동양시멘트 등 기업에서 62억환(당시 환율로 950만 달러)을 모금했습니다.[10] 그리고 이 선거자금은 전국 경찰 11억환, 서울시장 및 도지사 200만환, 26개 시장에 70만환 등 골고루 전국에 뿌려졌습니다.[11] 선거 당일에는 전국적으로 대리투표나 사전투표가 횡행했습니다. 거리에서는 자유당의 완장부대, 경찰, 반공청년단 등이 투표소를 에워싸고 공포 분위기를 조성했고 민주당 참관인은 곳곳에서 내쫓겼습니다.

김대중은 이 선거를 불법과 무법의 천지로 기억했습니다. "곳곳에서 경찰과 반공청년단이 투표소를 포위했고, 야당 참관인들은 돈에 매수당하거나 몰매를 맞고 투표소에서 쫓겨났다. 김포에서는 자리를 지키겠다던 야당 참관인을 괴한들이 칼로 찌르고 달아났다. 사전투표, 무더기 표로 자유당 표가 유권자보다 많이 나오는 지역이 속출했다. 당황한 중앙선거관리위원회는 개표를 중단하고 득표율을 깎아내리느라 진땀을 흘렸다. 자유당은 사방팔방으로 전통을 띄웠다. '이기붕의 표를 줄여라.' 전국 어디서나 비슷했다."라고 회고했습니다.[12] 한마디로 이승만정권은 민주체제의 필요조건인 공정한 선거를 시행하기는커녕 국가기관의 공권력을 적극 이용해 광범위하고 조직적인 선거부정을 저지름으로써 민주체제의 근간을 흔든 것입니다.

헌법 유린

이승만정권이 흔들어낸 것은 선거뿐이 아니었습니다. 이들은 자신의 정권 연장을 위해서는 나라의 근간인 헌법마저 제멋대로 흔들어댔습니다. 1952년 '부산정치파동'은 그 좋은 예입니다. 당시 대통령은 국민이 직접 뽑지 않고 국회에서 선출했는데 국회와 관계가 좋지 않던 이승만은 자신이 이대로는 재선에 성공할 수 없을 것이 확실해지자 직선제 개헌을 추진합니다. 하지만 이는 국회에서 부결되고, 엉뚱하게도 이승만정부는 잔존공비 소탕이라는 명분 하에서 계엄을 선포합니다. 그러고는 헌병대가 국회의원이 탄 통근버스를 통째로 연행해서 그중 10명의 반대파 의원을 체포해버립니다. 당연히 국회는 마비되고 국회의원들은 피신하느라 정신이

헌병대에 연행되는 국회의원을 태운 버스

없었습니다. 이 와중에 발췌개헌안이 제출되고 기립표결을 통해 마침내 직선제를 얻어내고 맙니다. 물론 그가 원했던 연임에도 성 공하죠.

하지만 이에 만족하지 않았습니다. 초법적인 개헌을 강행한 지 채 2년이 지나지 않아 이승만은 또 개헌을 추진합니다. 이번에는 중임 제한 규정을 무효화함으로써 종신(終身) 대통령이 되고 싶었 던 것이죠. 하지만 이 개헌안은 의회에서 필요한 재적의원(203명) 중 의결 정족수 136표에 1표 모자란 135표를 받아 부결되었습니다. 그러자 자유당 의원총회와 서울대 수학과 교수 최윤식 등을 동원 해 203의 3분의 2가 135라는 상식을 깨는 주장을 하고 개헌안이 가결된 것이라고 발표했습니다. "재적의원 203명의 3분의 2는 정확하게 135.333…인데, 자연인을 정수가 아닌 소수점 이하까지 나눌 수 없으므로 4사 5입의 수학적 원리에 의해 가장 근사치의 정수인 135명임이 의심할 바" 없다고요. 1954년 그 유명한 '4사 5입' 개헌입니다.

언론 탄압

선거와 헌법의 질서만큼이나 민주체제에서 중요한 것은 언론의 자유라고 할 수 있습니다. 국민들의 한표를 정당성의 근거로 삼는 만큼 국민이 그 한표를 행사하는 데서 충분한 정보를 갖고 있는 것이 중요하기 때문이죠. 국민들이 정보를 많이 가질수록 정치권력자들은 자기 마음대로 하고 싶은 욕망을 실현하기 힘들어집니다. 물론 이러한 정보는 여러 경로로 얻어질 수 있지만 언론의 역할이 가장 크죠. 그러므로 언론은 늘 정권과 긴장관계에 있고, 민주체제일수록 이 긴장을 장려하는 것이 바람직한 법입니다. 그래서 발달된 민주체제 국가일수록 정부와 언론 간의 긴장이 제도적으로 보호되기 마련입니다. 하지만 이승만은 이러한 긴장관계를 참지 않았습니다.

언론을 길들이려는 이승만의 시도는 동아일보 사건으로도 쉽게 확인할 수 있었습니다. 1955년 동아일보는 당시 통상 대통령을 지칭하는 '고위층'이란 말 앞에 '괴뢰'라는 말을 끼워넣은 편집 실수를 합니다. 곧 신문의 회수와 사과가 이어졌지만 평소 동아일보의 논조가 불만이던 이승만정권은 무기정간처분을 내리고 직원들을 구속하거나, 불구속으로 옭아넣었습니다. 언론에 대한 폭행도 일삼았습니다. 1955년 대구매일신문사는 사설 하나 때문에 우익청년들의 공격을 받았죠. 사전에 이를 인지하고 경찰에 경호를 부탁했지만 별다른 대비는 없었습니다. 후에 경찰 간부는 "백주의 폭행은 테러가 아니다"라는 명언을 남깁니다.[13] 사실상 정부가 방조한 것이죠. 1959년에는 경향신문이 폐간됩니다. 사설과 고정 칼럼 '여적'을 통해 허위사실을 보도하고 폭동을 선동했다는 이유였지만 이는 구실일 뿐 보수적인 신문이었음에도 부산정치파동 이후 이승만의 영구집권 기도를 비판한 논지 때문이었습니다. 이렇듯 언론에 대한 탄압은 이승만정권의 전형적인 비민주적 행태의 한 예였습니다.

이승만 독재 그리고 몰락

이렇듯 선거를 조작하고, 헌법을 입맛에 따라 바꾸고, 언론을 탄압한, 즉 민주체제의 필요한 요소들을 하나하나 파괴한 이승만정권을 민주체제라고 말하는 것은 사실 코믹하기까지 합니다. 여기에 한국전쟁 통에 국민방위군이라는 것을 아무 준비도 없이 만들어 5만명을 후방에서 죽게 한 것이나[14] 제주도에서 빨치산을 제압한다는 구실로 수만명의 무고한 양민을 살해한 사건을 돌이켜보면 아무리 혼란의 시기였다고 하더라도 민주체제와는 거리가 멉니다. 거꾸로 박정희를 필두로 한 후대 독재정권의 선례를 보여주었다고 말하는 편이 더 정확할 것입니다. 군대를 이용해 국민을 살해하고 정치에 이용한 것, 선거 조작, 정략적 개헌, 언론탄압, 이 모든 것을 박정희와 그후의 군부독재정권들이 그대로 답습했으니까요. 이승만정권은 전형적인 독재체제였다고 할 수 있습니다.

반공을 외치며 민주주의라는 허울 속에서 독재를 한 것은 이승만뿐이 아닙니다. 냉전 중 미국의 영향권에 있던 나라들의 전형적인 모습이죠. 필리핀의 마르코스, 칠레의 삐노체뜨 등이 그 예라 할 것입니다. 이승만이 독재자였다는 것은 사실 새로운 평가가 아닙니다. 현행 헌법 전문을 보아도 이승만체제를 '불의(不義)'로 규정하고 있으니까요. 이승만의 불의, 그의 독재체제는 1948년 세워져 1960년 끝날 때까지 12년을 이어오면서 이기붕, 신성모 같은 측근에 의해서만이 유지된 것이 아니었습니다. 일제 치하에서 일제를 돕던 경찰·법조계 인사들과 크고 작은 지주, 기업가, 언론인 등 친일인사들에게는 이승만정권이 굳건한 방패와 같았죠. 이들은 이승만정권이 필요했고 이승만도 이들의 정치적 지지가 절실했습니다. 똘똘 뭉친 이들은 현상유지를 위해 치열히 싸웠습니다. 친일파 척결을 위한 반민특위가 공격을 받고 끝내 좌절된 것이나 진보당 같은 좌파가 갖가지 공격 끝에 결국 씨가 마른 것은 이들이 얼마만큼 성공적으로 싸워왔는가를 보여주는 예입니다.

이렇게 당시에는 성공적이었고, 총과 법으로 무장한 이승만체제가 무너진 것은 그 자체로 의미심장한 정치변화입니다. 그리고 그 정치변화는, 우리가 잘 알다시피, 선거를 통한 것이 아니었습니다.

조작과 관권 개입이 범람했지만 선거가 끝나고 나면 사람들은 일단 결과를 받아들였습니다. 물론 회의와 실망, 분노가 남았지만 대부분의 사람들에게 그것은 일상의 무게만큼 무겁지는 않았습니다. 세상을 바꾼 것은 투표가 아니라 시민들의 집단행동이었습니다. 바로 4·19혁명이 그것입니다.

4·19혁명의 시작

4·19혁명의 시작은 대구 고등학생들의 손에서였습니다.[15] 장면 부통령 후보의 유세 참가를 방해코자 일요일에도 등교를 강요하자 이에 반발해서 경북고생 800여 명이 시위를 하고 이중 120여 명이 연행된 것이 그 시작이었죠. 후에 2·28의거로 알려진 시위입니다. 이후 공정선거를 요구하는 시위는 점차 전국적으로 퍼지기 시작합니다. 이런 노력에도 불구하고 선거 당일 폭력과 부정선거가 눈에 빤히 보이게 저질러지자, 시민들의 저항은 폭발합니다. 이승만 정권은 공권력에 기대 이 사태를 진정시키려 했지만 사상자의 수가 늘어나고 행방불명이던 김주열의 시신이 눈에서 뒤통수까지 최루탄에 관통당한 채 마산 중앙부두 앞바다에서 떠오르면서 사태는 그들이 원하는 방향과는 정반대로 발전하였죠. 민주당의 시위가 경남을 중심으로 퍼져갔고 고등학생들의 시위도 마산에서부터 격렬하게 확산되었습니다.

4월 18일 고려대학교 학생들의 시위로 대학생들의 조직적 시위가 시작되면서 사태는 걷잡을 수 없이 번져나갔습니다. 수만

2·28의거의 경북고생들

명의 시위가 이어지고 시위대와 경찰 간의 총격전까지 벌어졌습니다. 더이상 이승만을 지지할 수 없었던 미국은 매카나기(McConaughy) 주한 미국대사를 통해 이승만의 양보를 요구합니다. 마침내 오전 10시 30분 이승만의 하야 성명이 라디오에서 흘러나왔습니다. 이승만은 27일 사임서를 제출하고 29일 미국으로 떠났습니다. 시민들의 극적인 승리였습니다. 하지만 댓가는 가볍지 않았습니다. 186명이 목숨을 잃었고 이들 대부분이 학생(고등학생 19.4%, 대학생 11.8%)이거나 하층 노동자들(32.8%)이었습니다.

　4·19가 혁명이냐, 봉기냐, 의거냐 등의 논의가 있습니다. 어떤 이는 '미완의 혁명'이라는 주장도 합니다. 하지만 틀림없는 것은

4월 19일, 무력으로 학생과 시민을 진압하는 경찰들

민중의 힘으로 독재체제를 끝냈다는 사실입니다. 이승만의 독재체제가 제2공화국의 민주체제로 전환되는 데에는 민중의 집단행동과 희생이 결정적인 역할을 했습니다. 그들의 행동은 민주체제 내의 선거로 수렴되는 제도적 참여를 통해 이루어진 것이 아니었습니다. 투표소 안에서가 아닌 길거리에서, 그것도 일상의 시간을 포기하고, 공포와 두려움을 극복하고, 부상과 체포, 심지어 죽음까지 무릅쓰는 행동이었죠. 게다가 그것은 투표처럼 하루 만에 끝나는 것도 아니었습니다. 언제 끝날지도 모르는 투쟁은 몇달이고 이어졌습니다. 4·19혁명의 시작은 2월의 마산이었고 이 또한 꾸준히 이어진 민중의 직접적인 행동의 결과였으니까요.

　민중의 반대편에선 이승만과 그의 부하, 그리고 독재체제에서 크고 작은 권력 등 갖가지 이득을 누리던 이들이 이승만의 편에 서서 필사적으로 싸웠습니다. 그런 이들로 인해 이승만의 독재가 가능할 수 있었고, 민주체제를 사문화(死文化)시킬 수 있었죠. 그러니 민중의 직접적인 정치행위 없이 이들을 가만히 놔두었더라면 언제까지고 독재체제를 이어갔을지도 모릅니다. 민중의 직접적인 정치참여가 이를 끝낸 것이죠. 이들이 세상을 바꾼 것입니다.

　4·19혁명이 탄생시킨 민주체제는 제2공화국이었습니다. 반공독재체제가 민주체제로 바뀐 중요한 변화였죠. 하지만 안타깝게도 이 체제는 오래 지속되지 못했습니다. 박정희를 비롯한 군인들이 일으킨 1961년 군사정변으로 민주체제는 단명하게 됩니다. 이후 박정희는 제3공화국과 제4공화국을 이어가고, 그가 암살된 후에도 전두환으로 이어지는 군인 중심의 정치체제가 제5공화국을 통해 장시간 지속되었습니다. 이러한 군정체제가 붕괴하고 민주체제가 들어선 것은 한국의 두번째 근본적인 정치변화라고 할 것입니다. 이 정치변화의 결과는 제6공화국, 즉 현재의 정치체제이죠. 그럼 군정체제가 제6공화국에 자리를 내준 것은 무엇 때문이었을까요? 군인들이 자발적으로 물러났을까요? 한표, 한표를 모아 선거로 바꿨을까요? 아니죠. 우리가 잘 알다시피 다름아닌 민중의 직접적인 정치참여의 결과였습니다. 바로 '6월항쟁'이죠.

정치변화 2: 군사정권에서 민주체제로의 전환

군정체제의 특징

한국의 군사정권은 박정희에서 시작해 전두환에 이르기까지 오랫동안 한국과 그 인민들의 삶을 규정지었습니다. 어느 정권이나 권력을 늘리려는 속성이 있으나, 이들 군정체제는 민중의 삶의 개인적인 측면, 심지어 양심과 사고마저 조정하려고 했던 시도의 광범위함과 강제성에서 일반 정권과는 뚜렷이 다릅니다. 그런 면에서 초보적이었던 이승만 독재와도 구분되죠. 군정체제하에서는 당연히 사람의 행위를 지배하는 것과 사고를 지배하는 것이 밀접하게 연관되었습니다. 머리나 치마의 길이 같은 문화적 행위도 그렇지만 특히나 정치참여는 엄격하게 규제되어 민주적 정치참여가 사실상 불가능하게 원천봉쇄당했다는 데에도 공통점이 있습니다.

또다른 공통점은 국가의 폭력을 국민을 보호하는 데보다는 국민을 억압하는 데 적극적으로, 그리고 공공연하게 썼다는 점이죠. 이러한 공통점은 이전의 이승만 독재체제와 이들이 다른 그 무엇임을 짐작하게 합니다. 군정체제에서는 개헌의 빈도와 정도가 이승만정권과는 비교할 수 없이 되풀이되었고, 또한 일반적으로 기대되는 민주적 제도의 틀을 넘어섰습니다.

두 체제에서 모두 폭력이 난무했지만 군정체제의 경우 그 폭력의 직접적인 주체가 권력의 정점에 올라 있었다는 점과, 폭력만 난무했던 것이 아니고 민중의 의식을 직접적으로 조정함으로써 이들의 행동을 길들이는 데 상당히 성공적이었다는 점에서 이승만의 독재와는 질적으로 다릅니다. 군인들이 조정한 국가는 강력해졌고, 민중에게 미치는 영향도 더 크고 조직화되었죠. 그만큼 이들은 더욱 강고한 체제를 구축했고 그만큼 오래 지속되었습니다. 또한 더 많은 노력과 희생 뒤에야 이들의 정치체제를 끝낼 수 있었습니다. 그럼 우선 이들이 구축해놓은 군정체제의 모습을 간단히 살펴보겠습니다.

군사독재의 선거관리

박정희 군사독재의 정점은 유신체제입니다. 유신체제의 시작은 1972년 10월 비상계엄령의 선포로 시작합니다. 광화문에 탱크를 배치한 채 발표한 특별선언은 국회를 해산하고 모든 정치를 사실상 금지한다는 내용이었습니다. 대통령이 국회를 해산할 수 있는 권한이 없는데도 말이죠. 곧이어 열린 국민투표는 새 헌법, 즉 유신헌법의 찬반을 묻는 선거였고 압도적인 투표율(91.9%)에 압도적인 찬성률(91.5%)로 통과되었습니다. 높은 찬성률이 나왔지만 이를 국민의 자발적 지지의 표현이라고 할 수는 없습니다.

계엄령 하의 살벌한 분위기에서 모든 언론은 계엄사령부의 엄격한 사전검열을 받아야 했고 덕택에 보도는 정부의 홍보성 기사로 가득했습니다. 게다가 재향군인회 등 각종 관제단체들은 지지성명 등을 통해 여론몰이에 바빴고 박정희는 박정희대로 개헌 반대를 당시 진행되고 있던 남북대화의 반대로 보겠다며 한반도 평화를 볼모로 사실상 협박했습니다. 찬성률이 높게 나온 것이 이상할 것이 없죠. 이렇게 통과된 헌법은 '통일주체국민회의'라는 야릇한 기구를 만들고, 여기서 대통령을 선출하게 했습니다. 이것이 야릇한 것이

5·16군사정변을 이끌던 박정희 소장

통일주체국민회의 대의원들은 국민이 선출했지만 반정부인사들은 출마가 불가능했고 그나마 선거에 나선 후보자들도 정치와는 거리가 먼 인사들이었습니다. 한마디로 정부의 꼭두각시였던 셈입니다. 상식을 초월하는 방식이니 야당은 대통령 후보를 내지 않았고 박정희가 유일한 후보였습니다. 말이 선거지 박정희를 위한 거대한 쇼에 지나지 않았던 셈이죠. 또한 이렇게 정권을 더 틀어잡은 박정희는 국회의원 3분의 1을 사실상 지명했습니다. 나머지도 한 선거구당 2명을 뽑는 중선거구제를 도입한 덕에 튼튼한 조직과 막강한 자금력이 있는 여당 후보가 최소한 2등을 하는 것이 별로 어렵지 않았습니다.

전두환의 제5공화국도 정치제도를 떡 주무르듯 하긴 마찬가지였습니다. 내각을 통제하기 위한 기구인 국가보위비상대책위원회(국보위)와 전두환, 노태우 소장, 권정달 정보처장, 정도영 보안처

장, 허삼수 인사처장, 이학봉 대공처장, 허화평 보안사령관 비서실장 등 실세들이 모여 헌법을 논의했고, 이렇게 제5공화국 헌법이 탄생했습니다. 이 헌법은 유신헌법에 대한 반대를 의식하여 대통령의 임기를 7년 단임으로 하고 중임을 금지하며, 국회의원의 3분의 1을 대통령이 추천하게 한 제도도 폐지했습니다. 하지만 대통령 간접선거를 유지함으로써 국민의 참정권을 크게 훼손한 군정체제의 전통을 그대로 이어나갔습니다.

또한 이들은 의회선거도 가만두지 않았습니다. 국회의원 총 수의 3분의 1에 달하던 유신정우회 의원직을 없애는 대신에 같은 수의 전국구 의원직을 두어, 전국구 의원직의 3분의 2를 제1당이 배당받고, 나머지 3분의 1을 지역구 선거에서 5석 이상 차지한 정당들이 의석 비율로 배분받도록 했습니다. 군부의 지원을 받는 당이 제1당이 될 상황이었으므로, 사실상 전두환 자신이 국회의원 약 22퍼센트를 지명할 수 있도록 만들어놓았습니다. 실제로 1981년 276명을 뽑는 제11대 국회의원선거를 보면 영화 「조용한 가족」(1998)을 보는 듯한 우습고도 슬픈 결과가 나옵니다. 김지운 감독의 이 영화는 한 가족이 시골 산장을 구입하며 이야기는 시작되는데, 예상과는 달리 손님이 없자 처음의 기대와 흥분은 점차 초조와 짜증으로 바뀌어갑니다. 그러던 가족에게도 희망이 오는데 이는 역설적이게도 한 손님의 죽음으로 시작하죠. 가뜩이나 장사가 안 되는데 손님이 죽은 게 알려지면 더 장사가 안 될까봐 이를 숨기기로 한 가족들은 시체를 묻어버립니다. 무섭지만 가까스로 시체를 처

통일주체국민회의 대의원들의 선거

리하는데 시체를 묻을 일은 계속 생깁니다. 하지만 점차 가족들은 시체 묻는 일에 이력이 생길 뿐 아니라 활력과 웃음을 찾기 시작합니다. 급기야는 구덩이 하나 파는 데 30분도 안 걸린다며 기뻐합니다. 가족의 단합과 행복이 다른 이의 죽음과 이를 숨기는 데서 오는, 슬프지만 아주 재미있는 코미디입니다.

총 득표율을 보면 전두환의 민정당은 35.6퍼센트의 표를 얻고 민주한국당은 21.6퍼센트의 표를 얻어 지역구에서 두 당은 각각 90석과 57석을 얻었습니다. 하지만 민정당은 이 전국구에서 무려 61석(22%)을 얻어 최종 151석을 얻었는데 민주한국당은 고작 24석을 더해 81석에 그쳤습니다.[16] 이를 다시 보면 민정당은 달랑 35.6퍼센트의 표를 가지고서 무려 54.7퍼센트의 의석을 차지하고 민한당은 21.6퍼센트의 표로 29.3퍼센트의 의석을 얻은 셈이죠. 한민당 같은 군소정당은 더욱 비참했습니다. 13.3퍼센트의 표를 얻고도 겨우 9.1퍼센트의 의석만 얻었으니까요. 게다가 소위 야당이라는 이 두 정당도 정보기관의 주도하에 만들어진 관제 야당임을 감안하면 전두환은 이 선거를 통해 민의를 맘대로 반죽하고 두드려서 딱 원하는 길이의 가래떡을 뽑은 셈이었습니다. 영화 「조용한 가족」을 보는 것처럼 마냥 웃을 수만은 없는 슬픈 현실이지만 어이없어 실소를 짓게 합니다.

군정체제는 이렇게 정치제도를 임의로 조정함으로써 선거가 실질적으로 아무 의미가 없도록 만들어버렸습니다. 물론 이론상으로는 이들이 선거에서 질 확률이 있었지만 실질적으로는 거의 제로에 가까운 것이었습니다. 여당이 국회에서 과반수를 못 얻을 확률도 그렇지만, 대통령선거에서는 국민들의 참여가 완전히 배제되어버린 상태였으니까요. 민중의 선거 참여가 불가능하거나 참여가 가능하더라도 의미있는 경쟁이 사라져버린 체제는 민주체제일 수가 없죠. 결국 이들의 손에 죽은 민주체제의 껍데기 속에 독재의 영혼이 들어가 부활한 셈입니다. 마치 사람이 죽고 나서 겉모습만 사람인 좀비로 부활한 것처럼 말이죠. 이렇게 정권을 억지로 유지하려다보니 자연히 정당성이 떨어지고, 그러니 정당성을 강제로 주입하기 위해 발버둥쳤습니다. 사상공세가 그것이죠.

군사독재의 사상공세

사십대 이상의 독자들이라면 박정희 하면 바로 떠오르는 것 중 하나가 새마을운동일 것입니다. 박정희는 새마을운동을 통해 경제발전이라는 사상을 주입함으로써 자신의 정권을 정당화하고자 했습니다. 새마을깃발은 태극기와 나란히 휘날렸고(아직도 보이던데요!) "새벽종이 울렸네, 새 아침이 밝았네"라는 노래가 안 들리는 곳이 없었습니다. 1972년부터 1979년까지 새마을합숙교육을 받은 사람만 거의 68만명에 이르고, 비합숙교육 인원은 거의 7000만명에 달했습니다. 전국민이 두번씩 받은 셈이죠.

이 운동은 흔히들 상상하듯 시골의 근대화에 국한된 것이 아니었습니다. 도시노동자들도 마찬가지로 그 대상이었죠. 노동자들을 동원하기 위해 공장새마을운동 기구가 설치되어 4만명에 이르는 노동자들이 교육을 받고 민족중흥의 역사적 사명을 위해 일할 것을 강요받았습니다. 학생도 박정희의 사상공세 대상이었습니다. 1975년에는 4·19혁명으로 사라졌던 학도호국단이 부활해 학생들을 군사조직으로 관리했습니다. 기존의 학생회는 폐지되었고 학도호국단을 통해 학생들에게 국가안보의식을 고취시키는 데 열을 올렸죠. 또한 그해에는 기존의 민방위훈련을 강화하고 민방위본부를 내무부에 설치, 읍면을 넘어 통리 수준까지 조직되도록 확대했습니다. 또한 1976년에는 '반상회의 날'이 지정되어 정부의 반공교육, 국정홍보 등 사상전을 동네 안방으로 가져갔습니다.

사상공세에 가장 중요한 고리라면 역시 언론일 테죠. 당연히 언

학도호국단 발단식

론을 엄격히 관리했습니다. 언론통폐합을 통해 일간지 39개, 통신사 11개, 주간지 32개만 남기고 나머지는 모두 없애버렸습니다. 자신들의 관리 편의를 도모하고 동시에 언론인들에게 공포를 심어주는 일석이조의 정책이었죠. 헌법에서 언론의 자유를 규정한 조항은 삭제되었고 말을 듣지 않는 기자들은 대량으로 해고되었습니다.

　박정희를 이어받은 전두환도 사상공세를 계속 해나갔습니다. 1980년 전국 4년제 대학에서 국민윤리를 필수과목으로 정했고, 초·중·고등학교에서는 '국민정신교육 9대 덕목'을 설정해 주입교육을 했습니다. 언론탄압도 빠질 수 없는 메뉴였죠. 1980년 이들은 권력을 잡자마자 신문협회에 '자율정화 결의'를 강요했고 이를 이용해 933명이나 되는 기자들을 해고했습니다. 전체 기자의 30퍼센트에 해당하는 어마어마한 숫자였습니다. 사실상 자신들을 반대할 수 있는 언론의 싹을 완전히 잘라버리자는 것이죠. 이어서 이들은 일간지를 제외한 정기간행물 172종을 강제 폐간시켰는데, 이 가운데는 『기자협회보』『월간중앙』『창작과비평』 등 영향력이 크고 정권에 비판적인 잡지들이 대거 포함되었습니다. 전형적인 박정희식 탄압의 답습이었습니다.

하지만 또 한편으로는 사람들의 관심을 정치 밖으로 돌리는 고도의 전술을 도입하기도 했습니다. 바로 일명 '3S정책'(스포츠, 스크린, 섹스)이 그것이죠. 대표적인 대중동원 행사로 '국풍81'이라는 대규모 관제행사가 있었습니다. 1981년 서울 여의도에서 5·18광주항쟁 1주기에 맞추어 민속제, 전통예술제, 젊은이 가요제, 연극제, 국풍장사 씨름판, 팔도굿, 남사당놀이 등의 행사와 '팔도명물장'을 열고 1000만에 달하는 관중을 동원했습니다. 여의도 일대가 온통 난리였죠. 빌딩 한면을 덮는 거대한 현수막이 그때만 해도 참 신기했습니다. 이는 사실 KBS 방송프로그램을 청와대 정무비서관 허문도가 주도하여 국가행사로 탈바꿈시킨 것이었습니다. 민중의 관심을 광주항쟁에서 돌리는 데 큰 기여를 한 셈이었습니다.

또한 이 군사정권은 국가의 역량을 총동원해 아시안게임과 올림픽게임을 유치합니다. 애초 서울시와 경제관료들은 서울올림픽 개최를 반대했으나, 전두환·노태우·허화평 등이 강력하게 주장해 관철한 것이었습니다. 이게 1981년이었으니 유치하는 순간부터 한국은 게임 정국으로 들어갑니다. 매스컴과 정부는 민족의 영광을 외

프로야구 개막을 알리는 전두환 대통령의 시구

쳤고 정부에 대한 어떠한 도전도 이 민족적 사명을 위태롭게 하는
위협으로 치부됐습니다. 이게 1988년까지 이어졌으니 참 오래도
우려먹었죠. 1982년에는 프로야구가 출범했습니다. 이 출범 또한
전두환의 의지와 정부의 주도로 탄생했죠. 당연히 정치적인 이유
때문이었습니다.

　전두환은 프로야구단을 운영하는 기업과 선수에 갖가지 특혜
를 주기도 했고, 황금시간대에 프로야구를 중계하도록 직접 지시
를 내렸습니다. 당시 실업야구가 있었는데, 어린 저로서는 처음에
는 프로야구와 실업야구가 어떻게 다른지 이해하는 데 한참 걸렸
던 기억이 납니다. 어쨌거나 온 사회가 프로야구에 열광했죠. 백인
천과 박철순에 열광했고 소년들은 리틀야구단에 가입해 받은 멋진

국풍81 현장

모자와 가방을 자랑했습니다. 그만큼 사람들의 관심은 정치에서 멀어져갔죠. 여기에는 검열이 완화되어 갑자기 등장한 「애마부인」 「에마뉘엘」 같은 에로영화들도 한몫을 했습니다.

군사독재의 억압

군사독재 하에서 많은 이들은 다양한 형태의 억압에 대한 공포에 늘 시달려야 했습니다. 구타와 체포 등의 폭력뿐 아니라 현실적으로 사회에서 사라질 수 있다는 가능성과 여기서 비롯된 공포도 견뎌야만 했습니다.

이런 억압의 가장 극단적인 예로는, 박정희의 계속되는 '긴급조치'라는 초법적인 행위가 있습니다. 예를 들어 긴급조치 9호는 유

인혁당 사건 재판 장면

언비어를 날조·유포하는 행위, 헌법을 부정·반대·왜곡 또는 비방하거나 개정 또는 폐지를 주장하는 것, 사전허가를 받지 않은 학생의 집회·시위 또는 정치관여를 금지했고 위반자가 소속된 학교 등 단체까지 폐쇄·면허 취소 등의 조처를 취할 수 있게 했습니다. 어떠한 발언도 유언비어가 될 수 있고 어떠한 발언도 처벌받을 수 있는 사회가 만들어졌죠. 이러한 법적 배경을 바탕으로 갖가지 억압이 끊이질 않았습니다.

　이런 정부로서는 있지도 않은 조직을 만들어 반체제인사들을 옭아넣는 것은 일도 아니었습니다. 1973년 고려대 학생들을 '검은 10월단'의 조직원으로 몰아갔고, 그 다음해에는 반정부인사들이 인민혁명당을 재건해 당시 유신반대투쟁의 중심이던 학생연대조직 민청학련을 조종하고 북한의 사주를 받아 정부를 전복할 획책을 했다고 덮어씌웠습니다. 이들 중 사형이 선고된 8명은 대법원 상고가 기각된 지 단 20여시간 만에 죽음을 맞습니다.

박정희정권은 긴급조치를 통해 1000명이 넘는 인사들을 법정에 세웠고, 국가보안법과 반공법으로 많은 이들을 잡아들였습니다. 1972년 이 두 법으로 기소당한 수가 680명이 넘었습니다. 1973년에는 그 수가 400명으로 줄었지만 1976년 다시 거의 500명으로 늘어납니다. 유신이 붕괴되던 1979년에도 약 250여명이 기소를 당했습니다.[17] 물론 이들이 신사적으로 연행되어 점잖게 기소된 것도 아니었습니다. 끔찍한 고문이 그들을 기다리고 있었죠.

감금과 고문이 예사로 벌어지던 시절이었으니 정부의 눈밖에 나는 글을 실었다가 언론매체가 휴간되거나 교수들(한양대 리영희 교수, 서울대 백낙청 교수 등)이 해직되는 것은 말할 것도 없었죠. 하지만 벌건 대낮에 일본의 수도에서 야권인사를 납치한 것은 아무래도 그 과감함에서 눈에 띄는 사건이 아닐 수 없습니다. 바로 1973년 김대중 납치사건이죠.[18] "〔중앙정보부〕해외담당 차장보 이철희, 해외공작국장 하태준, 일본 현지 중정 책임자였던 주일공사 김재권(본명 김기완), 주일대사관 일등서기관 신분으로 위장해 활동했던 김동운"[19] 등이 주동한 이 공작은 그 대범함에 일본과 미국 정부도 당황했습니다.

전두환의 억압

이러한 잔인성은 전두환정권도 마찬가지였습니다. 1980년 이른

쓰러진 시민을 곤봉으로 내려치고 군화발로 짓밟는 공수부대원

바 '김대중 일당의 내란음모사건'이라는 것을 조작했고 김대중을
비롯한 민주인사들이 고문에 마음과 몸이 짓이겨졌습니다. 그해
5월 광주에서는 군이 민주화를 요구하는 시민들을 칼로 찌르고 총
을 쏘기까지 했습니다. 바로 '광주민주항쟁'이죠. 5월 18일 계엄 확
대를 반대하는 시위로 시작해 21일 광주가 봉쇄되고 27일 계엄군
이 도청을 점령하면서 시민군을 진압할 때까지 공식적인 집계로만
2556명이 광주에서 희생을 당했고 사망자가 179명에 이르렀습니
다.[20] 군사정권의 참모습을 가장 잔인하게 보여준 사건이죠.[21] 또한
이들은 이 항쟁을 북한의 사주를 받은 간첩과 폭도의 반란으로 둔
갑시켰습니다.

이후에도 조작된 간첩사건들이 끊임없이 나왔습니다. 최근 들어 법원이 조작사건이라고 무죄를 선고하거나 국가에 배상을 판결한 것만 해도 '미법도 간첩사건'[22] '오송회 사건'[23] '아람회 사건'[24] 등이 있습니다. 시민사회 전반에 대한 공세도 집요했습니다. 노조는 철저히 파괴되었고 수많은 학생들이 제적을 당했습니다. 캠퍼스 안에 기관원들이 깔려 학생들뿐 아니라 교수들의 동태를 파악했고, 사복경찰들은 학생들의 시위를 원천 봉쇄했습니다. 시위학생들은 현장에서 체포되어 경찰서에서 조사받은 후 바로 입영을 시켰고 이렇게 징집된 학생들은 이른바 '녹화사업'의 대상이 되었습니다. 그뿐만 아니라 소위 삼청교육이라는 이름 아래 수많은 사람들이 국가에 의해 납치·감금당했죠.

군정체제의 종식

군정체제는 오랜 세월을 버티며 더더욱 세력을 공고히 했습니다. 대중의 의식을 조정하고, 헌법을 바꾸어 체제를 옹호하고, 그것도 모자라 철권을 휘두르는 정치체제가 쉽게 무너질 턱이 없었죠. 게다가 시간도 그들의 편인 듯했습니다. 경제는 안정이 되었고 군인들의 정치참여도 점점 더 세련되어졌습니다. 하지만 기본적으로 폭압적이고 비민주적인 정치체제는 늘 도전에 직면하게 마련이고 이는 전두환체제도 예외는 아니었습니다. 결국 변화는 찾아왔고 이는 또다시 민중들의 직접적인 행동으로부터 시작되었습니다. '6월 민주항쟁'이 바로 그것이죠.[25]

박종철 추모시위 군중에게 최루탄을 발사한 경찰

　이 민주화의 열기는 1988년 2월 임기가 만료되는 전두환의 대통령직 승계를 어떻게 하느냐를 두고 시작했습니다. 물론 당시 헌법에 따르면 간접선거를 통해 선출하게 되어 있었지만 이를 민중들이 수용하지 않음으로써 문제가 시작되었습니다. 개헌을 요구하는 목소리는 국회 안에서도 학생들 사이에서도 끊임없이 일었습니다. 그만큼 정부의 탄압도 집요했습니다. 7900여명의 경찰을 투입해 1525명의 학생을 연행하고 그중 1288명을 구속한 1986년 건국대 사건은 그 대표적인 예일 것입니다. 1987년 1월에는 서울대 언어학과 3년생 박종철이 치안본부 남영동 대공분실에서 고문으로 사망합니다. 신문에 보도가 되었지만 딱 잡아떼던 경찰은 마침내 "심문 시작 30분 만〔에〕 수사관이 주먹으로 책상을 '탁' 치며 추궁하자 '억' 하며 쓰러졌다"고 발표했습니다. 웃을 수도 없는, 말도 되지 않는 참 구차한 설명이죠. 이 발표는 고문치사를 규탄하는 대규모 시위를 유발하는 촉진제가 되었습니다. 학생들의 시위가 이어졌고 당시 야당이던 신민당과 학생세력, 종교단체, 그리고 민주통일민중운동연합 등 재야세력이 공동전선을 펴면서 저항에 가속이 붙었습니다. 이들의 노력은 '2·7추도대회'와 '3·3평화행진'으로 이어졌습니다. 경찰의 삼엄한 봉쇄 속에서도 크고 작은 시위는 전국적으로 벌어졌고 운동권이 아닌 일반 시민들의 참여가 눈에 띄기 시작했습니다. 반정부시위가 일부 운동권에만 국한된 것이 아님을 보여주었죠.

민중의 변화 요구가 드세졌지만 전두환은 오히려 민주화 요구에 쐐기를 박고 정국을 전환하기 위한 대국민발표를 감행합니다. '4·13호헌조치'로 알려진 그 발표에서 그는 "이제 본인은 임기 중 개헌이 불가능하다고 판단하고, 현행 헌법에 따라 내년 2월 25일 본인의 임기 만료와 더불어 후임자에게 정부를 이양할 것"이라고 선언해버립니다. 개헌 요구를 잠재우려 한 시도였지만 오히려 개헌 요구를 더욱 격렬하게 하는 결과를 가져왔습니다.

곧바로 4·19혁명 기념일에 맞춰 대규모 시위가 서울에서 있었고 종교지도자들의 단식이 시작되었습니다. 교수들뿐 아니라 각종 문화계 인사들의 시국성명도 나왔습니다. 광주항쟁을 기념하는 5월 18일, 전국 62개 대학에서 2만 2000여명이 시위에 나섰습니다. 그리고 이날 명동성당의 미사에서 정의구현사제단은 박종철 고문치사 사건이 조직적으로 축소·조작되었다고 주장했습니다. 이는 바로 언론에 크게 보도되었고, 대학들은 이를 규탄하는 시위로 들 끓기 시작했습니다. 정치인과 시민세력을 아우르는 '민주헌법쟁 취국민운동본부'가 탄생했고 전국은 "호헌철폐, 독재타도"를 외치는 외침과 이를 잠재우려는 최루탄 가스로 뒤덮이고 맙니다.

시위는 절정으로 치달았습니다. '6·10국민대회'가 바로 그것이 었죠. 하지만 그날이 채 오기도 전에 참가를 결의하는 시위 도중 연세대 학생 이한열이 최루탄에 맞아 중태에 빠지고 맙니다(그는 결국 7월 5일 사망합니다). 그리고 10일 국민대회 장소인 성공회대 에서 경찰과 시위대의 충돌을 시작으로 서울 곳곳에서 하루 종일 대규모 시위가 계속되었습니다. 시위는 부산 마산 경주 포항 울산 안동 광주 전주 익산 청주 천안 춘천 목포 군산 성남 인천 등 22개 도시에서 동시다발적으로 일어났습니다. 이후 15일까지 명동성당 내의 농성이 계속되고 이를 지지하는 일반 시민들의 연대가 이어 지면서 저항의 원동력이 되었습니다.

사태를 관리할 수 없음을 알게 된 정부는 하는 수 없이 명동성당 농성을 푸는 조건으로 농성자들에 대한 사법처리를 포기하는 양보를 합니다. 명동에서의 불은 간신히 껐지만 대규모 반정부시위는 전국적으로 계속되었습니다. 수만명의 학생·시민들이 시위에 나서는 것은 예사이고, 차들이 이들에 동조하는 경적을 울리거나 시민들이 환호하고 박수를 치는 것 또한 흔한 광경이었습니다. 곳곳에서 파출소가 공격당하는가 하면, 전경들이 무장해제를 당하기도 했습니다. 마지막 고비인 6·26국민평화대행진에 전두환정권은 경찰 5만 6000여명을 24곳의 시위 예상 도시에 배치했습니다. 서울에서만 경찰 2만여명을 동원해 원천봉쇄에 들어갔지만 26일 당일 전국 34개 도시, 4개 군에서 동시다발적으로 100만여명이 참석해 역사상 최대 규모의 시위가 일어났습니다.

　이러한 유례없는 규모의 시위는 학생, 노동자, 농민, 종교인, 회사원 등 사회 저변의 참여가 있었기에 가능했습니다. 더이상 버틸 수 없게 된 군사정권은 마침내 노태우를 통해 민주화의 일정을 알리는 소위 6·29선언을 발표하기에 이릅니다. 그 내용을 간략하게 살펴보면 다음과 같습니다.

　조속히 대통령 직선제 개헌을 하고 새 헌법에 의한 대통령선거를 통해 1988년 2월 평화적 정부 이양을 실현한다. 자유로운 출마와 공정한 경쟁이 보장되도록 대통령선거법을 개정한다. 김대중씨 등을 사면 복권하고, 시국 관련 사범들을 석방한다. 국민의 기본권을 신장시키기 위해 제도적 개선을 촉구하며, 인권침해를 시정한다. 언론 자유의 창달을 위해 관련 제도와 관행을 획기적으로 개선하며, 언론기본법은 개정하거나 폐지한다.

　그토록 열망하던 대통령직선제를 마침내 성취하는 순간이었습니다. 물론 이는 제도적인 민주체제가 시작되는 순간이었고 동시에 정치적 자유를 바탕으로 한 노동운동과 농민운동의 폭발을 가능하게 한 결정적인 변화의 순간이었습니다.

정치체제 변화의 주역

반공독재체제도, 군정체제도 결국에는 무너졌습니다. 하지만 어느 누구도 순순히 권력을 내놓지는 않았습니다. 순순히 내놓을 사람들이라면 애초에 잡지도 않았겠죠. 이는 이승만, 박정희, 전두환의 예에서 볼 수 있습니다. 가진 권력을 가능한 한, 최대한 연장시키려 했고 이를 위해서라면 대규모의 살인마저 서슴지 않았습니다. 나라의 근간을 임의로 바꾸기도 하고 사람들의 머릿속 생각마저 지배하고자 했죠.

이러한 독재체제를 끝낸 것은 그들의 선의도 아니고 강대국의 입김도 아니었습니다. 시민들의 투표나 조용한 일상의 순응도 아니었습니다. 한국의 독재체제가 두번이나 무너진 것은 바로 민중들의 절절하고 적극적인, 그리고 직접적인 대규모 정치참여의 결과였습니다.

공식적으로야 제2공화국과 제6공화국의 탄생은 선거를 통해서였지만 그렇게 되기까지는 민중들의 광범위하고 직접적인 행동이 있었습니다. 이는 물론 한국에서만의 일이 아닙니다. 앞에서 보았던 미국에서의 노예제 철폐도 1960년대 흑인들의 인권 신장도 대규모 행동의 결과였습니다. 1920년 미국 내 여성의 선거권이 마침내 보장된 예나, 최근 동성애자들이 결혼을 할 수 있게 된 예도 직접적인 행동을 통해서 이루어진 것이죠. 1994년 남아프리카공화국

미국 여성의 선거권 운동 시위

에서 백인지배체제를 끝낸 것도, 1986년 필리핀에서 마르코스의 독재를 끝낸 것도 민중의 직접적인 정치참여가 있어서 가능했습니다.

앞에서도 살펴보았듯 선거 참여, 그 자체만으로는 세상에 큰 변화를 가져오기 힘듭니다. 아니 어쩌면 사실상 불가능할지 모릅니다. 선거 자체의 장벽도 높디높지만 한국의 선거제도가 더 변화를 모색하기 힘든 종자인 것도 문제죠. 대선, 총선 모두 승자가 독식하는 체제이고 이는 소수정당의 싹을 말리는 제도입니다. 한국 내 소수정당이 뿌리를 내리고 그나마 기존의 선거·정당제도를 통해 변화를 모색하기가 쉽지 않은 이유입니다.

그렇다면 이미 민주체제가 뿌리를 내린 한국에서 변화를 모색하는 것은 불가능할까요? 여기서 대답은 사실 간단합니다. 앞에서 논한 투표의 문제점에 동의한다면, 투표만을 통한 변화는 당연히 힘들죠. 하지만 선거만이 아닌 다른 경로, 즉 직접적이고도 적극적인 민중의 다양한 정치참여를 함께 통한다면 변화는 가능하다는 것을 이 장에서 우리는 보았습니다.

이를 민주체제의 관점에서 본다면 새로운 눈으로 투표를 볼 수 있습니다. 바로 우리가 그토록 신성시하는 투표는 민주의 정의를 이루는 한 경로일 뿐이라는 것입니다. 그러므로 민주의 정의, 즉 민의 지배를 완성하기 위해서는 선거뿐만이 아닌 다양한 형태의 정치참여를 제도적으로 보장해야 한다는 것입니다. 민주체제라는 틀을 최소화하여 민중들에게 선거의 참여만 가능하게 하고 다른 경로를 막아버린다면, 이는 선거 이외의 더 효과적인 정치참여 기제(돈, 조직, 사상)를 갖고 있는 이들의 편을 들어주는 셈이 되기 쉽습니다. 물론 독재체제에 비해서는 지배계층의 폭이 넓겠죠. 그리고 보통사람들도 지배계층으로의 진입이 원칙적으로 가능하기는 할 것입니다. 하지만 그런 제한된 민주체제하에서는 민중의 목소리가 반영되지 못한다는 점에서 독재체제와 기본적으로 비슷하기 마련입니다. 결과적으로 다수의 뜻을 따르는 정치, 즉 민주의 정의를 억압하는 것이죠. 이런 제한적인 민주체제는 우리가 바라는 것이 아닐 것입니다. 진정 우리가 민주의 정의를 원한다면 민중의 정치참여를, 선거에 국한된 것이 아닌 다양한 정치참여의 기제를 제도적으로 그리고 적극적으로 보장하는 것이 아주 중요합니다.

8장

정치참여의 걸림돌들

이제까지의 논의를 간단히 정리하자면 세상을 바꾸는 것은 직접적인 정치참여를 통해서 가능해진 경우가 많으며, 그토록 신성시하는 선거제도라는 것도 민주의 정의를 이루는 한 경로일 뿐이라고 할 수 있습니다. 그럼 여기서 우리는 무엇을 해야 하는가 생각해봄으로써 논의를 한발 더 진행시켜보겠습니다.

우리는 여러가지 선택을 할 수 있습니다. 선거가 비교적 원활하게 돌아가는 민주체제가 정착되었으니 그 체제를 그냥 소비하며 사는 것도 하나의 선택일 수 있습니다. 투표를 했건 하지 않았건 사회상황에 별 관심 없이 일상을 즐기는 것이죠. 물론 이는 많은 사람들이 선호하는 선택이기도 합니다. 그리고 이러한 무관심은 사회의 현상유지에 중요한 요소이기도 합니다. 하지만 앞에서 살펴보았듯이 그 현상유지가 바람직하지 않을 때 이러한 선택은 건전한 정치발전을 저해한다는 점에서 곤란합니다.

사회적으로도 문제가 될 수 있지만 개인적 차원에서도 바람직하지 않습니다. 사회에 관심이 없으면 현상유지가 바람직한지, 그렇지 않은지 가늠할 수 없어집니다. 그 개인이 굉장히 수동적일 수밖에 없는 위험이 따르죠. 이는 자신이 받고 있는 사회적 불이익마저 느끼지 못하고 다른 이들, 특히 상대적으로 권력이 큰 사람의 장단에 놀아나는 결과마저 가져올 수 있습니다. 그러므로 정치에 어느 정도 관심을 갖는 것은 굉장히 중요합니다. 적어도 무관심으로 일관하는 태도는 바람직하지 않죠.

또다른 선택은 선거에 국한하지 않고 정치에 관심을 갖고 더 나아가 크건 작건 간에 직접적인 행동을 하는 것입니다. 이는 앞에서도 보아왔듯이 선거제도의 참여로만은 할 수 없는, 오직 민중의 정치참여에 의해서만 가능한 일들이 있는 까닭입니다. 현상유지가 바람직하다면 굳이 행동을 할 필요가 없겠죠. 하지만 우리나라가 행동이 필요없을 정도로 바람직하고 완벽한 사회일까요? 물론 한국도 독재타도를 외치며 종로에서 전경들과 싸우며 정치체제를 바꾸던 때는 지나갔습니다. 적어도 우리는 정치체제에서는 많은 합의가 이루었고, 그만큼 진보를 한 것이죠.

하지만 아직은 현상유지가 바람직할 정도의 상태에 도달한 것은 아닐 것입니다. 북한과의 관계도 개선해야 하고, 외국군의 주둔도 심각하게 생각해봐야 할 것입니다. 국가보안법으로 표현과 양심의 자유가 억눌린 상황도 바꿔야 하고, 노동자의 권리가 제도적으로 존중되지 못하는 상황도 추가적인 논의가 필요합니다. 학생들의 인권이 체벌과 규제 등을 통해 무시되는 것, 과도하고 비정상적인 교육으로 살인적인 경쟁에 몰리는 것 또한 당장 고쳐야 할 시급한 문제입니다. 여성의 과도한 육아 부담도 덜어야 하고, 장애인에 대한 대우도 개선되어야 합니다. 동성애자들의 인권도 찾아주고 이주노동자에 대한 야만적인 박해도 멈추어야 합니다. 과도한 권력을 가진 검찰과 국정원 개혁도 절실하고, 재벌 규제도 강화해야 합니다. 핵발전소는 물론이고 최근의 4대강사업으로 인한 환경파괴도 심각한 지경에 이르렀음을 잊지 말 것이고, 사회의 빈부격차도 줄여야 합니다. 현상유지에 만족하기에는 전혀 바람직하지 않은 상황이 무수히 많죠. 적극적인 정치참여가 여전히 필요한 상황입니다. 그렇다면 우리는 어떻게 정치적으로 나아가야 할까요? 이 장과 다음 장에 걸쳐 우리의 정치발전을 위한 방향을 모색함으로써 이제까지의 논의를 정리하고 생산적인 미래에의 고민을 시작해보고자 합니다.

정치참여의 정치적 의미

우리 사회가 현상유지가 바람직한 상태가 아니라면, 변화가 필요한 것이고 그렇다면 앞에서 살펴보았듯이 민중의 적극적인 정치참여가 필요하고 이를 위해서 선거뿐 아닌 다양한 형태의 정치참여를 제도적으로 보장해야 한다는 결론을 내릴 수밖에 없습니다. 이는 정치발전을 위해서 굉장히 중요할 뿐 아니라 정치의 퇴보를 막는 데에도 결정적인 역할을 합니다. 왜냐하면 정치참여의 기회가 줄어들면 줄어들수록 정치의 소외는 깊어만 가고 이는 극단적인 형태의 정치참여로 이어질 가능성이 높아지기 때문입니다.

거리의 시위도 그런 극단적인 범주에 속한다고 할 수 있습니다. 자기를 대표하는 시의원이나 국회의원과 원활히 소통이 되고 그들이 자신의 말에 귀를 기울이는데 굳이 추운 길거리나 뜨거운 아스팔트에 나가 시위할 이유가 없기 때문입니다. 그나마 평화적 시위는 좀 나은 편이죠. 극단적인 방법을 택한 사람들은 그만큼 대안이 없는 절박한 궁지에 몰린 경우라 할 것입니다. 세상에 모진 사람도 적지 않고 극한 행동을 하는 경우도 많지만 사람이 할 수 있는 가장 극단적인 행동은 자살일 것입니다. 그리고 그 자살마저 시위의 방법으로 쓴 비극적인 경우를 우리는 종종 봅니다.

한국에서도 여전히 간혹 벌어지지만, 최근에 자살시위로 가장 주목을 받는 곳은 중국의 티베트 지방입니다. 1950년 중국에 점령을 당한 후 티베트인들은 꾸준히 정치적 독립과 종교의 자유를 요구했지만 이제껏 그 무엇도 해결되지 않았습니다. 동시에 이들의 요구는 어떠한 정치적 출구도 없이 억압되어왔죠. 티베트 최고지도자이자 살아 있는 신(神)으로 추앙받는 달라이 라마의 초상화를 갖고 있다는 이유만으로 감옥에 가고 심지어 고문까지 당하니까요. 게다가 수도인 라싸와 바깥세상을 잇는 철도가 개통된 후에는 중국 한족의 유입이 급격히 늘어 라싸에서는 한족의 수가 티베트인의 수를 앞질렀고, 외부 문명이 급격하게 유입되어 티베트의 전통이 흔들리고 있습니다. '문화학살'이라는 말이 쓰일 지경으로요. 티베트의 독립은 둘째 치고 사실상 티베트의 존재 그 자체가 위협받는 상황이 된 것입니다. 이러한 위기와 정치적 출구의 부재는 승려들의 극단적인 정치적 행위, 즉 분신으로까지 이어졌습니다. 2009년 2월 27일부터 2013년 12월 19일까지 분신을 한 티베트인들의 수는 무려 125명에 이릅니다.[1] 정치참여를 허락하지 않는 정치제도 탓에 일어난 비극적 결과입니다.

이보다 더한 경우도 있습니다. 바로 자살테러범들의 경우가 그렇습니다. 오랫동안 아프가니스탄, 이라크 등 중동에서 자살테러가 맹위를 떨쳤죠. 표 8-1을 보면 두곳에서의 자살테러 빈도(총 1180회)가 나와 있습니다. 폭발물이 가득한 트럭을 몰고 돌진해 자신의 목숨을 버려가며 살인을 저지르는 것은 정말 이해하기 힘듭니다. 하지만 그들의 정치적·군사적 절박함을 생각해보면, 지지하지는 못해도 그 심정이 짐작은 갑니다.

우선 두 나라 모두 정치적으로나 군사적으로 강력한 외세의 지배를 받았습니다. 이라크는 2003년부터 2010년까지 9·11사태를 빌미로 이 지역에 진출한 미군의 점령하에 있었고, 아프가니스탄은 그보다도 이른 2001년 미군의 침공을 받아 아직도 미군의 지배를

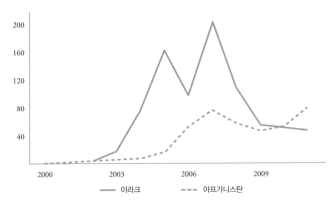

표 8-1. 이라크와 아프가니스탄의 자살테러 횟수(2000~11)
출처: Global Terrorism Database(2012.11.24 접속)

받습니다. 미군은 2014년에 철수 예정이지만 어떻게 될지는 모르
죠. 두 경우 모두 점령군인 미군의 군사적·정치적 힘에 압도되었
다는 것과 점령체제에서 자신들의 정치적 목소리를 자유롭게 낼
수 없다는 공통점이 있죠. 자연히 자신이 할 수 있는 길을 찾게 되
고, 이들 중 많은 이들이 결국 폭력적이고 극단적인 방법을 택하게
된 것입니다. 그중 자살테러가 가장 효과적이라는 것을 점차 알게
되었죠. 결과적으로 이 지역에서 전무(全無)하던 자살테러가 미군
의 침공과 더불어 시작되었습니다. 표 8-1을 보면 이라크의 경우
자살테러는 2007년 200번이 넘는 것을 정점으로 뜸해지기 시작합
니다. 이는 정치·안보에 이라크인들의 참여가 늘어나는 것과 때를
같이합니다. 거꾸로 이라크에서 물러난 미군이 2009년 이후 아프

가니스탄에서는 늘어나면서 아프가니스탄의 자살테러도 증가하는 것을 볼 수 있죠. 즉 외세의 힘의 강도와 자살테러의 빈도가 비례하는 것을 짐작할 수 있습니다. 윤봉길 '의사'가 수류탄과 권총을 들고 태극기를 배경으로 사진을 찍은 후 도시락폭탄을 던진 것처럼 이슬람 '테러리스트'도 AK-47소총을 들고 비디오를 찍고 폭탄을 몸에 감고 적과 함께 폭사한 것이죠.

앞의 예만 간단히 보아도 우리는 정치참여를 봉쇄해버리면 극단적인 반응이 나올 수밖에 없다는 것을 알게 됩니다. 그렇다면 정치가 폭력에 자리를 내주지 않기 위해서라도 정치참여를 제도적으로 장려하여야 한다는 결론을 낼 수밖에 없습니다. 민주체제에서의 선거는 일반적이고 제도적인 정치참여를 보장함으로써 사회안정에 큰 역할을 하는 것입니다.

서구의 역사에서 보듯 민주주의 발전은 왕정과의 싸움에서 시작했습니다. 의회를 중심으로 한 부르주아 계급의 정치적 도전은 결국 오랜 역사의 왕정을 무너뜨리고 신분에 의해 참정권이 결정되던 시대를 끝냅니다. 귀족이건 평민이건 선거를 통해 정치에 참여할 수 있다는 것은 정말 새롭고 고귀한 성과였죠. 하지만 모든 사람이 참여할 수 있는 것은 아니었습니다. 갖가지 제한이 있었죠. 일정한 재산이 있어야 했고, 여성은 참여할 수 없었습니다. 소수인종인 경우 제한을 받기도 했습니다. 물론 왕정시대에 비하면 참정권이 일반화되었음은 분명했죠. 이제는 대부분의 민주국가에서 대다수의 사람들이 후보로 나서거나 투표를 함으로써 선거에 참여할 수 있죠. 이전처럼 정치에 참여하지 못해 투쟁하던 모습은 사라졌습니다. 그만큼 정치는 진일보한 것이죠. 하지만 여기서 우리가 가볍게 넘어가서는 안 되는 사실이 있습니다. 선거는 '하나의' 출구일 뿐이라는 것이죠.

걸림돌 하나: 국가보안법

정치참여가 제도적으로 장려되어야 한다는 것이 민주의 정의와 일치하는 것이라면, 정치참여를 억제하는 시도는 민주의 정의에 반한다고 할 수 있습니다. 게다가 그러한 시도가 간헐적인 것이 아니고 제도화되어 있다면 심각한 문제이겠죠. 민주체제가 아닌 곳에서 민중들의 정치참여를 원하지 않는다고 우기면 몰라도 민주의 정의를 추구하는 곳에서 제도적인 방해를 한다는 것은 어불성설입니다. 하지만 안타깝게도 그러한 예가 한국에서도 눈에 띕니다. 앞의 논의가 맞다면 이는 민주의 정의를 위해서 개선되어야 하는 것이죠.

한국에서 정치의 참여를 가로막는 가장 큰 걸림돌을 꼽으라면 '국가보안법'일 것입니다. "이 법은 국가의 안전을 위태롭게 하는 반국가활동을 규제함으로써 국가의 안전과 국민의 생존 및 자유를 확보함을 목적으로"(제1조) 하는 것으로 "국가를 변란할 것을 목적으로 하는 국내외의 결사 또는 집단으로서 지휘통솔체제를 갖춘 단체"(제2조) 즉 "반국가단체"를 구성하거나 이에 속하면 처벌을 받습니다. 이러한 직접적 행동뿐 아니라 이를 자진해서 지원하거나 이로부터 금품을 받거나(제5조) 그들의 지배하에 있는 지역으로 잠입 또는 그로부터 탈출해도(제6조) 처벌의 대상이 됩니다.[2] 여기까지는 행동을 처벌하는 것이 분명해 보입니다.

하지만 "반국가단체나 그 구성원 또는 그 지령을 받은 자의 활동을 찬양·고무·선전"(제7조)하는 행동은 조금 모호합니다. 교회를 다녀본 분들은 알겠지만 노래를 불러도 찬양이고 조용히 서서 눈물을 흘려도 찬양일 수 있기 때문입니다. 찬양이라는 것이 기본적으로 마음속 어떤 생각을 드러내는 것인데, 어떠한 형태로 나오더라도—노래를 부르거나 울어도—처벌할 수 있는 길을 열어둔 것이 바로 제7조이죠. 여기에다 이 법을 어긴 사람을 "수사기관 또는 정보기관에 고지하지 아니한"(제10조) 것까지 처벌하도록 명시해놓았습니다. 무엇인가를 해서 불법이 아니라 무엇인가를 하지 않아도 처벌받을 수 있죠. 내가 몰라서 고지를 안 했는지, 고지를 하려고 했는데 마침 딱 그때 내가 걸린 것인지 그것을 국가가 어떻게 판단할지 모호합니다. 그러니 변호를 할 때도 몰랐다는 말을 되풀이할 수밖에 없는, 막연한 것이 제10조입니다. 이렇듯 국가보안법은 모호하기도 하고 막연해서 문제가 많아 보이는 법입니다. 하지만 제가 법관도 아니고, 국가보안법의 법적 논리는 이 책의 논의의 대상이 아니니 넘어가죠. 다만 우리는 여기서 국가보안법이 민중의 정치참여를 막고 있다는 점에 관해서 생각해보겠습니다.

국가보안법 탓에 우리는 정치적으로 할 수 없는 것들이 참 많습니다. 우리는 북한의 어떤 정책이나 사상이 마음에 들어도 좋다고 이야기도 할 수 없습니다. "조국의 평화적 통일을 위한 대화와 협력의 동반자임과 동시에 적화통일노선을 고수하면서 우리의 자유민주주의 체제를 전복하고자 획책하는"[3] 북한은 반국가단체로 분류되기 때문이죠. 그러므로 북한을 찬양한 것만으로도 전과자가 되는 일이 그리 어렵지 않습니다.

독재치하 과거의 황당한 경우까지 갈 것도 없이 최근의 경우를 보죠. 인도네시아에서 사업을 하던 김씨는 지난 2007년 1월 조선노동당 중앙위원회의 대남공작원 장모씨의 이메일로 김정일의 생일을 축하하는 편지를 보냈습니다. 여기서 그는 "김정일의 탁월한 지도력에 감사하고 제시하는 방향이 우리 인민이 사는 길이라 생각하고 끝까지 따라갈 준비가 돼 있다"라며 "위대한 영도자 김정일의 건강을 기원한다"라고 했습니다. 김씨는 법정을 거치고 거쳐 결국 대법원까지 갔고, 2012년 10월 대법원 2부는 "적극적이고 직접적인 방법으로 반국가단체와 구성원 활동을 찬양하는 것에 해당하고 국가 존립·안전이나 자유민주적 기본질서를 위태롭게 하는 명백한 위험성이" 인정된다며 찬양고무죄에 무죄를 선고한 원심을 깼습니다.[4]

김정일이 탁월한 지도력이 있는지 없는지는 흥미로운 주제입니다. 그의 어떤 정책이 어떻게 실패했고, 어떤 정책이 어떻게 성공했는지는 북한이 처해 있는 극단적인 상황을 고려해볼 때 북한의 정치와 경제뿐 아니라 보편적 정치·경제의 특성을 이해하는 데 많은 도움을 줄 것입니다. 김씨의 판단이 틀렸다면 어디서 잘못되었는지, 왜 그렇게 생각했는지도 논의해봄 직합니다. 그러한 토론 속에 우리는 더 많은 것을 생각해보고 다양한 목소리를 정치에 반영해 민주의 정의에 더 가까이 갈 수 있는 법이죠. 하지만 김씨의 예에서 보듯 국가는 국가보안법을 통해 이러한 토론 자체의 싹을 자름으로써 개인의 자유를 억제하는 셈입니다.

더 큰 문제는 찬양이라는 개념이 모호한 관계로 사정당국이 자의적으로 판단할 여지가 크다는 것입니다. 심지어 북한을 찬양하지 않아도 찬양한 죄로 잡혀가는 이상한 일이 벌어지는 것이죠. 앞의 판결이 있은 다음 달, 11월에 또 하나의 흥미로운 유죄 판결이 있었습니다. 수원지법에서는 북한 대남기구가 운영하는 인터넷 싸이트 '우리민족끼리' 글을 트위터에서 친구들에게 돌려보게 한— 이를 트위터에서는 리트윗한다고 합니다—박정근씨에게 유죄 판결을 내렸습니다. 판사는 "리트윗하고 일부 스스로 작성한 게시물의 내용과 동기, 정황 등을 고려할 때 반국가단체활동에 호응하고 가세한 점이 인정된다"고 밝혔습니다.[5] 그야말로 남이 한 말(트윗)을 전한(리트윗) 것만으로 범죄자가 된 것이죠.

하지만 정작 박정근은 우리민족끼리의 말을 리트윗한 것 외에, "김정일 국방위원장 사망에 조의를 표하며 조문 대신에 조선민주주의인민공화국에 우라늄과 플루토늄을 조의의 뜻으로 보내겠습니다" "김정일 가슴 만지고 싶다" "김정일을 퇴치하자, 병균 퇴치,

암 퇴치"등 북한 정권에 대한 조롱의 글을 트위터에 올렸습니다. 또한 북한 포스터에 나온 북한 군인의 웃는 표정을 우울한 표정으로 바꾸고, 군인의 손에 들린 총을 양주병으로 바꾼 풍자물을 인터넷에 올리기도 했죠. 즉 그의 트윗들은 북한을 조롱한 것이지 찬양한 것이 아님이 분명했습니다. 하지만 반정부단체의 말을 전함으로써 '결과적'으로 찬양하게 되었다는 것이 법원의 판단이었습니다. 이 판결은 트위터라는 매체에 조금이라도 익숙한 사람이라면 픽 웃으며 "농담이지?"라고 할 만한 것입니다. 하지만 엄정한 판사의 판결이고 당사자에게는 법적 효력과 긴 상처가 남는 것이죠. 이렇게 보면 우리는 반국가단체인 북한에 대해 찍소리만 해도 잡혀가는 세상에 살고 있음을 알 수 있습니다.

또 검찰은 2002년 5월에 발행된 월간 『다함께』에 실린 경제평론가 이원재의 서평을 문제삼았는데, 이 서평은 트로츠키가 지은 『프랑스 인민전선 비판』이라는 책에 관한 것이었습니다. 공소장에서 국가보안법 위반이라 문제삼은 대목은 "트로츠키는 중간계급을 노동계급의 편으로 끌어들이는 것은 파시즘 앞에서 동요하는 급진당을 지지하는 것이 아니라 노동계급의 반파시즘 공동전선을 통해 노동계급의 단호한 힘을 보여줄 때만 가능하다고 주장했다"라는 부분이었는데, 검찰은 서평자인 이원재의 말도 아니고 트로츠키의 말을 문제삼아 이원재를 처벌했죠.[6] 이 말이 옳고 그르고는 토론의 여지도 없이, 공산주의의 논조이니 국가안보에 위협이 된다는 식이죠.

더 나아가 정부에 반하는 생각을 드러내고 토론하기조차도 거북한 사회를 만들어놓았습니다. 한 예로 2008년 검찰은 간디학교 교사 최보경을 국가보안법 위반으로 기소했습니다. 검찰은 최보경이 각종 자료집과 글에서 "북한의 북핵 관련 문제와 대남 선전선동용 주장을 그대로 수용하여 현 정부를 친미 굴욕적·사대적 정권으로 평가"하고 "북미불가침협정 체결을 주장"했으며 "한국의 FTA 체결 정책에 대해 악의적으로 선전하고, 폐쇄적인 자주노선과 반미 자주화 시각을" 드러냈다고 주장했습니다.[7] 2011년 9월 22일 항소심에서 무죄를 선고받기는 했지만 오랫동안 검찰에 시달리고 법정에서 싸워야 했던 것은 어디서 보상받을 길이 없죠.

이렇게 한국은 정부와 정부의 주요 정책을 비판했다고 국보법 위반으로 걸리는 곳이니 공산당을 구성해서 공산체제를 목표로 선거에 참여하는 것은 감히 꿈도 못 꿀 일입니다. 하지만 공산당은 프랑스나 이딸리아, 심지어 일본처럼 민주체제가 잘 발달된 나라에서는 적법한 정당으로 많은 지지를 받고 있고 그 존재는 당연한 것입니다. 프랑스 공산당(Parti Communiste Français, PCF)은 전성기인 2차대전 직후 전체 의석의 29퍼센트를 차지했습니다. 이후 쇠락을 거듭해 2012년 프랑스 총선에서 10석(전체 577석의 1.73%)을 차지하는 데 그쳤지만 아직도 지방에서는 큰 영향력을 발휘하고 있습니다.[8] 이딸리아의 공산당(Partito Comunista Italiano, PCI)은 1970년대까지는 가장 큰 영향력이 있던 당이었죠. 1976년 총선에선 36퍼센트의 의석을 얻으며 전성기를 누렸습니다.[9] 일본공산당(日本共産堂) 또한 일본정치사를 논할 때 빼놓을 수 없습니다. 공산국가들의 몰락에도 불구하고 일본공산당은 꾸준한 득표율을 유지해온─11.3퍼센트(2000년 총선), 8.2퍼센트(2003), 7.3퍼센트(2005), 7.0퍼센트(2009) 그리고 6.2퍼센트(2012)─영향력있는 정당입니다.[10]

이들은 공산주의를 추구하는 정당입니다. 프랑스 공산당 당헌의 서문을 보면 "자본주의가 전부가 아니며" "자본주의로부터의 해방"이 주요한 소명임을 밝히고 있습니다.[11] 한국에서는 정말 큰일날 소리입니다. 이런 단체들은 줄줄이 국가보안법 위반으로 걸려 들어가는 곳이니까요. 최근의 예를 보면 2008년 사회주의노동자연합(사노련)이, 2012년 노동해방실천연대(해방연대)가 그런 이유로 철퇴를 맞았습니다.

민중의 사고와 양심을 제한하는 제7조

국가보안법에서 특히 문제가 되는 부분은 제7조 고무·찬양죄입니다. 다른 생각을 하는 것, 그것을 다른 사람에게 전하는 것만으로도 처벌할 수 있기 때문이죠. 그런데 이 고무·찬양죄가 국가보안의 핵심이라는 것이 또 문제입니다. 표 8-2는 국가인권위가 발표한 1993년부터 2002년까지의 국가보안법 구속자 자료입니다(더 최신 조사가 없어 2002년까지만 보겠습니다). 1993년 113명이었던 구

구속자 적용조항	1993	1994	1995	1996	1997	1998	1999	2000	2001	2002	계
7조(고무·찬양)	69	339	244	450	666	377	263	117	106	122	2753
3조(반국가단체)	30	24	28	28	0	15	0	5	1	1	132
6조(잠입탈출)	4	0	4	3	3	5	10	1	7	0	37
8조(회합통신)	8	23	4	15	3	9	10	3	4	2	81
4조(국가기밀)	1	2	1	1	0	2	5	1	0	0	13
9조(편의제공)	0	5	0	2	5	4	0	1	0	1	18
10조(불고지죄)	0	0	4	0	0	0	0	0	0	0	4
계	112	393	285	499	677	412	288	128	118	126	3038

표 8-2. 구속자 수 분석(명)
출처: 국가인권위, 국가보안법 적용 인권실태조사 결과 발표(2004.6.1; 2012.11.25 접속)

속자 수가 점점 늘어 1997년 677명으로 정점에 다다랐다가 2002년 126명으로 떨어졌음을 볼 수 있습니다. 전체적인 구속자 수가 오르락내리락했지만 한가지 눈에 띄는 것은 바로 고무·찬양죄로 구속된 이들의 수입니다. 맨 오른쪽 열을 보면 이 기간 동안 구속자들의 대부분이 바로 그 혐의로 구속되었음을 알 수 있습니다. 3038명이 구속되었고 그중 절대다수인 2753명(90.6%)이 고무·찬양죄입니다. 반국가단체(4.3%)나 회합통신(2.7%)으로 구속된 수가 그뒤를 잇지만 아주 미미합니다. 연도별 수를 보아도 비슷합니다. 고무·찬양죄가 국가보안법의 근간이라는 증거입니다.

　국가보안법은 일제강점기의 악명 높은 치안유지법을 이승만이 계승해 이후 꾸준히 발전(?)을 거듭한 것입니다. 사상전향공작을 위한 보도소에 구금하는 '보도구금'이 나왔고, 박정희는 신고하지 않아도 걸리는 '불고지죄'를 집어넣었습니다. 1948년 법이 만들어지고 이듬해엔 무려 11만 8621명이나 이 법으로 잡혀 들어갔습니다. 너무 많이 잡아들여 감옥은 수용인원의 배가 넘는 죄인으로 넘쳐났고 수감자의 80퍼센트 이상이 좌익사범이었습니다. "절도, 강도, 사기, 폭력, 상해, 강간, 살인, 방화 등 인간 세상 온갖 범죄행위의 4배가 넘는 인원을 국가보안법 관련으로 잡아들였다는" 것이죠.[12]

이후 이승만정권은 무너졌지만, 국보법은 남로당과 여순사태를 거치며 끈질기게 생명을 이어갔습니다. 1961년부터 2002년까지 최소한 1만 3178명이 국가보안법(반공법 포함) 위반으로 기소, 재판에 회부되었습니다.[13] 앞에서 보았듯 각종 정치적 압박과 죽음의 공포를 겪은 당사자인 김대중이 대통령이 되었지만 국가보안법은 여전히 사라지지 않았습니다. 인권변호사 출신의 노무현이 대통령이 되었어도 사정은 비슷했습니다.

국가보안법, 특히 제7조의 고무·찬양죄가 얼마나 국가의 안보를 튼튼하게 하는지는 사실 논란의 여지가 많습니다. 남한의 안보— 그것도 아주 좁은 의미에서의 안보—에 위협이 되는 요소를 찾자면, 북한과의 긴장관계를 풀지 못하는 것이 첫째이고 한반도를 둘러싼 강대국들, 특히 중국과 미국의 세력다툼이 둘째일 것입니다. 자칫 남의 싸움에 한반도가 희생될 가능성도 있습니다. 셋째, 전쟁이란 영토분쟁에서 비롯되는 경우가 많으니 일본과의 독도문제, 그리고 중국과 일본의 영토분쟁도 우리의 안보를 위협할 수 있습니다.

최근에는 새로운 시대에 전통적인 국가안보라는 통념이 너무 제한적이라는 지적이 있습니다. 그래서 외적의 위협을 주로 한 국가안보를 대신해 자연재해, 질병 등 다양한 위협에 대한 인간안보(Human security)라는 개념을 통해 안보를 논하는 경우가 있습니다. 이렇게 안보라는 것을 넓게 보면, 당면한 과제는 더욱 많죠. 기후변화로 인해 더욱 잦고 위협적인 태풍이나, 증가하는 지진 가능성도 가벼이 볼 수 없습니다. 4대강사업 이후 늘어난 녹조, 빨라진 유속 등 자연의 복수도 안보에 심각한 위협이 될 수 있습니다. 많은 피해와 사상자를 낼 수 있는 것은 이뿐이 아닙니다. 매해 수많은 사람을 죽이는 교통사고나 입시와 고용불안 등에서 오는 우울증과 자살도 문제입니다. 기왕 안보의 범위를 넓게 잡고 이야기를 했으니 한국 민중을 죽음으로 몰고 가는, 즉 한국의 안보를 위협하는 것이 무엇인가 잠시 살펴보겠습니다.

통계청의 2010년 사망통계를 보면 전체 사망자의 28.2퍼센트가 암으로 죽었습니다. 뇌혈관 질환(10.4%), 심장질환(9.2%), 자살(6.1%)이 그뒤를 따르고 9위에는 운수사고(2.7%)도 있습니다.[14] 안보의 개념을 너무 넓게 보았다고 할 수도 있겠지만 확실한 것이 있습니다. 안보의 개념을 좁게 보거나 넓게 보아도 국가보안법으로 해결할 수 있는 것은 별로 없다는 것이죠. 예를 들어 북한이 더 정통성이 있다고 주장한 시민을 국가보안법의 고무·찬양죄로 감옥에 보내는 것은 국가의 안보를 증진시키는 것이 아닙니다. 앞에서 살펴보았듯 그런 행위는 국가안보와 아무 상관이 없으니까요. 그가 감옥에 있는다고 해서 남북간의 긴장이 완화되거나 미국 정부의 대북정책이 바뀔 리가 없습니다. 동북아시아의 영토분쟁이 끝나거나 자연재해가 줄어들 일도 없죠. 갖가지 사회문제가 해결될 리도 만무합니다. 이는 그가 처벌되지 않고 북한을 지지하는 발언을 사회에서 계속하더라도 마찬가지입니다. 결국 국가보안법은 그 의도가 어찌되었건 간에 국가의 안보를 튼튼히 하는 데는 큰 역할을 하지 못하고 있다고 할 것입니다.

결국 국가보안법은, 특히 제7조는 국가안보를 지키는 효과는 미미하고 대신 시민의 자유로운 사고와 양심을 처벌하는 데 활용되고 있음을 알 수 있습니다. 그럼으로써 결과적으로 국가가 지정하는 일정한 사고의 틀에 민중을 가두는 역할을 해왔습니다. 공산주의를 극단적으로 증오하거나 은연중에 불편해하는 우리의 모습은 바로 그 증거입니다. 결국 국가는 민중의 사고를 규제함으로써 자유로운 정치참여를 억제합니다. 그 법이 그런 뜻으로 제정된 것이 아니라고 우겨도 결과적으로는 정치참여 규제 효과를 가져왔습니다. 정치참여의 잔인한 법적 규제입니다.

걸림돌 둘: 집회 및 시위에 관한 법률

국가보안법이 사상을 통제하는 데 중점을 두고 있다면 정치행위

그 자체를 규제하는 법규도 있습니다. 집회 및 시위에 관한 법률(이하 집시법)이 그것입니다. 앞에서 살폈듯 시위는 중요한 정치참여 기제인 동시에 민주체제를 유지하는 데 아주 중요한 행위입니다. 선거를 근간으로 하는 민주체제의 문제 중 하나는 선거와 선거 사이에 시민들의 제도적인 정치참여가 제한된다는 점입니다. 일단 대표가 선출되면 임기가 보장되는 통에 일반 유권자들이 사실상 견제할 길이 없죠. 그나마 할 수 있는 것 중 하나는 시위입니다. 시위라는 것이 물론 쉬운 일이 아닙니다. 비용도 들고 시간도 빼앗기고 위험도 따릅니다. 주변에 있는 사람들도 불편하고 생업에 지장이 있을 수도 있습니다.

하지만 보통 시민들에게 다른 정치적 대안이 많지 않은 이상, 힘들더라도 시위를 통해 민주체제의 단점을 보완할 수밖에 없습니다. 몇 년 뒤의 다음 선거를 마냥 기다리고만 있을 수 없는 경우가 흔하니까요. 헌법이 시위의 자유를 명시한 이유가 이러한 사정을 반영한 것이죠. 헌법 제21조에 따르면 "모든 국민은 언론·출판의 자유와 집회·결사의 자유를 가진다. (…) 언론·출판에 대한 허가나 검열과 집회·결사에 대한 허가는 인정되지 아니한다."라고 되어 있습니다. 그럼 한국에 이 시위의 권리는 얼마만큼 보장되어 있을까요?

현재 집시법에 따르면, 시위를 하고자 하는 자는 "신고서를 옥외집회나 시위를 시작하기 720시간 전부터 48시간 전에 관할 경찰서장에게 제출하여야"(제6조) 합니다. 이 신고서는 참 세세한 것까지 요구합니다. 목적과 필요한 시간대를 포함해 일시·장소뿐 아니라 주최자의 주소, 이름, 직업, 연락처, 참가 예정인 단체와 인원, 또 행진을 할 경우 그 방법(진로와 약도를 포함)을 명시해야 합니다(제6조). 물론 관할 경찰서장은 시위를 금할 수 있습니다(제8조). 그뿐 아닙니다. 집시법에서는 일몰 후 일출까지의 시위는 금지하는 시간 제한도 있습니다. "누구든지 해가 뜨기 전이나 해가 진 후에는 옥외 집회 또는 시위를 하여서는 아니된다"(제10조). 시위를 하고자 하는 자는 정부의 허락을 구해야 하는 것이죠. 해만 떨어져도, 헌법 제21조에 명시된 '집회·결사의 자유'를 정부에 구걸해야 하는 것이 우리 모습입니다.

2011년 9월 15일 곽노현 당시 서울시교육감의 석방을 요구하던 1인시위자가 남대문 경찰서에 연행되었습니다. 당연히 논란이 됐습니다. 논란은 집시법이 신고의 대상으로 규정하는 것은 "여러 사람"(제2조), 즉 2인 이상일 경우이니까 1인시위자를 연행하는 것은 경찰의 직권남용이자 불법이라는 것이었죠. 이에 경찰은 1인시위라도 주변에 여럿이 모여 있는 듯한 배열이 보이면 1인시위로 보지 않는다고 했습니다. 이런 예만 보아도 한국에서의 시위는 연행을 감수해야 하는, 참 번거롭고 위험한 일입니다.

실제로 많은 이들이 이 집시법 위반으로 기소까지 되었습니다. 대법원 통계를 보면 기소자의 수가 2002년 110명, 2003년 96명, 2004년 206명, 2005년 104명, 2006년 206명으로 비교적 안정세를 보였지만, 참여정부 말기인 2007년에는 318명, 이명박정부 들어

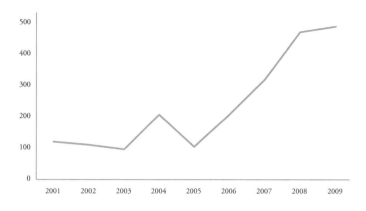

표 8-3. 집시법 기소자(2002~09)
출처: 대법원 『2011년 사법연감』

2008년 470명, 2009년 488명으로 크게 증가했습니다.[15] 표 8-3을 보면 특히나 이명박정부가 들어선 후 얼마나 가파르게 기소자의 수가 늘었는지를 확인할 수 있습니다.

물론 이렇게 까다로운 시위에 관한 규정이 민주체제 국가들에서 일반적인 것은 아닙니다. 미국의 경우와 비교해보겠습니다. 미국에서도 시위는 흔하고 어디서나 볼 수 있습니다. 제가 있는 학교의 한쪽에는 일요일마다 나이가 지긋한 운동가들이 모여 전쟁을 반대하는 집회를 합니다. 이들은 조그만 팻말을 들고 의자에 앉아 지나는 행인이나 차에게 웃으며 손을 흔들며 몇시간을 보내고는 그뿐입니다. 그러기를 수년이 지났습니다. 요란한 집회는 아니지만 꾸준한 시위 덕택에 이 동네에서 이들의 주장을 모르는 사람은 아마 없을 것입니다. 이런 시골도 그러니 수도인 워싱턴 D.C.야 말할

백악관 앞 시위

것도 없죠. 여기저기 갖가지 시위가 이어집니다. 심지어 백악관 앞
도 예외는 아닙니다. 하지만 대통령의 관저이다보니 규제가 있습
니다. 예컨대, 백악관 건너의 시위하기 딱 좋은 라파예트 공원에서
는 밤에 잘 수가 없습니다.[16] 그러니 밤을 이은 점거농성은 못하는
셈이죠. 큰 시위인 경우에는 사전에 허가를 얻어야 합니다. 하지만
이러한 규정만 지킨다면 백악관 앞에서의 시위는 아주 자유롭습니
다. 이런 규정도 백악관이나 정부 건물 같은 예외적인 곳만 그렇지
전통적으로 공공장소라고 여겨지는 곳, 즉 공원이나 길가에서는
기본적으로 누구나 시위를 할 권리가 보장되어 있습니다.[17] 공공의
질서를 해치지 않는 이상 헌법이 명시한 표현의 자유를 적극적으
로 보장하는 것이 원칙이기 때문입니다.

시위의 자유가 보장된 만큼 시위를 통한 대화도 활발하고 이들의 목소리가 정치권력 꼭대기까지 다다르기도 합니다. 현재 미국 대통령 오바마는 "월스트리트 시위는 금융계를 향해 널리 퍼져 있는 실망감의 표현입니다. 우리는 대공황 이후 최대의 금융위기를 겪고 있습니다. 전국에 걸쳐 큰 피해가 있었습니다. 하지만 우리를 이런 상황에 처하도록, 무책임하고 고약하게 행동했던 바로 그 사람들이 아직도 그 지위를 누리고 있음을 우리는 보고 있습니다. (…) 저는 국민들이 크게 실망하고 있다고 봅니다"라고 했습니다.[18] 바로 '월스트리트를 점령하라'(Occupy Wall Street)라는 시위를 두고 한 말이죠.

이 시위는 2011년 미국 경제를 파탄으로 몰아넣고도 여전히 호화로운 생활을 하고, 거대한 권력을 휘두르는 미국 금융계에 대한 분노가 실업 등으로 괴로워하고 있는 젊은이들을 통해 폭발한 것입니다. 오바마 대통령이 특별히 착하고 민주적이어서가 아니라 정치인으로서 시위의 주제가 자신의 정치적 신념과 맞고, 자신에게 정치적으로 이롭다는 계산하에 발언을 한 것이죠. 하지만 이러한 점들을 감안해본다고 하더라도 대통령의 이런 솔직한 발언은 놀라운 일이 아닐 수 없습니다. 그리고 그만큼 시위가 정권의 최고 권력자의 귀까지 그 목소리를 전달하는 데 효과적인 수단임을 보여줍니다. 당시 대통령뿐 아니라 국회의원과 정부관료 등 많은 이들이 이 시위에 대해 공개적으로 논의하고 이들의 목소리에 관심을 기울였습니다. 많은 사람들이 시위에 참여할수록 시위에 대한 관심은 커지고, 더욱 많은 사람들이 시위에 참여하게 되었습니다. 그 수가 늘수록 목소리는 커질 수밖에 없고, 정치지도자들도 할 수 없이 귀를 기울이게 됩니다. 선거가 당장 가깝지 않더라도, 더이상 무시할 수 없는 것이죠. 이런 식으로 민주체제의 약점을 보완할 수 있는 것입니다.

미국과 한국의 시위를 비교해 우리는 중요한 두가지를 생각해볼 수 있습니다. 첫번째는 우리가 누리고 있는 자유의 정도입니다. 일몰 후의 시위를, 그것도 두명만 모여도 도끼눈을 뜨고 관리하려는 우리의 집시법은 최소한의 자유만 보장하고 최대한의 규제를 하고 있습니다. 각종 규제에 맞춰 시위를 하려면 그만큼 시위를 조직하는 데 힘이 드는 것이 당연합니다. 그것이 쉽지 않을 경우 하는 1인 시위는 효과가 극히 미미할 수밖에 없죠. 결과적으로 많은 시민들이 시위라는 정치참여에서 멀어지게 됩니다. 정부가 시위의 자유를 빼앗아간 것은 아니지만 그 자유의 폭을 대폭 줄여놓았습니다. 이는 미국과 비교해보면 더욱 뚜렷합니다. 미국은 최대한의 자유를 보장하고 최소한만 규제를 하니까요. 정부에 호소하는 시위를 하는데 바로 그 정부에 허가를 받아야 하고, 혼자 하는 것도 눈치를 보아야 하는 한국의 시위의 자유는, 특별한 사정이 없는 한 시위의 자유가 널리 그리고 적극적으로 보장되는 미국의 경우와는 정반대입니다.

또 하나 생각해보아야 할 것은 이렇게 시위를 억제하는 정책의 결과입니다. 앞에서 보았듯 오바마가 '월스트리트를 점령하라'라는 시위에 귀를 기울인 것과는 달리 박근혜 대통령은 시위에 대해 침묵 내지는 공권력을 이용한 억압으로 반응합니다. 2013년 크리스마스를 3일 앞둔 22일, 경찰은 사상 처음으로 민주노총 본부에 침입합니다. 철도 민영화를 반대하며 농성 중이던 노조지도부를 체포하고자 했던 것이죠. 이는 약 8000명의 파업 참여 노조원들을 직위해제한 이후 나온 조치여서 더욱 충격적이었습니다. 민영화에 대한 논의와 설득 대신 대규모 해고와 육체적 폭력을 통해 반대세력을 꺾으려 하는 것이죠. 정부로서는 당장의 해결책은 되지만, 근본적인 문제를 해결하는 것은 아니니 길게 보면 정부나 시위자들, 누구에게도 도움이 되지 않습니다. 이는 당연히 철도노조, 민주노총에 국한된 것이 아닙니다. 조직화된 행동에 제약을 받은 시민들은 불만이 커갈 수밖에 없고 자신들의 불만이 해결되기는커녕 전달조차 되지 못하는 현실에 좌절할 수밖에 없습니다. 정치권에 대한 신뢰를 가지기 힘들죠. 당연히 사회는 불안정해지고 점차 민주체제의 권위는 추락합니다. 즉 헌법에 보장된 평화적 시위의 권리를 제한하는 법과 정부의 대응은 민주체제의 안녕과 민주의 정의를 위협하는 것이라고 할 것입니다.

또다른 걸림돌들

한국사회에서 정치참여를 근본적으로 방해하는 것 중 하나는,

안타깝게도 우리의 선거제도 그 자체입니다. 대통령선거를 한번 살펴보죠. 헌법 제67조 2항에 의하면, "선거에 있어서 최고득표자"를 대통령으로 선출한다고 나와 있습니다. 공직선거법 제12장 187조에서도 "대통령선거에 있어서는 중앙선거관리위원회가 유효투표의 다수를 얻은 자를 당선인으로 결정"한다고 나와 있죠. 즉 다수의 표를 얻은 사람이 대통령이 되는 것입니다. 국회의원선거도 볼까요? 역시 "국회의원지역구에서 유효투표의 다수를 얻은 자"(공직선거법 제12장 188조)가 당선이 되는군요. 즉 대선, 총선 모두 "다수를 얻은 자"가 승자가 됩니다.

이는 민중의 정치참여를 저해할 수 있는 심각한 문제입니다. 너무 당연한 것을 문제라고 하니 좀 당황스러울 수도 있겠지만 그 당황스러움이 어찌 보면 문제의 핵심이라고 할 수 있습니다. 그만큼 이 문제는 우리의 정치제도에 뿌리 깊이 박혀 있고, 그래서 문제임에도 문제로 보이지 않는 심각한 지경에 있으니까요. 그럼 이 선거제도에 관해 잠시 생각해보겠습니다. 사실 앞장에서 한국의 승자독식제도가 초래하는 문제에 대해 이미 알아보았죠. 그러므로 여기서는 그 논의를 조금 다른 관점에서 이어보도록 하겠습니다.

13대 대선에서 노태우가 고작 36.6퍼센트의 표를 얻어 김영삼(28%), 김대중(27%)을 앞서고 "유효투표의 다수를 얻은 자"가 되어 대통령이 되었습니다. 바로 이 다수라는 것이 문제죠. 물론 노태우가 다수를 얻긴 했지만 다수라고 말하기 초라한 득표율입니다. 득표율이 높아도 마찬가지죠.

2012년 대선에서 박근혜 후보가 51.6퍼센트의 표를 얻어 승자가 되었지만 겨우 과반 근처의 지지율일 뿐입니다. 문재인 후보도 사실 큰 차이 없는 득표율(48%)을 보였습니다. 하지만 여기서 우리가 주목해야 할 것은 이 두 후보가 소비한 관심과 표의 양이죠. 새누리당의 박근혜와 민주당의 문재인은 사실상 대선을 주도했습니다. 모든 매체가 이 두 후보의 행보와 발언에 주목했죠. 주류의 매체만 보고 있노라면 대선에 이 두 후보 말고 다른 후보들이 있다는 사실을 잊기 쉬울 정도였습니다. 하지만 당시 대선에는 여러 후보들이 뛰었습니다. 2012년 대선의 후보자 명단을 기호순으로 보죠. 박근혜, 문재인, 선거 직전에 사퇴한 이정희(통합진보당), 박종선(무소속), 김소연(무소속), 강지원(무소속), 김순자(무소속) 이상 7명이 있습니다.

　하지만 여기서 주목해야 할 후보들은 이 명단에 들지 못한 사람들입니다. 이 명단에 들고 싶어한 사람이야 한둘이 아니었겠죠. 속으로 생각만 한 사람까지 치면 그 수는 정말 많을 것입니다. 하지만 그중 두명을 우리는 알고 있죠. 안철수(무소속)와 심상정(진보정의당)입니다. 두사람 모두 대통령선거 참여를 공식화한 사람들입니다. 하지만 둘 다 각자의 사정으로 후보등록을 하지 않았습니다. 안철수는 정권교체라는 대의 앞에서 문재인과 단일화를 놓고 한참이나 밀당을 했습니다. 양 진영 사이에 사람이 오가고 두 후보가 TV 토론도 하고 단일화를 위해서 갖은 공방을 거듭한 끝에 안철수는 문재인에게 양보를 했습니다. 심상정 역시 정권교체라는 대의를 위해 대선을 포기하고 문재인을 지지했습니다.

안철수와 심상정이 대선을 포기한 이유는 결국 하나입니다. 정권교체죠. 이유가 정권교체이건 무엇이건 간에 자신의 선거 참여를 포기한 것은 분명합니다. 그리고 그와 동시에 이들의 지지자들의 정치참여 또한 부분적으로 제한된 것이죠. 그들로서는 자신이 선호한 후보가 아예 선거에 나오지 않았으므로 자신이 선호하지 않는 후보에게 표를 주어야 하는 고약한 상황에 처한 것입니다.

승자가 독식을 하는 선거제도를 가지고 있는 상황에서는 이러한 후보 사퇴가 끊임없이 되풀이될 수밖에 없습니다. 실제로 노무현과 정몽주가 단일화를 했고, 단일화는 아니었지만 김대중과 김종필이 연대를 했습니다. 정권교체라는 대의명분 앞에 소수의 목소리를 대표하는 이들이 최종적으로는 선거를 포기하는 것이 현실입니다. 이는 우리의 선거제도가 강제 아닌 강제를 하는 셈입니다. "어차피 한명만 된다. 그럼 누가 더 당선될 확률이 높은가?" 정치인이건 유권자이건 이것을 가장 먼저 생각하는 것이죠.

사실 선거라는 것은 민의를 측정하고 이를 가장 잘 대표한 사람을 고르는 행위이죠. 그렇다면 "누가 내 뜻을 더 잘 대표하는가?"라는 생각이 가장 우선이어야 할 것입니다. 하지만 승자독식의 현실에서는 그렇지 못합니다. 소수정당은 이길 확률이 거의 없다보니 갈수록 소수의 목소리는 거대세력으로 수렴이 되고 점점 설 자리를 잃게 되는 것입니다. 노동자를 대표하는 정당들이 어려운 이유, 대선에는 이름조차 내밀지 못하는 것도 바로 이 때문입니다.

사정이 딱하기는 기독교 정당이나 녹색당이 더하면 더했죠. 그 존재 자체가 미미하니까요. 한국에 기독교의 가르침을 구현하고자 하는 정치세력이나, 환경을 중시하는 세력이 없는 것이 아닙니다. 지지세력이 있고 정치적 노력이 있음에도 불구하고 제도의 벽을 넘지 못하는 것입니다. 즉 소수정당으로서는 우리의 선거제도 자체가 가장 큰 정적인 셈입니다. 그것도 어찌 싸워볼 방도도 없는 무서운 정적인 셈이죠. 하지만 이는 소수정당만의 문제가 아닙니다. 자신의 목소리를 대표할 정당을 찾을 수 없는 유권자들에게도 심각한 문제입니다. 선거법과 더 나아가서 헌법의 개정을 통해 승자독식제도를 하루라도 빨리 끝내야 하는 이유입니다. 그런 면에서 유럽식 정당명부제 투표를 바탕으로 한 내각제는 심각하게 고려하고 논의해보아야 할 대안입니다.

선거제도에서 정치참여를 가로막는 걸림돌을 하나 더 찾으라면 그것은 바로 유권자의 자격을 제한하는 규제입니다. 유권자의 자격을 제한하는 것은 미국 여성의 예에서 보았듯이 민주체제가 발전하는 과정에서 흔한 일이었습니다. 여성뿐 아니라 미국이나 남아프리카공화국에서처럼 특정한 인종들이 선거 참여를 제한받기도 했죠. 요즘은 이처럼 한 집단을 꼭 집어서 선거 참여를 금하는 민주국가는 거의 없습니다. 하지만 그렇다고 자격의 규제가 아예 없어진 것은 아닙니다. 아직까지 흔히 볼 수 있는 대표적인 규제의 기준은 나이입니다.

현행 한국의 선거법에 의하면 "19세 이상의 국민은 대통령 및 국회의원의 선거권이 있다"라고 규정하고 있습니다(공직선거법 제2장

15조). 너무 어린 사람들은 정치참여에 필요한 지식이나 이해가 떨어진다는 가정을 바탕으로 한 조항이지만, 사실 고등학교만 들어가도 세상이 어떻게 돌아가는지 뻔히 아는 요즘 아이들을 생각해보면 이는 너무 낡은 가정이라고 할 수 있습니다. 세상에 대한 이해의 정도도 높을 뿐 아니라 고등학생 역시 정치·경제에 직접 영향받는 것을 생각해보면 19세 이상이라는 제한은 지나친 것입니다.

이를 가만히 들여다보면 '투표하는 사람', 즉 유권자와 '전체 국민' 사이에는 작지 않은 간격이 있음을 알 수 있습니다. 이 간격이 커질수록 결국 민주체제의 정당성이 떨어질 수밖에 없겠죠. 이 격차를 벌리는 것은 비단 나이뿐만 아닙니다. 공직선거법을 다시 보죠. 제10장 155조는 "투표소는 선거일 오전 6시에 열고 오후 6시에 닫는다"고 규정하고 있습니다. 오후 6시에 투표소가 닫으니 그전에 가야 투표할 수 있습니다. 물론 어쩌다 한번 있는 선거니 그 정도 시간은 내야 하는 것이 국민의 도리일 수 있습니다. 하지만 문제는 그럼에도 시간을 내지 못하는 사람들이 있다는 것이죠. 물론 많은 사람들이 별별 이유로 투표를 하지 않습니다. 투표 당일 마침 여행 중인 사람도 있고 해외출장 중인 사람들도 있습니다. 아파서 못 가는 경우도 있고 별 생각 없이 선거에 참여하지 않는 사람들도 있습니다. 이들과는 달리 투표를 하고 싶지만 시간을 내기 힘들어 결국 못하는 경우는 선거 참여의 권리가 위협을 받는다는 점에서 그 문제가 심각합니다.

앞장에서도 보았듯이 투표도 비용이 들어가는 행위입니다. 시간과 돈이 듭니다. 투표를 하는 시간만큼 돈을 벌지 못하거나 다른 것을 하지 못할 수 있습니다. 그러므로 투표 비용을 감당하지 못하는 사람들로서는 투표가 힘겨울 수밖에 없죠. 여유가 있는 입장에서는 많은 비용이 아닐 것입니다. 기업의 주인이나 대학교수 같은 경우에는 돈이나 시간의 면에서 투표 정도는 그리 어려운 것이 아닙니다. 하지만 퇴근시간이 6시를 훌쩍 넘고 자리를 비울 만한 처지가 안 되면 정해진 시간 내에 투표가 힘듭니다. 그리고 이런 처지인 사람들은 대부분 직장에서 말단이거나 고용 형태 자체가 불안정한 경우—시급제이거나 비정규직 등—가 많습니다. 투표를 하기 위해 직장에서 자리를 비움으로써 고용이 불안해지거나 수입이 줄어드는 경우에는 아무래도 투표가 뒷전이 될 수밖에 없습니다. 상사나 주인의 한마디가 눈치 보이는 상황에서 "저 투표하고 올게요" 하면서 박차고 나가는 것은 거의 불가능합니다. 택배원, 소방관, 편의점 알바생이나 일용직 건설노동자의 사정이 기업주나 대학교수의 사정과 같을 수는 없습니다. 자연히 이러한 이들, 즉 정치·경제적으로 약자인 사람들의 목소리가 선거에 상대적으로 덜 반영될 수밖에 없습니다. 물론 정부가 당신들은 가난하니 투표하지 말라고 꼬드긴 것은 아닙니다. 하지만 결과적으로 약자들의 정치참여가 제약을 받고 있다는 것은 심각한 문제이죠.

그러한 면에서 2012년 대선 직전에 벌어졌던 투표시간 연장 논의는 곱씹어볼 필요가 있습니다. 그 논의의 자연스러운 결론은 투표시간을 연장해야 한다는 것입니다. 이것은 선거 직전의 민주당과 시민단체의 요구였습니다. 물론 투표율이 올라가면 자신들의 지지가 올라가리라고 믿은 민주당은 정치적 계산이 있었지만, 그것은 정당으로서는 당연한 것이고, 민중들로서야 이를 이용해 더욱 용이한 투표 환경을 만들어야 했습니다. 하지만 새누리당은 이 요구가 뜬금없다고 반박했고 박근혜 후보는 투표시간 연장은 투표율을 올리는 데 큰 도움을 주지 않는다는 입장을 고수했죠. 국회의 다수를 점하고 있는 새누리당의 이러한 반응은 투표시간 연장 논의가 실질적으로 법제화될 전망을 어둡게 했습니다. 결국 뜨거운 여론의 요구에도 불구하고 새누리당이 주도한 의회에서는 진선미 민주통합당 의원이 대표발의한 투표시간 연장 법안이 본회의에 상정은커녕, 상임위도 통과되지 못하고 말았습니다.

투표시간을 연장하지 않은 것이 선거 결과에 어떤 영향을 주었는지 아직 분명치 않습니다. 높은 투표율과 마감 직전 장년층의 뜨거운 투표가 새누리당의 승리에 유리하게 작용했던 것을 고려해보면, 어쩌면 투표시간 연장이 오히려 새누리당에게 더 유리하게 작용했을 수도 있습니다. 하지만 누구에게 어떻게 정치적 득이 됐을지를 떠나서 기본적인 민주체제 발전의 기회를 놓쳤음은 분명합니다.

세상을 바꾸는 것은 직접적인 정치참여를 통해서 가능하며, 그토록 신성시하는 선거제도라는 것도 민주주의의 전부가 아닌 민주의 정의를 이루는 한 경로일 뿐입니다. 하지만 이 장에서 살펴보았듯이 직접적인 정치참여는 제도적 장벽에 막혀 자유롭지 않습니다. 정부가 용인하는 생각과 허가된 행동은 별 문제가 없지만 여기서 벗어나는 양심과 행동은 법적인 제약마저 받죠. 그나마 선거는 형편이 좀 낫지 않느냐 하면 꼭 그런 것도 아닙니다. 이렇게 본다면 한국에서의 정치활동은 선거를 통한 것이나 아닌 것이나 크고 작은 제약이 따르는 것으로 볼 수 있습니다. 이러한 정치의 틀은 민주의 정의, 즉 민중이 주인이 되고 이들의 목소리를 쉽게 전달할 수 있는 정치체제를 만들어야 하는 소명과는 거리가 멀다고 할 것입니다. 그렇지만 이러한 제약에도 불구하고 정치참여는 계속되고 있습니다. 그리고 이들은 조금씩 세상을 바꾸어놓고 있습니다. 다음 장에서는 이들의 모습을 들여다봄으로써 더 좋아지는 세상에 대한 희망을 발견하고자 합니다.

9장

정치의 **진화,**
다른 정치

우리가 살고 있는 세상은 현상유지에 만족할 만큼 행복하지 않습니다. 우리 사회는 변화가 절실합니다. 그러나 시민의 참여가 없으면 세상은 바뀌지 않습니다. TV가 아닌, 길거리와 시장통에서 늘 볼 수 있는 보통 사람들의 정치참여가 필요한 것이 오늘의 현실이죠. 하지만 이는 쉽지가 않습니다. 게다가 앞에서 보았듯이 제도적 장애물은 민중의 정치참여를 더욱 어렵게 합니다. 그렇지만 그 와중에도 우리는 희망을 잃지 않고 있습니다. 어려워도 직접적인 행동을 통해 세상을 바꾸는 씨앗을 뿌리는 사람들이 있기 때문입니다.

그리고 놀라운 것은 이들의 정치참여가 새로운 시대에 적응하면서 진화한다는 것이죠. 그런 면에서 이러한 진화는 "요즘 젊은이들은……" 하면서 혀를 끌끌 차는 (저를 포함한) 구세대의 회의론을 기분 좋게 비웃는 것이어서 더욱 희망적입니다. 이러한 모습이 소중한 이유는 그만큼 정치참여가 쉽지 않은 까닭입니다. 정치참여가 쉽지 않음에도 정치참여를 가능케 하는 기제가 바로 정치의 핵심입니다. 그러므로 왜 그것이 쉽지 않은지, 또 무엇이 그 어려움을 극복하게 하는지에 대한 이해는 정치의 핵심을 이해하는 지름길이라고 할 수 있죠. 이 장에서는 그 두가지 주제를 좀더 깊이 들여다보고, 그럼으로써 정치참여의 발전을 모색해보기로 하겠습니다.

정치참여의 딜레마

민중의 손에서 정치를 앗아가려는 파도와 같은 시도를 막아내기란 쉽지 않습니다. 파도가 누가 시켜서 끊임없이 해변을 때리는 것이 아니듯 이러한 정치적 시도도 어느 누가 딱 명령을 내려서 그러는 것은 아닙니다. 앞에서 본 바와 같이 군사독재하에서는 그러한 시도가 눈에 띄게 있었지만 민주체제가 정착되고서는 그럴 만한 정책을 의식적으로 기획하고 감행하기가 쉽지 않습니다. 아주 없는 것은 아닙니다. 2012년 언론노조의 파업을 통해 확인했듯이 이명박정부는 KBS, MBC 등 주요 언론을 장악하고자 했고 상당한 성과를 거두었습니다. 더군다나 앞에서 살펴본 것처럼 2012년 대통령선거에서 정부는 각종 국가기관을 동원해 박근혜 후보에게 유리하도록 여론을 조작했습니다. 그러나 장기적인 파업과 확대된 대안언론의 발달로 정권의 언론 장악에는 한계가 분명히 있었습니다. 예전처럼 쉽지는 않았죠. 2012년 대선과 같이 민주사회에서 정부의 불법적인 선거 개입은 심각한 문제임이 분명하지만 더 근본적인 문제는 따로 있습니다. 그럼 그 문제는 무엇인지 간단히 살펴보고 이를 '정치참여의 딜레마'라는 개념으로 묶어보도록 하겠습니다.

왜 정치적 참여는 힘든 것일까요? 왜 민중의 대규모 정치참여가 흔하지 않을까요? 이 질문을 보고 좀 의아해하실 수도 있습니다. 우리 사회에 시위나 각종 정치참여는 흔해 보이니까요. 게다가 지난 대선을 생각해보면 사람들의 정치참여는 정말 뜨거워 보였습니다. 광화문 앞이나 부산역 앞에 모인 인파의 열기를 기억하시죠? 조금 멀리 가보면 2008년 시청 앞 광장에 수만명의 인파가 모인 촛불집회가 있었습니다. 그러니 이 질문이 좀 이상하게 들릴 수도 있죠.

하지만 우리 주변을 간단히 돌아보아도 그 의아함은 쉽게 풀립니다. 정치 1번지 여의도를 돌아보죠. 지하철 5호선과 9호선이 만나는 출근길의 여의도역을 한번 가보세요. 출근하는 직장인들도 많고 국회의사당도 가까운 까닭에 정치선전물을 나누어주는 사람이 쉽게 보입니다. 9호선 국회의사당역에 내려 국회의사당 쪽으로 가보면 더합니다. 언제나 1인시위자들이 몰려 있는 곳이죠. 하지만 이들의 시위는 바로 옆을 빠르게 지나가는 수많은 직장인들의 바쁜 침묵 속에 묻혀버립니다. 대부분 선전물을 받아들지도 않거니와 받아도 쳐다보지도 않고 쓰레기통에 버리는 것이 보통이죠. 한두명의 정치행위가 무색한 순간입니다. 하루 24시간, 지나가는 사람들의 수를 생각해보면 몇명의 정치행위 순간은 찰나에 불과합니다.

이는 이상한 일이 아닙니다. 주변을 돌아보시죠. 사실 어떠한 시위나 정치행사가 있어도 이에 적극적으로 참여하는 사람은 극히 소수에 불과합니다. 대부분은 학교에 가거나 직장으로 향하죠. 밤이면 술집이나 집으로 갑니다. 대다수의 사람들은 대부분의 시간에 어떠한 정치참여도 하지 않습니다. 이를 놓고 시민의 각성이 덜되었다고 한탄하는 목소리도 있습니다. 그렇게 한탄하는 이들은 사람들이 조금만 더 정치적으로 각성한다면 거의 모든 정치문제가 풀릴 것이라고 생각합니다. 사실 이러한 기대는 누구나 한번씩은 하지 않을까 싶습니다. 정치적인 문제가 있다면 자연히 사람들이 힘을 합쳐 그 문제를 풀 것이라고 막연히 기대하죠. 더군다나 그 문제라는 것이 너무나 심각하고, 그 심각성이 눈에 뻔히 보인다면 그러한 기대는 더욱 커질 수밖에 없습니다.

그런 기대와 그렇게 해야 한다는 당위가 얼마나 근거가 있는지 예를 들어 생각해보겠습니다. 환경문제가 좋겠습니다. 환경문제는 누구나 공감하고, 모두 다 힘을 모아 해결해야 한다는 것을 거의 당위처럼 받아들이는 주제니까요. 즉 대중적 공감대가 사람들의 정치활동으로 자연스레 이어지는 것이 사실이라면, 환경문제야 말로 대중들의 정치적 관심과 활동이 가장 활발한 분야여야 할 것입니다. 그런데 과연 그럴까요? 요즘 한국에서는 등산이 인기죠. 기분 좋게 땀 흘리며 산 정상에 올라서면 다들 서울의 공기가 얼마나 오염되었나 느낍니다. 마냥 기분만이 아닙니다. 세계보건기구의 자료를 보면 서울의 공기의 질이 다른 도시에 비해서 많이 떨어지는 것을 알 수 있습니다. 2011년 발표된 자료에 의하면 서울의 미세먼지의 평균양($64\mu g/m^3$)은 세계보건기구가 권장하는 기준치($20\mu g/m^3$)뿐 아니라 우리나라가 정한 환경기준($50\mu g/m^3$ 이하)을 훨씬 뛰어넘습니다. 인도 뉴델리($198\mu g/m^3$), 파키스탄 이슬라마바드($189\mu g/m^3$), 이집트 카이로($138\mu g/m^3$), 중국 베이징($121\mu g/m^3$) 같은 곳에 비하면 훨씬 낮지만, 미국 워싱턴 D.C.($18\mu g/m^3$), 일본 토오꾜오($23\mu g/m^3$), 프랑스 빠리($23\mu g/m^3$)에 비하면 월등히 높습니다.[1]

서울 안에서도 비교가 가능합니다. 영등포에서 마포를 건너가다 보면 남산과 그 위의 남산타워가 보이기 마련입니다. 하지만 이 남산타워가 오염으로 뿌예진 공기에 가려 희미하게 보이는 것이 예사죠. 완전히 보이지 않을 때도 있습니다. 파란 하늘을 보는 것도 서울에서는 쉬운 일이 아닙니다. 오죽하면 비 온 뒤 파란 하늘이 나오면 뉴스가 되겠습니까? 옅은 안개에 먼지가 섞여 하늘을 진회색으로 만드는 연무가 생길 때에는 정말 우울할 정도입니다. 연무가 끼는 날이 1993년에서 2002년까지 연평균 94일이나 있었다고 합니다.[2]

군이 이렇게 장황하게 지적하지 않아도 서울의 공기가 좋지 않다는 것은 누구나 동의할 것입니다. 얼마나 심각한지도 다들 잘 알고 있을 것입니다. 그리고 이 문제를 해결해야 한다는 주장에도 반대할 사람은 그리 많지 않을 것입니다. 행정적 차원에서 대책이 없는 것은 아닙니다. 일단 서울시의 버스가 많이 바뀌었죠. 검은 매연을 뿜던 옛날의 버스는 이젠 거의 볼 수 없습니다. 곳곳에 나무도 심고 관리도 합니다. 남산에 차량통행이 엄격하게 제한되는 것은 대표적인 예입니다. 각종 행사를 통해 시민들의 의식에 호소도 합니다. 하지만 이런 행정적인 대응은 한계가 있습니다. 서울 전체 1일 총 교통량은 전년 대비 소폭 감소했지만 아직도 하루 412만여 대(2011)꼴이라고 합니다.[3] 이 차량들이 뿜어내는 매연과 열기는 대기오염의 주범입니다. 나무 좀 심어서 관리할 수 있는 수준이 아니죠. 우리가 가정과 공장 등에서 쓰는 전기도 마찬가지입니다. 정부의 대책도 중요하지만 민중의 행동이 절실한 것이죠.

혹시 주변에서 대규모 정치운동을 보신 적이 있나요? 없다면 여러분과 제가 가상으로라도 해볼까요? 일단 모임이 하나 있어야겠죠. 자, 그럼 여러분 중 '대기오염 대투쟁 민중연합(대대민)'에 가입하실 분 계십니까? 손 한번 들어보세요. 잘 안 보이네요. 상상이니 제 맘대로, 이 책을 보신 3000명 —이 수치도 제 상상입니다— 정도 중 절반인 1500명 정도가 손을 들었다고 생각해보겠습니다. 그럼 이분들 중에서 올해 첫눈 오는 날 서울시청 광장에서 저랑 같이 시위하실 분 몇명이나 계세요? 서울 시내에 자가용 통행을 금지시키자고 서울시에 요구하는 겁니다. 어때요? 아까 1500명 중에 손이 많이 내려갔네요. 500명밖에 안 남았군요. 뭐 그래도 좋습니다. 근데 서울시에서 허가를 안 해주네요. 시위가 불법이라고 경찰을 배치한답니다. 그래도 가실 분? 아, 네…… 100명…… 저런, 경찰 대신 총검으로 무장한 공수부대가 배치되었군요. 가실 분 안 계신가요? 한분이라도?

아니, 이게 어떻게 된 것인가요? 모든 이들이 중요하다고 생각하고 다들 영향을 받는 일을 위해서 참여를 하자는데 왜 아무도 나오지 않을까요? 자각이나 각성이 부족한 것은 아닐 텐데요. 아무리 공익을 위해서라고 해도, 많은 사람들의 행동이 이루어지는 것은 쉽지 않습니다. 그 일이 아무리 절박하고 중요하다고 해도 마찬가지죠. 일단 집단을 형성하는 것부터가 힘듭니다. 공감이라는 개인의 감정이 자연스럽게 집단화되는 것이 절대로 아닙니다. 그리고 공감하는 사람들 중 일부가 집단——'대대민'——을 겨우, 어찌어찌 형성한다 해도 이들이 집단행동을 하는 것은 쉽지 않습니다. 한 조직이 정치행동을 한다고 해도 소속된 사람의 일부만 행동에 나서는 것이 보통입니다. 즉 많은 이들이 공감한다고 해도 그중 실제로 행동에 나서는 이는 극소수입니다. 울분, 의무감, 의아함, 정의감 등 다양한 개인의 감정과 그 개인의 행동 사이에는 지구와 달만큼의 간격이 있죠. 게다가 개인의 감정과 집단의 행동 사이는 그보다 더한 거리가 있습니다.

자, 그럼 이런 간극을 어떻게 설명해야 할까요? 여기에는 여러가지 이유가 복합적으로 작용하고 있습니다. 첫번째는 바로 비용입니다. 서울시청 광장으로 오는데 그냥 올 수 있나요? 지하철을 타면 지하철 요금이, 택시를 타면 택시비가 들죠. 와서 한시간이라도 보내면 그만큼의 시급이 날아갑니다. 또는 데이트—첫눈 오는 날이죠—할 시간이 사라질 수도 있습니다. 시청 앞에서 저와 한시간 보냄으로 해서 하지 못하게 되는 것들이 다 비용입니다. 기회비용이라고도 하죠. 이도 가볍지 않지만 직접적인 비용을 치르게 되면, 그 비용은 더욱 증가할 수 있습니다. 경찰이 오면 진압할 가능성이 있습니다. 물대포 맞으면 아프죠. 옷도 젖습니다. 불쾌하고 화가 날 뿐 아니라 감기에 걸릴 수 있습니다. 넘어져서 무릎에 피가 날 수도 있죠. 방패에 찍히면 훨씬 더 아픕니다. 상처가 나도 크게 나죠. 흉이 생길 수도 있습니다.

잘못하다가 연행당할 수도 있습니다. 부상과 구금은 결코 만만한 비용이 아닙니다. 게다가 극단적인 경우에는 죽을 수도 있다고 해보죠. 비용이 너무 큽니다. 죽음까지야 싫죠? 하지만 2009년 용산참사에서는 철거를 반대하는 평범한 사람들 다섯명이 경찰진압에 목숨을 잃었습니다. 그러니 이렇게 예상되는 비용이 커질수록 집단행동에 참여하는 것이 꺼려지는 것은 사람이라면 누구나 당연한 것입니다. 게다가 기회비용까지 있으니까요. 그러니 참여하고자 하는 사람이 소수인 것은 자연스러운 일입니다.

비용의 문제는 일차적이고 핵심적이지만, 문제가 이게 다는 아닙니다. 정말 3000명이 다 모여서 시위를 했다고 해보죠. 과연 우리가 원하는 것을 서울시가 들어줄까요? 서울시가 받아들인다고 하더라도 우리가 예상했던 효과가 있을까요? 그럴 수도 있지만 아닐 수도 있습니다. 원하는 결과를 꼭 얻으리라는 보장이 없는 상황에서는 아무래도 사람들은 비용을 지불하기를 더더욱 주저하게 됩니다. 서울 공기가 확 바뀐다는 보장만 있으면 몇천원의 차비 정도 지불할 용의가 있는 사람을 찾는 것은 불가능하지 않을 것입니다 (물론 그 비용이 죽음까지 가면 이야기는 또 달라집니다). 하지만 그런 보장이 없는 이상―대부분 없습니다―결국 대의에 공감하고 비용을 지불할 용의가 있는 사람들마저 행동을 주저하게 되죠.

여기에 또 하나 결정적인 문제가 있습니다. 만약에 3000명이 모였고―힘듭니다―또 해결이 짠 하고 됐다고―완전 힘듭니다―가정해보죠. '대대민' 덕에 서울 시내의 공기가 깨끗해지고 쾌적해졌다고 말입니다. 그럼 어떻게 될까요? 물론 축하의 의미에서 쇠고기 먹을 수도 있겠죠. 그러고선 서울에 있는 모든 이들이 깨끗한 공기를 나누며 행복해하겠죠. 문제는 바로 서울에 있는 '모든 이'들이 혜택을 받게 될 것이라는 점이죠. 비용은 '대대민' 3000명이 갖가지 형태―차비, 시간, 낮아진 학점, 연행, 구타―로 지불했는데 혜택은 그 3000명뿐 아니라 그 어떤 비용도 지불하지 않은 서울의 대다수 사람들에게 돌아가죠. 심지어 '대대민'을 비웃고 반대한 사람들도 그 혜택을 누릴 것입니다. 깨끗한 공기를 그 공(功)에 따라 분배할 수는 없으니까요. 이게 문제입니다. 모든 이들이 나누는 것 자체가 나쁜 게 아니고, 행동을 했든 하지 않았든

		나를 제외한 사회 전체의 선택	
		참여	불참
나의 선택	참여	A 비용: 없어진 시간 성과: 목표 달성	B 비용: 없어진 시간 성과: 목표 달성 실패
	불참	D 비용: 없음 성과: 목표 달성	C 비용: 없음 성과: 목표 달성 실패

표 9-1. 나의 선택에 따른 기대되는 비용과 성과

모두에게 혜택이 돌아가니 내가 굳이 집단행동에 참여할 동기가 적어진다는 게 문제죠. 비용을 감수하고 행동에 참여하거나, 비용을 들이지 않고 자기 일을 하거나 데이트를 해도 그 혜택이 돌아온다면 대부분의 사람들은 참여를 하지 않는 쪽으로 마음을 굳히기 쉽겠죠.

앞의 논의를 표를 통해서 보죠.[5] 표 9-1은 한 개인이 정치참여에서 기대할 수 있는 득과 실을 보여주고 있습니다. 맨 왼쪽을 보면 나의 선택이 있고 그 다음 칸을 보면 나에게 주어진 두 선택지가 있습니다. 그 하나는 내가 '참여'하는 것이고 또다른 하나는 '불참'하는 것이죠. 맨 위를 보면 나를 제외한 사회 전체의 선택이 표기되어 있습니다. 역시 '참여'와 '불참' 두가지 선택이 있습니다. 그리고 이 둘, 즉 나와 사회 전체를 조합했을 때 네가지 경우가 있죠. 그 각각 경우의 내 득과 실이 무엇일까 하는 나의 계산이 표에 설명되어 있습니다.

자 그럼 A부터 볼까요? 내가 참여하고 나를 제외한 사회 전체도 참여할 경우입니다. 사회 전체가 참여했으니 목표——깨끗한 공기·반값등록금·민주화·혁명 등——를 달성할 가능성이 큽니다. 기대되는 성과가 있죠. 하지만 내가 치러야 할 비용도 있습니다. 그 비용을 일단 '없어진 시간'이라고 해두죠. B의 경우는 나 자신은 참여하고 사회 전체는 불참하는 경우입니다. 혼자 하는 정치참여, 누구도 관심을 가져줄 리 만무합니다. 물론 나는 비용을 지불할 테지만 말이죠. 결실은 없고 나 혼자 손해일 가능성이 많습니다. C는 나도 불참, 사회도 불참하는 경우입니다. 성과는 당연히 없죠. 하지만 내가 치러야 할 비용도 없습니다. 안타깝기는 하지만 당장 손해 볼 일은 없습니다. D는 나는 불참하지만 사회 전체가 참여하는 경우입니다. 사회 전체가 참여했으니 성과가 있기 쉽습니다. 내 비용은? 물론 불참했으니 전무합니다. 자, 표를 가만히 한번 보시죠. 주판알을 잘 튕겨보세요. 가장 이상적인 경우는 D일 것입니다. 손 안 대고 코 푸는 격이라고 할까요? 반대로 가장 걱정스러운 경우는 B겠죠. 비용은 비용대로 나가고 아무 성과도 없으니까요. 자, 그럼 이런저런 경우를 잘 고려해보시죠. 여러분의 선택은 어떤 것입니까? '참여'입니까 '불참'입니까?

참여를 하지 않는 것이 이성적인 판단이죠. 그러면서 남들은 다 나와서 D가 되기를 바라는 겁니다. 정 안 돼도 C는 될 수 있습니다. 소득은 없어도 손해는 안 보는 것이죠. 적어도 B 같은 상황은 피할 수 있습니다. 그러니 자연히 '불참'이 맞는 선택으로 보입니다. 문제는 나만 이렇게 생각하는 것이 아니라는 데 있습니다. 대부분의 사람들이 똑같은 생각을 할 것이고, 이들 대부분은 나와 똑같은 선택을 한다는 것이 문제죠. 그래서 대부분의 경우 정치적 움직임은 C로 귀결됩니다.

물론 앞에서 살펴본 바와 같이 비용으로 '없어진 시간' 대신 체포, 부상 등을 집어넣거나, 사회 전체가 모여도 뜻을 이루지 못할 수도 있다는 가능성을 고려해보면 더더욱 사람들은 '불참'을 선호할 것이고 기대했던 집단 정치행동은 C, 즉 아무도 나오지 않는 실패로 끝나는 것이죠. 바로 한 개인의 감정과 행동의 간격이 극복된다고 해도 이것이 집단행동으로 이어지기가 너무나도 힘든 이유입니다.

이렇게 본다면 민중의 정치참여는 비용과 성과의 문제입니다. 한 개인의 분노가 얼마나 큰가, 대의가 얼마나 선명한가 하는 것은 중요하지만 부차적인 문제입니다. 비용은 크고 성과는 작으니 참여는 저조할 수밖에 없습니다. 이렇게 본다면 앞장에서 논의한 제도적 장애물 ── 국가보안법·집시법 ── 은 정치참여의 비용 ── 벌금·체포·구금 ── 을 직접적으로, 확연히 늘리는 작용을 하는 셈입니다. 동시에 우리의 변화를 지양하는 선거제도는 기대할 수 있는 성과를 최소화하는 역할을 하고 있죠. 산 넘어 산입니다.

성과가 있다고 해도, 참여하지 않은 사람들에게까지 다 나눠주어야 하니 이를 납득시키고 당신은 무조건 희생하세요, 이러기도 참 힘듭니다. 이러한 상황을 '정치참여의 딜레마'라고 부르기로 하죠. '정치참여의 딜레마'는 아무리 뜻이 있고 헌신적인 지도자라고 해도 민중의 대규모 정치참여를 이끄는 것을 쉽지 않게 만듭니다. 실제로 우리의 수많은 문제들과 그것을 논하는 각종 단체, 운동가들의 수를 고려해본다면 가끔씩 길거리에서 보거나 뉴스에서 접하는 시위 같은 정치활동은 상대적으로 그리 많지 않다는 것을 알 수 있습니다. 즉 그만큼 정치적 논의가 행동으로 가기가 쉽지 않다는 것을 말해주죠.

'정치참여의 딜레마'의 해법

정치참여가 쉽지 않다는 것이 잠정적인 결론이라면, 여기에 더 더욱 놀라운 것이 있습니다. 그런 어려움에도 불구하고 민중의 대규모 정치참여가 소수이지만 꾸준히 이어진다는 것입니다. 그렇다면 이는 어떻게 이해해야 할까요? 이들은 남다른 분노를 갖고 있을까요? 너무나 절박한 사정이 있을까요? 그럴 수도 있습니다. 하지만 민중의 정치참여를 비용과 성과의 문제로 본 앞의 시각이 맞는다면, 그래서 정치참여를 하는 이가 아주 소수인 것을 설명할 수 있다면—그래서 유용하다면—그 시각으로 정치참여가 계속 이어지는 현상을 설명해보는 것도 도움이 될 듯합니다.[6] 모든 것이 땅에 떨어진다는 중력의 법칙을 통해 하늘을 나는 비행기를 설명하듯이 말이죠.

민중의 정치참여가 흔하지 않은 것이 '정치참여의 딜레마' 때문이라면 정치참여를 한 사람들은 어떻게든 이 딜레마를 극복한 것이죠. 수학적으로 말하면 방정식에서 해법을 찾은 셈입니다. 비행기가 나는 것이 비행기를 만든 사람이 기차를 만든 사람보다 더 착하거나, 비행기 공장이 자동차 공장보다 더 예뻐서가 아니라, 중력을 극복하는 방법──엔진의 힘, 날개의 디자인, 비행체의 무게 등──을 찾았기 때문임과 마찬가지죠. 그럼 어떤 해법이 있을까요?

앞에서 강조한 비용의 측면을 생각해보죠. 딜레마를 깊게 하는 것이 비용이었습니다. 그럼 어떻게 해야 할까요? 비용이 높으면 당연히 비용을 낮추어야 합니다. 비폭력을 강조하는 것은 대표적인 방법입니다. 참여를 망설이는 사람들에게 저기 보이는 전경들을 향해 나아가자고 하는 것은 그다지 좋은 방법이 아닙니다. 참여에 필요한 비용──부상·체포──이 늘어날 것이 뻔하니까요. 그 대신 인터넷 서명을 권하는 것이 훨씬 더 효과적입니다. 비용이 거의 들지 않기 때문이죠. 자연히 비용에 대한 걱정이 사라질 테고 더 많은 사람들이 참여할 가능성이 커집니다.

상징을 이용하는 것도 비용을 줄이는 데 효과적입니다. 우리가 하려는 것에 관해 구구절절 설명하는 것보다 깃발 하나 딱 드는 것이 훨씬 쉬울 수가 있습니다. 듣는 입장에서도 마찬가지죠. 이렇다 저렇다 설명을 들으면 머리도 아프고 시간도 들지만 깃발을 딱 보면 '아, 저거구나' 하는 이해가 빨리 오니까요. 대표적인 예로 국기(國旗)가 있습니다. 물론 국기는 때와 장소에 따라 상당히 다른 의미를 내포하죠. 많은 경우에 국기는 국가주의나 민족주의를 상징합니다. 대부분의 경우 사람들은 그 의미를 희미하게나마, 하지만 대개 정확하게 이해할 수 있습니다.

2001년 9·11사태 이후 미국은 성조기로 넘쳐났습니다. 집집마다 성조기를 걸고 차에 붙이고 다니기 시작했죠. 이전에는 차에 성조기를 달고 다니거나 차 뒤에 성조기 스티커를 붙이고 다니면 보수 꼴통이라 비웃곤 하던 사회적 분위기와는 완전히 달라진 모습이었습니다. 9·11사태 이후 높아진 국가주의의 상징이자 동시에 국가주의를 고취시키는 장치였습니다. 국가에 충성해야 한다는 생각에 불편해하던 사람들에게 이래도 충성을 안 할 것이냐는 무언의 압력이었습니다. 이 뻔한 요구에 많은 이들이 굴복하고 애국민족주의에 동참했죠. 성조기가 한국에 건너오면 또다른 의미가 있습니다. 보수 교회의 집회에 가면 성조기가 눈에 띕니다. 눈물을 적시며 열정적으로 성조기를 흔드는 한국 교인들에게 성조기는, 미국의 도움 없이는 버틸 수 없는 한국의 현실과 이를 잊고 있는 한심한 사람들에 대한 개탄을 의미합니다. 이들에게 성조기는 철없는 젊은이들에게 반공의 경각심을 일깨울 필요를 용솟음치게 하는 기제이죠.

정치참여의 딜레마를 극복하기 위해서 우리는 이길 수 있다는 희망을 주는 것도 중요하고, 우리는 하나라는 동질감을 심어주는 것도 중요합니다. 앞에서 보았듯이 기대가 높을수록 성취에 대한 기대도 높아지고 그럴수록 딜레마는 극복하기 훨씬 수월해지죠.

어떤 모임이나 시위를 가더라도 "우리는 꼭 이길 수 있습니다"라는 말이 빼놓지 않고 들리는 데에는 이런 이유가 있는 것입니다. 그러니 그런 곳에 앉아 있으면 당장 내일이라도 승리가 올 것 같습니다. 비장한 각오와 심각한 노랫소리는 가슴 벅찬 감동을 안겨주고 승리에 대한 희망을 지속시켜줍니다. 승리에 대한 기대도 없이 비용을 치러가며 행동에 참여할 사람은 그리 많지 않습니다. 희망을 지속시키는 것은 그래서 중요합니다.

이러한 면에서도 기존에 있던 조직을 이용하는 것이 효과적입니다. 특히나 그 조직이 오래되고 공통된 사상이라도 가지고 있다면 금상첨화죠. 조직원끼리 안면도 있고 생각도 비슷하니 집단행동을 유도하는 것은 상대적으로 수월할 수밖에 없습니다. 게다가 참여하지 않는 사람이 누구인지 알아내기도 쉽고 그들에게 참여를 강제하기도 용이합니다. 그런 속성을 이해하는 조직원들도 정치참여에 더 적극적일 수밖에 없습니다. 내가 슬쩍 빠져도 아무도 모르는 상황하고는 전혀 다르죠. 그런 대표적인 예로 종교조직이 있습니다. 미국에서 교회의 목소리가 크고 그들이 관심을 쏟는 이슈——대표적으로 낙태——가 정치적으로 쟁점이 되는 것은 그런 이유 때문입니다.

앞에서 논의한 대로 딜레마의 큰 부분은, 바로 비용은 참가자만 치르지만 그 혜택은 모든 사람들이 누린다는 것입니다. 이것은 아주 중요합니다. 사람이 나빠서가 아니라 누구라도 비용을 감당하기를 주저하게 만들기 때문입니다. 그럼 이는 어떻게 해결해야 할까요? 앞의 예에서 살펴보았듯 비용에 따라 깨끗해진 공기를 차등 배분할 수도 없는 노릇입니다. 대통령 직선제나 언론의 자유 같은 민주화의 과실을 민주투사만 누리게 할 수도 없죠. 그러므로 해법은 다른 곳에서 찾아야 합니다. 모두의 대의를 쫓되 참여하는 사람만이 누릴 수 있는 혜택을 주는 방법이 있습니다. 어떠한 모임이라도 주최해보신 분들은 잘 아실 겁니다. 하다못해 빵 한조각이라도 제공할 때와 그나마도 없을 때, 사람들의 참여는 확연히 차이가 난다는 것을요. 아무리 대의와 공공의 정의가 중요하더라도 참여한 사람만이 누릴 수 있는 그 무엇이 있을 때 잠재적인 참여자의 마음은 움직일 가능성이 커집니다. 밥 한그릇, 기념품 하나처럼 사소한 것일 수도 있고 유명한 아나운서나 배우와 찍은 사진 한장처럼 귀한 것이 될 수도 있습니다. 우정, 동지애 같은 감정일 수도 있고 지도자라는 타이틀처럼 구체적인 것일 수도 있습니다. 무엇이건 간에 그 행동에 참여한 사람만 얻을 수 있는 것이 있다면 집단행동의 가능성은 훨씬 더 높아질 것입니다.

집단 내 위계질서 구조를 갖추는 것 역시 어디서나 볼 수 있는 인기있는 해법입니다. 어떠한 조직에서라도 강력한 지도자와 지도력이 밑으로 잘 전달될 수 있는 위계질서 구조를 갖추면 앞에서 제시한 해법을 구사하기 쉽습니다. 상대가 있는 경우 그 상대와의 정치투쟁을 효과적으로 진행할 수 있죠. 특히 그 조직이나 운동이 억압받을 때 더 잘 드러나는 강점입니다. 한국에서는 1980년대와 90년대 초반까지 맹위를 떨쳤던 대학교의 학생회조직이 대표적인

한총련 출범식

예라고 할 수 있습니다. 특히 전대협이라고 불리던 전국대학생대
표자협의회는 전국의 대학을 아우르는 중앙조직 아래 각 대학, 그
안의 단과대학과 각 학과까지 이어지는 위계질서를 바탕으로 권위
주의적 정부를 상대로 한 정치투쟁을 벌였습니다. 상대적으로 모
든 면에서 월등하게 우위인 정부에 말 그대로 '강철대오'로 버틴
것이었죠.

　극한 상황에서 효율적인 투쟁을 하는 데에는 효과적이었던 위계
질서가 점차 그 한계를 드러냈습니다. 위아래의 탄탄한 대오는 옆
으로 손길을 내미는 데에는 서툴 수밖에 없었습니다. 즉 학생사회
의 대중적인 참여를 이끌어내는 데에는 그다지 효과적이지 못했던
것이죠. 학생들이 일상에서 느끼던 불편함은 이들의 정치적 관심

밖에 있었고, 학생들의 학내에서의 소외감과 불만은 학생회 위계질서를 뚫고 전달될 수 없었습니다. 특히나 대통령 직선제를 성취한 후에는 그 거리가 점점 커져만 갔습니다. 결국 해방 이후 줄곧 정치투쟁의 중심에 있던 대학생들의 정치적 입지가 점점 좁아지게 되었죠.

1993년 전대협은 해체했고 한국대학총학생회연합, 즉 한총련으로 재편되었지만 이후 학생운동은 쇠락의 길을 걷기 시작했고 결국 대학생들은 정치적 동력을 잃게 되었습니다. 즉 위계질서를 중심으로 한 해법을 통한 성공이, 달라진 환경에서는 역설적이게도 실패의 요인이 된 것이죠. 이는 학생운동에서만 보이는 현상이 아닙니다. 상대적으로 경직된 구조를 유지한 왕년 정치운동의 주역들도 정도의 차이는 있지만 많이들 겪고 있는 현상이죠. 이들의 어려움이 다만 그들만의 문제는 아닙니다. 정치구조적인 변화도 있었고 경제적 상황도 달라졌습니다. 하지만 달라진 환경과 과거식 전략의 부조화는 분명히 중요한 요소가 분명합니다.

김여진과 날라리 외부세력

예전에 민중의 정치운동을 이끌었던 세력들의 침체는 과연 대중 정치참여의 전반적인 쇠퇴로 이어졌을까요? 물론 민중의 정치참여의 큰 축인 학생운동이나 노동계가 긴 겨울잠에서 깨어나지 못하는 것은 큰 틀에서 보면 손실입니다.

하지만 다행스럽게도 새로운 해법을 찾은 이들이 있습니다. 이들은 기존의 해법 대신 달라진 환경에 맞는 새로운 전략으로 정치 참여를 이끌고 있습니다. 이들은 위계질서 대신 좀더 유연해진 조직화로 예전과 달라진 정치환경에 적응하는 데 성공했습니다. 위에서 아래로 비밀지시가 내려가는 대신 수평적 소통이 열린 광장에서 이루어짐으로써 오히려 더 많은 참여와 사람들의 관심을 이끌어내면서 성공의 기초를 쌓았습니다. 일반인들이 이슈에 관한 정보에 쉽게 접근할 수 있도록 해서 공감과 이해를 구함으로써 참여의 확대를 성공적으로 도모하기도 했습니다. 그 한 예는 김여진이라는 개인으로 대표되는 '날라리 외부세력'일 것입니다. 2011년 홍대 청소·경비노동자들의 파업을 응원하며 만들어진 이 모임은 오늘날 우리 사회에 어떠한 해법이, 어떻게 쓰일 수 있는가를 보여주는 좋은 예라고 볼 수 있습니다.

이 이야기는 2010년 12월 청소노동자들이 주축이 되어 노동조합을 결성하면서 시작합니다. 법정 최저임금(2008년 법정 최저임금으로 계산하면 787,930원)에도 못 미치는 월급(여성 743,000원), 장시간 노동(아침 7시부터 오후 6시까지), 비현실적인 처우(식대 월 9000원), 인간적 모독(욕, 반말) 등 열악하기 이를 데 없는 노동환경을 개선하고자 했던 것이죠.[7] 하지만 고용자들의 반응은 아무 예고도 없는, 날벼락 같은 해고였습니다.

총장과의 면담에 실패한 이들은 2011년 1월 3일 대학 측에 고용

승계와 처우개선을 요구하며 교내에서 무기한 농성을 시작했습니다. 그리고 추운 겨울을 견딘 이들의 농성은 49일 만에 결실을 보았습니다. 용역업체는 이들 전원을 고용승계하는 조건으로 임금인상 등 노사협상안에 합의한 것이죠. 농성은 끝나고 이들은 업무에 복귀했습니다. 이들의 성공적인 정치행위에는 여러 요소들이 복합적으로 작용했습니다.

우선 눈에 띄는 것은 노조 결성을 통한 전통적인 위계질서 해법입니다. 노조 결성은 사건이 벌어지기 직전인 12월 2일이었지만 덕분에 조직의 힘으로 해고통지를 견뎌낼 수 있었습니다. 예를 들어 170명의 해고자 중 무려 140명이 농성에 참여했고 이들은 20명씩 조를 짜서 밤을 새워가며 현장을 지켰습니다. 또한 아침, 점심, 저녁으로 하루에 세번씩 홍대 정문 앞에서 농성하는 등 효율적인 투쟁을 조직했죠. 이는 홍대 안 조직의 공만이 아닙니다. 조합원의 대부분이 비정규직인 공공노조 서경지부라는 울타리와 이들의 조직적인 도움도 컸습니다. 기존의 경험과 지도력은 홍대 노조의 싸움에서 없어서는 안 될 중요한 자산이었습니다.

이들이 성공은 했지만 비슷한 농성을 벌이는 노조의 대다수가 사회의 주목을 받지 못하는 것을 고려해보면 홍대의 경우에는 다른 무엇인가가 있었음을 짐작할 수 있습니다. 그 플러스알파는 무엇일까요? 이들의 투쟁이 성공할 수 있었던 데에는 사회 전반의 우호적 여론이 큰 몫을 차지했습니다. 대중의 우호적인 주목은 연대의 폭을 넓혔고 그러면 그럴수록 고용자 측은 수세에 몰릴 수밖에 없었죠. 여기에는 다른 대학교 노동자들의 앞선 투쟁도 큰 역할을 했습니다. 하지만 결정적으로 사회의 관심을 끌어온 것은 전에 없던 새로운 목소리였습니다. 바로 김여진과 '날라리 외부세력'으로 불리는 모임입니다. 이들은 위계질서의 해법이 아닌 다른 곳에서 그들만의 해법을 찾은 것을 알 수 있습니다. 이들의 해법은 새로운 시대에 걸맞다는 점에서 앞으로 시민들의 정치참여의 한 방향을 보여주었습니다.

김여진과 날라리 외부세력의 시작은 김여진의 홍대 농성장 방문이었습니다. 이 방문은 순전히 김여진이라는, 그 사건에 관심이 많은 개인의 사적인 방문이었죠. 1월 7일의 방문에서 우연히도 홍익대 학생회장과 조우했고 이를 논한 그녀의 글[8]을 통해 청소노동자들의 파업이 새삼스레 대중에게 알려집니다. 밥 한 끼 먹고 가라는 청소노동자들의 청을 거절한 학생회장—비운동권을 대표하고, 학생들의 학습권을 요구하려고 했던—과 그것마저 애정 어린 눈으로 안타깝게 바라본 그녀의 글은 큰 반향을 일으켰습니다. 그녀의 사진과 글은 SNS(트위터)를 통해 급속도로 퍼지고 급기야 1월 11일 김여진은 MBC 라디오 「손석희의 시선집중」에 출연하기에 이릅니다. 이를 계기로 파업은 더욱 대중적으로 알려지고, 트위터에서는 폭발적인 반응이 일어납니다. 온라인, 오프라인 할 것 없이 김여진의 방문과 홍대의 상황은 삽시간에 전국으로 퍼졌죠. 트위터에서 얼마만큼 관심이 커져갔는가 하는 것은 실제 데이터를 통해서 볼 수 있습니다.

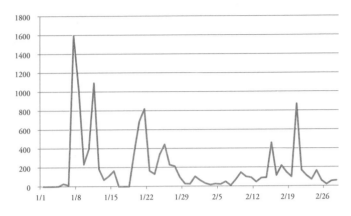

표 9-2. 트위터에서의 '김여진' 멘션 횟수

출처: TOPSY

표 9-2는 '김여진'이란 말이 1월과 2월 트위터에서 거론된 수(리트윗 포함)를 보여줍니다. 김여진이 사람들의 관심을 끌 만한 다른 어떠한 영화나 드라마 출연이 없던 당시 상황에서 그녀의 이름이 언급된 이유는 홍대 사태에 관한 것이 거의 전부라고 가정할 수 있습니다. 그런 면에서 '김여진'이 언급된 횟수는 홍대 사태에 대한 트위터 이용자들의 관심을 잴 수 있는 척도이죠.

1월 초 '김여진'은 트위터에 거의 등장하지 않습니다. 하지만 7일, 즉 김여진이 홍대 농성장을 방문한 날(1595회)과 그 다음날(1036회) 그녀의 이름은 집중적으로 트위터에서 거론되었습니다. 그녀가 라디오에 출연한 11일(1095회), 조선일보에 사태의 해결을 촉구하는 광고를 낸 21일(822회)에도 그녀의 이름은 눈에 띄게 언급되었습니다. 여기서 우리는 김여진이 얼마만큼 홍대 노조원들

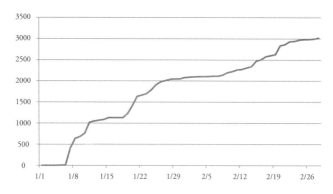

표 9-3. 트위터에서의 '김여진' 누적노출

출처: TOPSY

의 투쟁에 대한 사회적 관심을 증폭시켰는가를 실증적으로 볼 수 있죠.

이렇게 몇번 회자되고 관심이 사라졌느냐 하면 그것도 아닙니다. 시간이 가면 갈수록 '김여진'이란 단어는 점점 더 많은 사람들에게 전파되었습니다. 홍대 사태에 대한 관심이 점점 눈덩이처럼 커진 것이죠. 이는 표 9-3에서 실증적으로 알 수 있습니다. 표 9-3은 '김여진'이 얼마만큼 많은 사람들에게 퍼져갔는지 누적된 노출의 정도를 보여줍니다. 1월 6일까지 거의 노출되지 않았던 '김여진'은, 7일 누적노출이 6만회에 달하더니 바로 다음날 400만회에 이릅니다. 그러고 나선 가히 폭발적으로 누적노출이 늘어나죠. 그 수치가 11일에는 1000만, 27일에는 2000만, 2월 28일에는 3000만으로 올라갑니다. 그리고 그만큼 홍대의 상황에 대해 많은 사람들이 한번쯤은 보고 생각할 기회를 갖게 된 것입니다. 170명이라는 적은 수의 노조원들로서는 큰 도움이 아닐 수 없습니다.

이렇게 '김여진'이 관심을 끌 수 있었던 것은 그녀의 홍대 방문 이후 생긴 모임의 공이 컸습니다. 보도 등을 통해 김여진의 방문을 접한 사람들 중 일부가 무엇인가를 해야겠다는 심정을 공유했고, 이들이 자연스레 모이면서 한 조직이 탄생합니다. 바로 '날라리 외부세력'입니다. '즐기면서 연대하고 놀면서 기부하자'가 모토인 이들은 처음에는 김여진씨가 중심이었지만 점차 많은 이들이 참여했고 자발적이며 공개적인 정치 모임으로 발전했습니다.

"다 자발적이었어요. 하나에서 열까지. 전 왔다 갔다 하면서 소식을 전했죠. '전기장판 필요하답니다' 하면 전국각지에서 전기장판이 오는 거예요. '설 되어가니까, 놀까요?' 하면 '윷놀이하자' '떡국 먹자' '세배하자' 하는 거죠. 그래서 어떤 분은 한복까지 입고 와서 세배도 하고, 윷놀이해서 저희가 다 따버리고 그랬죠."[9] 이들은 기존의 투쟁조직이 갖고 있던 조직이나 지도자 대신 SNS라는 장을 통해 끊임없이 의견을 공유하고 토론을 거치면서 활동을 전개해나갔습니다.

이들의 활동을 간단히만 살펴보아도 투쟁이라는 거창한 이름이 어울리지 않음을 쉽게 알 수 있습니다. 찬 바닥에 얇은 자리를 깔고 있던 노동자들에게 장판을 제공한다든지, 바자회를 통한 기금 마련, 단체 김장 등 투쟁보다는 축제와도 같은 행사가 이어졌죠. "운동이라고 하기에도 놀이라고 하기에도 좀" 뭣한, 하면서 스스로 신나고 재미있는 활동을 계속했습니다.[10] 그중 대표적인 '우당

탕탕 바자회'는 농성에 금전적으로 도움을 주고, 대중들 사이에서 자연스럽게 놀면서 기부하는 문화가 형성되길 바라는 마음에서 개최하게 되었다고 합니다. 부담이 없으니 참가를 희망하는 사람이 일주일 만에 인터넷을 통해 130~140명으로 늘었습니다. 1월 22일 열린 바자회에는 다양한 사람들이 모였습니다. "타로점, 그림 치료, 직업 상담, 네일아트, 재무 상담 등 다양한 재능이 기부"되었고 "한쪽에서는 솜사탕 만들기, 벽돌 깨기, 사인하고 사진 찍기 등"도 진행되었습니다.[11] 1000여명이 넘는 사람들이 호응해 결국 770만 원을 모금할 수 있었습니다.

이러한 활동 준비와 기록 등은 끊임없이 트위터에서 논의되었습니다. 물론 이 모든 것들은 날라리 멤버들뿐 아니라 수많은 이들이 지켜보는 가운데 재생산되었던 것이죠. 김여진과 날라리들은 직접 수많은 사람들과 소통할 기제를 획득한 셈이었죠. 김여진은 "트위터라는 아주 좋은 도구가 생긴 거죠. 기자를 통하지 않고 제가 직접 제 말투로 얘기할 수 있는 게 달라졌죠."[12]라고 말합니다. 덕분에 깊은 공감대가 빠르게 퍼져나갔습니다.

이러한 과정은 더 많은 이들이 참여할 수 있는 기회를 제공했고, 참여는 하지 않더라도 많은 이들의 관심을 끌고 유지할 수 있었던 것입니다. 이렇게 증폭된 관심은 자연스레 신문 같은 기존 매체에도 보도가 되었고 더 큰 사회적 관심을 끌어냈습니다. 모든 기업이 그렇지만 특히나 홍익대 같은 고등교육기관처럼 이미지에 민감한 곳도 드물 것입니다. 이러한 부정적 관심은 치명적이지 않을 수 없었을 것입니다. 홍대 노조의 투쟁이 성공할 수 있었던 큰 요인이었죠.

즐거운 연대와 적은 비용의 소통

홍대 노동자들의 성공에서 우리는 '연대'와 '소통'을 배울 수 있습니다. 1990년대 학생운동의 실패 이유 중 하나는 바로 학생운동 세력의 고립일 것입니다. 외부세력과 연대를 하지 못한 것은 둘째 치고 학생들 사이에서도 지지를 얻는 데 고전을 했으니 운동세력으로서의 동력을 상실하게 된 것이죠. 어느 운동이나 연대는 중요합니다. 정치적인 지지(1987년 6월항쟁의 학생운동과 시민)를 얻거나 재정적 지원(영국에서 독립을 추구했던 아일랜드공화국군과 아일랜드계 미국 시민)을 이끌어낼 수도 있고 리더십(멕시코 사빠띠스따 민족해방군과 부사령관 마르꼬스)을 수혈받을 수도 있습니다.

연대에 성공하는 만큼 운동세력의 자체 비용이 감소할 수밖에 없습니다. 어떤 경우에는 동시에 운동의 효과가 배가될 수도 있습니다. 연대가 한 운동의 성공과 실패를 좌우할 수도 있죠. 그런 면에서 홍대 노동자들은 연대를 통해서 가장 절실한 지원을 받을 수 있었습니다. 바로 세상의 관심이었죠. 다른 노동자들뿐 아니라 평소에는 관심을 갖지 않았을 사람들로까지 연대의 외연을 넓힐 수 있었던 데에는 김여진과 날라리 외부세력의 역할이 결정적이었습니다.

여기에는 물론 이전에는 부족했던 소통의 도구—트위터나 그로 인한 언론의 자유—가 있었음이 결정적으로 중요합니다. 덕분에 소통에 비용이 거의 들지 않았습니다. 지금의 젊은이들이야 소통에 무슨 비용이냐 할 수도 있지만, 사실 이게 꽤 비용이 드는 것이죠. 예를 들어 1980년대에 운동하던 사람들은 등사기라는 것으로 전단지를 만들었습니다. 철필로 철판에 원본을 써서 하나하나 롤러에 잉크를 발라가며 종이에 복사를 했죠. 등사기, 종이, 잉크 등을 구입하고 보관·관리하는 것도 다 큰 비용이었습니다. 게다가 힘들게 만들어놓은 전단지를 뿌리는 것도 시간과 돈이 드는 큰일이었습니다. 게다가 사람이 많은 곳에 뿌려야 하지만, 그만큼 자신의 얼굴을 많은 사람들에게 노출시키게 되니 시간과 돈에 더불어 체포의 가능성이 추가되는 것이죠. 이 모든 것이 손바닥 안에서 순간적으로 해결되는 요즘과는 비교할 수 없이 많은 비용이 들었습니다. 소통에 드는 비용이 절감된 만큼 잠재적인 지지자와 연대할 수 있는 기회가 그만큼 자연히, 그리고 엄청나게 늘어난 것입니다.

김여진의 그룹 또한 예전의 그것과는 다른 점이 눈에 확 띕니다. 이미 살펴보았듯이 김여진과 날라리들 측에서의 연대가 어떤 지시나 질서에 의해서가 아니고 자연스레, 자발적으로 이루어진 것을 주목할 필요가 있습니다. 더불어 참여한 사람들만 누릴 수 있는 혜택이 강조되었던 것도 중요합니다. 바로 김여진이 계속 강조한 즐거움입니다. 그녀는 예전 학생운동을 할 때 슬프고 괴로웠다고 토로한 적이 있습니다. 날라리 운동은 이와는 반대로 참가자들에게 즐거움을 주었고 행복을 나누었습니다. 연대와 활동에서 즐거움을 찾은 것이죠. 사회적 연대와 노동자들의 처우개선이 공공의 혜택—사회 전반의 사람들이 누릴 수 있는—이라면, 참여함으로써 행복해지는 것은 참여한 이들만 누릴 수 있는 사적인 혜택이었죠. 대의를 위한 희생이 강조되던 예전의 조직과는 달리 사적인 혜택이 강조됨으로써 잠재적인 참여자들의 눈에 참여가 더욱 매력적으로 보였고, 이는 강제가 없는 자발적이고 적극적인 참여로 이어질 수 있는 힘이었습니다.

　비용의 측면도 있습니다. 아무리 자발적이고 즐거운 조직이라도 비용이 너무 크면 참여가 꺼려질 수밖에 없습니다. 하지만 이들은 모임 자체가 트위터를 바탕으로 했으니 애초에 커다란 결심이나 심각한 결의가 필요하지 않았습니다. 누구라도 쉽게 참여할 수 있고 쉽게 탈퇴할 수 있었죠. 권유·감시·회유 등의 압력도 없었던 만큼 부담이 없었고 그만큼 비용도 적을 수밖에 없었습니다. 비용이 너무 크다 싶으면 그만둘 수가 있었으니까요. 또한 활동 자체—바자회, 신문광고, 트윗·리트윗, 김장—도 합법적이고, 누군가와 물리적으로 충돌하는 성격의 것이 아니었습니다. 당연히 부상이나 체포의 가능성이 거의 없고 그만큼 걱정되는 비용을 극소화할 수 있었습니다. 이처럼 이들은 비용은 줄이고 혜택은 늘림으로써 높은 수준의 정치참여를 이끌어낼 수 있었습니다. 이후 비슷한 방식으로 민중의 정치참여를 이끌어낸 예로는 제주도 강정마을의 해군기지 반대운동을 들 수 있을 것입니다. 승패의 여부는(2014년 초 현재) 아직 불분명하고 상대가 국가안보라는 대의를 업은 국가기관이라, 홍대의 경우와 다른 점은 많습니다. 덕택에 공권력의 육체적 위협과 체포·구금 등 정치참여의 비용도 상당히 크죠. 하지만 거꾸로 보면 이러한 어려움에도 불구하고 연대의 외연이 사회 각계로 퍼져나간 것과 이들의 지속적인 지지가 계속되는 것을 보면 이것만으로도 놀라운 성공이라고 할 것입니다. 그리고 그런 만큼 희망을 엿보게 하는 것이죠.

천안함 논란의 정치적 이용[13]

이번에는 앞의 예보다는 좀더 광범위한 정치의 예를 생각해보겠습니다. 바로 천안함사건입니다. 천안함사건은 곧 진실 공방이 뒤따랐고 그 공방은 다름아닌 치열한 정치적 대립이었습니다. 정부는 정부의 이론을 사실로 규정했고 이를 의심하는 이들은 정부의 주장을 반박하며 권위에 도전했습니다. 하지만 싸움이 힘들었던 만큼 민중들의 역량이 돋보인 좋은 예라고 할 수 있습니다.

천안함이 침몰한 것은 2010년 3월 26일, 한국은 커다란 충격에 빠집니다. 침몰지점도 북한과의 긴장이 항상 끊이지 않는 백령도 근방이어서 그 충격이 더했습니다. 자연스레 북한의 소행으로 의심하는 눈길이 많았죠. 하지만 시신을 수습하고 선체를 인양하는 데 많은 시간을 보냈습니다. 4월 15일에 함미를 인양하고 함수는 24일 인양되었습니다.[14] 2010년 5월 20일 민군합동조사단은 천안함 침몰이 북한의 소행이라고 주장하는 보고서를 발표했고 이로부터 나흘 뒤 이명박 대통령은 북한을 규탄하는 담화문을 발표했습니다. 서울 용산 전쟁기념관 호국추모실에서 생중계된 이 발표에서 이대통령은 "천안함은 북한의 기습적인 어뢰 공격에 의해 침몰되었습니다. 또 북한이었습니다"라며 말문을 연 뒤 "천안함 침몰은 '대한민국을 공격한 북한의 군사도발'"이라고 규정했습니다.[15] 이 담화문은 애국의 물결을 조장하는 정부 주도의 다양한 시도 중 하나였죠. KBS는 갖가지 추모방송을 내보낸 것에 이어 주말에는 장장 13시간에 걸친 천안함 추모·모금 생방송을 편성했습니다. 덩달아 이대통령은 '강한 군대'를 강조했습니다.[16] 정부의 애국 드라이브는 대규모 북한규탄대회로 이어졌습니다. 대통령의 담화 발표 직후인 5월 26일 오후 대한민국상이군경회, 대한민국전몰군경유족회, 대한민국전몰군경미망인회, 재일학도의용군동지회 등 보훈단체 회원과 시민 등 5000여명이 참여한 가운데 여의도에서 대북규탄대회가 열렸고[17] 27일에는 서울광장에 2만여명이 모인 가운데 애국단체총연합회 등 보수단체 주최로 '천안함 전사자 추모 및 북한 응징 결의 국민대회'가 열렸습니다.[18]

이러한 일련의 흐름은 시민들이 정부의 발표를 받아들일 수밖에 없는 상황을 초래하는 듯했습니다. 과거의 비슷한 경우, 정부의 발표는 기정사실이 되기 일쑤였죠. 혹 의심이 간다고 해도 정부의 주장을 뒤집을 만한 정보를 갖고 있는 단체가 드물었거나, 있더라도 일반 시민들과 소통하는 역량이 모자랐기 때문입니다. 정부와 민중의 정보 불균형은 늘 있었지만, 안보 분야의 경우 이 불균형은 특히 심했습니다. 정보라는 것이 군(軍)에 있고, 군이라는 조직이 워낙에 비밀이 많은 탓입니다. 게다가 안보가 반공과 동일시되는 한국의 정치적 외연 탓에 안보 논란은 민중들로서는 늘 움츠러드는 주제였습니다. 해방 후 혼란과 한국전쟁으로 이어지는 역사적 경험을 비롯해 북한과의 여러차례 충돌, 수많은 간첩사건들은 늘 북의 위협과 생존의 걱정을 가져왔죠. 그런 공포의 내재화를 통해 이득을 본 정부는 공포를 유지하고 극대화하는 데 여념이 없었습니다. 다른 목소리를 내는 사람들은 정부의 의심을 사기가 일쑤였습니다. 그러니 안보의 논의에 민의 참여가 소극적일 수밖에 없었죠. 이는 민주화가 된 후에도 크게 달라지지 않았습니다. 그러니 천안함사건에서도 이러한 전철을 밟으리라 예상했습니다.

그러나 천안함사건은 달랐습니다. 정부의 주장이 잘 먹히지 않은 것이죠. 북한을 비난한 사람들도 많았지만 정부의 주장을 못 믿는 사람도 그만큼 많았습니다. 정부 발표의 신뢰도를 측정한 한 여론조사에 따르면 침몰이 일어난 2010년에는 정부 발표에 대해 "전적으로 신뢰한다" 또는 "신뢰하는 편이다"라고 응답한 사람이 32.4퍼센트였습니다. 반면 "전혀 신뢰하지 않는다" 또는 "신뢰하지 않는 편이다"라고 응답한 사람이 무려 35.8퍼센트에 이르는 것으로 나타났습니다. 치열했던 정부의 안보공세—흔히 북풍이라 불리는——에 비해 참 안쓰러운 수치가 아닐 수 없습니다.

게다가 더 큰 문제는 시간이 가도 정부 발표에 대한 불신이 사그라들지 않았다는 것입니다. 2011년 조사에서도 그 불신은 똑같이 (신뢰 31.8% 대 불신 35.1%) 나타났던 것이죠.[19] 이 여론조사는 사실 아주 흥미로운 것입니다. 왜냐하면 2010년 11월 북한의 연평도 포격이 있었기 때문입니다. 즉 이 결과는 대중의 불신이 연평도사건에도 불구하고 지속되었다는 것을 보여주는 것입니다. 연평도사건은 북한의 포격으로 사상자까지 발생할 정도로 엄중한 상황이었으니 안보에 대한 관심이 크게 고조되었고 그만큼 천안함에 대한 의혹도 정부의 주장에 따라 사그라들 법했습니다. 그럼에도 불구하고 정부의 안보공세가 대중에게 먹히지 않은 것이죠.

정부 설명에 대한 의구심은 놀랍게도 천안함사건을 통해 안보정국을 꾸려 지방선거를 이기려던 정부·여당의 바람이 결국 수포로 돌아가는 결과까지 가져왔습니다. 정부의 천안함사건 조사 결과 발표 며칠 후에 치러진 광역자치단체장 선거에서는 민주당이 7곳, 한나라당이 6곳, 자유선진당이 1곳, 무소속이 2곳에서 승리하였죠. 한나라당은 전통적 텃밭이던 강원도와 경상남도에서, 늘 경합을 벌이던 충청권에서도 패하였습니다. 기초자치단체장 선거, 교육감 선거에서도 사정은 비슷했습니다. 정부 여당의 바람과 달리 안보정국이 선거에 도움이 되지 않았죠. 북풍이 먹히지 않은, 뜻밖의 결과였습니다.

한 연구는 북풍이 먹히지 않은 것뿐 아니라 오히려 역풍이 되어 한나라당(현 새누리당)에 짐이 되었다고 지적했습니다.[20] 이 연구에 따르면 많은 사람들(69.3%)은 천안함사건의 뒤에 어떤 정치적 의도가 있다고 보았습니다. 이러한 의심을 민주당 지지자의 거의 대부분(90.3%)이 갖고 있었던 것은 그리 놀랍지 않습니다. 하지만 한나라당 지지자의 거의 절반(41.2%)도 마찬가지 생각을 하고 있었던 것은 놀라운 것이죠. 그리고 한나라당이 원했던 대로, 투표에 천안함사건을 고려한 사람은 여야 모두 절반이 되지 않았습니다(각각 40.1%, 48.2%). 고려를 했다고 하더라도 천안함사건으로 지지후보를 바꾸지 않은 사람이 대부분(70%)이고 바꾼 사람도 여당에서 야당으로 바꾼 사람(12.7%)이 그 반대(2.4%)보다 압도적으로 많았던 것을 보면, 천안함발 북풍은 그리 거세지도 않았고 그 바람을 맞은 것은 오히려 여당이었던 것이죠.

이렇게 보면 천안함발 북풍의 창대한 시작과 미비한 끝은 참 놀라운 것입니다. 전통적으로 정부가 주도하는 안보 논의에, 그것도 46명의 생명을 앗아간 사태였습니다. 북풍을 불기에 더이상 바랄 나위 없는 상황이었죠. 그런데 이런 호조건에도 불구하고 정부의 안보공세가 먹히지 않았습니다. 왜일까요? 여러 이유가 있겠지만 우리가 주목해야 할 것은 바로 민의 정치력 향상입니다. 민중의 정치력이 향상된 만큼 정부의 정치력은 상대적으로 위축될 수밖에 없고, 결과적으로 정부가 하고 싶은 대로 일이 잘 안 풀리는 경우가 생기는 것입니다. 바로 이 천안함사건에서처럼 말이죠.

시민단체와 언론의 힘

천안함사건에서 두드러진 정치활동을 보인 것은 국내외의 연구자들과 시민단체들이었습니다. 이들은 정부 발표의 허구성을 조목조목 따짐으로써, 민중들의 전문지식의 공백을 메워주었고 결과적으로 북풍을 잠재우는 데 큰 공을 세웠습니다. 대표적인 예로 참여연대의 활동을 꼽을 수 있습니다. 천안함 침몰로 어수선한 정국에서 참여연대는 NGO 중 처음으로 군의 수사방식이 폐쇄적이라는 공식논평을 시작으로 정부 대응의 문제점을 조목조목 따졌습니다.[21] 국방부가 침몰시간조차 제대로 파악하지도 못했음을 지적했고,[22] 수중 버블제트에 의한 폭발이 타당한지, 어뢰에 의한 공격인지, 북한의 어뢰인지, 북한에 연어급 잠수정이 실재하는지, 그렇다면 침투가 가능한지 하는 중요한 의문을 차근차근 제기했습니다.[23] 결과적으로 참여연대는 정부의 설명, 즉 북한의 잠수정이 침투하여 어뢰를 쏘았고 어뢰의 폭발이 버블제트라는 효과를 일으켜 천안함을 두동강 냈다는 것을 전면적으로 의심할 수 있는 구체적 근거를 제공했던 것이죠.

참여연대는 한걸음 더 나아가 논쟁의 공론화를 도모했습니다. 각종 토론회나 간담회를 주최하여 대중들의 관심을 유도했죠.[24] 침몰 직후에 참여연대는 바로 두차례의 토론회를 개최했고, 5월 정부의 공식발표가 있자 재차 토론회를 열어 문제점을 지적했습니다.

또한 침몰 1주년에도 토론회를 열어 아직까지 논란이 되는 점들을 논의했죠. 또한 민주사회를 위한 변호사모임과 함께 정보공개청구를 제기하고, 이 청구가 거부되자 시민 1160명을 대신해 '천안함 관련 정보공개거부처분의 취소'를 요구하는 행정소송을 제기하기도 했습니다. 이렇게 참여연대는 정부의 성역이었던 안보 영역에 끊임없이 문제를 제기함으로써 일반 민중들의 이해를 돕고 문제의식을 공유할 수 있도록 도왔습니다.

참여연대의 활동은 국내에만 머무르지 않았습니다. 참여연대는 천안함 침몰 직후 국제사회가 한국 정부의 발표에만 전적으로 의지하고 있을 때 정부 설명에 대한 의문점을 담은 서신을 유엔 안전보장이사회 회원국들에 전했죠.[25] 이 편지는 국내의 논의를 국제사회에 알리는 데 큰 공헌을 했지만 국내에서의 반응이 오히려 더 뜨거웠습니다. 정운찬 당시 국무총리를 비롯한 정부관계자, 라이트 코리아 등 보수단체 회원들은 참여연대를 비난하고 대규모 시위를 벌였습니다. 참여연대 건물 앞 좁은 길을 꽉 메운 보수단체들의 시위가 며칠이고 지속되었습니다. 참여연대 관련자들에게 협박이 가해졌고, 항의 전화가 폭주해 통상적인 업무가 마비될 지경이었다죠. 하지만 역설적이게도 이러한 사태는 많은 이들로 하여금 참여연대의 주장이 무엇인지 관심을 갖게 하는 계기가 되었고 또 실제로 참여연대의 후원자가 크게 늘었습니다.

천안함사건을 통해서 정치적 성장을 보여준 시민사회의 한 축은 언론매체라고 할 것입니다. 민주화를 통해, 특히나 김대중과 노무현으로 이어지는 10년에 걸친 민주정부 기간 동안 한국의 언론은 질적으로, 양적으로 눈에 띄는 성장을 하였고 이를 통해 정치적 영향력 또한 성장했습니다. 물론 이러한 정치적 성장이 순조로운 것만은 아니었습니다. 이후 정부는 언론에 정치적 공세를 계속했습니다. 친정부인사를 통한 언론사 장악과 징계와 해직을 통한 언론인에 대한 압력은 계속되었습니다. 결과적으로 언론의 정부 견제 능력이 줄어들었습니다. 언론의 영향력은 이명박정부의 집요한 노력에도 천안함사건에 관련된 의문을 날카롭게 보도함으로써 그 빛을 발했죠. 보수언론은 정부보다 앞서 폭침설을 주도했지만, 일부는 정부 압력으로부터 상당한 정도의 독자성을 유지했습니다.

이런 언론의 천안함 보도 중 가장 눈에 띄는 것은 아마도 2010년 11월 방영된 KBS 「추적60분」 '의문의 천안함, 논쟁은 끝났나?' 편일 것입니다. 그 프로그램에서는 자체 실험과 분석을 토대로 어뢰 폭발이라면 남아 있어야 할 산화물이 보이지 않는다는 것, 폭발로 생긴 물기둥을 본 사람이 없다는 것 등의 의문을 제기했습니다. 이러한 의문이 사람들의 입이나 인터넷에서 오가는 것과 공중파에서 버젓이 보도되는 것은 그 여파에서 차원이 달랐습니다. 방송이 나가자 말 그대로 폭발적인 반응이 뒤따랐습니다. 시청자들의 논의가 인터넷을 달구었고 담당PD는 수많은 인터뷰의 대상이 되었죠. 정부 발표에 커다란 구멍을 내는 한방의 어뢰와도 같았습니다. 하지만 이 방송이 나오기까지는 결코 쉽지 않았습니다. 방송 제작과정에 지속적인 간섭이 있었고 심지어는 완성된 프로그램의 방송을 막기 위해 BBC 다큐 등이 이중 편성되는 등 마지막 순간까지 불방의 가능성이 있었죠.[26] 제작진의 결연한 의지가 없었더라면 방송은 물 건너갔을 겁니다. 게다가 방송이 나간 후 방송통신위원회에서는 의문을 제기한 보도를 "불명확한 내용을 방송"했다는 이유로 '경고'라는 중징계를 내리는 등, 제작진이 치러야 했던 댓가는 아주 컸습니다.[27] 정부 쪽 입장에서 보면 그만큼 막고 싶었던, 정치적으로 중요한 방송이었던 것이죠. 놀라운 것은 정부발 북풍과 방송사 고위층의 압력 등으로 취재와 방송이 쉽지 않은 와중에도 정부의 발표를 비판적으로 점검하는 공중파 방송이 간간이 눈에 띄었다는 것입니다. 예를 들어 MBC 「시사매거진 2580」 '풀리지 않는 의문' 편도 그런 맥락에서 중요한 보도였습니다.

신문 또한 정부의 북풍공세, 정보의 제약, 반공애국의 사회적 분위기 속에서 심도 깊은 정보를 제공함으로써 정치적 공세의 칼날을 무디게 했죠. 그중 가장 눈에 띄었던 것은 온라인 미디어 『프레시안』이라고 할 수 있습니다. 재미(在美)학자 이승헌, 서재정 교수 등의 연구 결과를 지속적으로 보도함으로써 막연한 의구심만 갖고 있던 대중들이 좀더 구체적이고 과학적인 접근을 하는 데 큰 기여를 했죠. 이러한 보도는 천안함사건의 전개에 아주 중요한 역할을 했습니다. 천안함사건의 특수성 중 하나는 정부 발표가 대중이 이해하기 어려운 과학적 지식과 용어로 가득 차 있었다는 것이었죠. 그러다보니 정부 발표에 회의적인 사람들도 반론을 제기하기 힘들수밖에 없었습니다. 하지만 정부 발표를 데이터와 과학적 근거로

따지는 과학자들의 노력을 보도함으로써 『프레시안』은 독자들로
하여금 정부가 내세운 과학의 가면을 벗길 수 있게 도왔습니다.[28]
'흡착물' 의혹, 어뢰 폭발의 유무 등 전문적인 지식이 없으면 생각
하기 힘든 점을 알기 쉽게 소개함으로써 정부의 일방적인 설명에
대중이 질문을 던질 수 있게 만든 것이죠.

정치의 전문화

참여연대 같은 시민단체나 언론 종사자의 정부의 권위에 대한
도전은, 그것이 이들의 직업이라는 점에서 예전의 정치참여와 다
르다 할 것입니다. 1990년대를 통해 한국사회는 시민사회의 급격
한 성장을 목격했는데, 이 성장의 큰 줄기는 바로 정치의 직업화였
습니다. 80년대 학생운동가들이나 재야지도자들이 운동에 전념할
수밖에 없었던 것과는 달리 그후 제도적 민주체제의 발전은 정치
의 전문화를 가능케 했습니다. 즉 운동가들이 조직을 갖고, 정치활
동을 직업으로 삼을 수 있게 된 것이죠. 정치활동을 주업으로 하지
않더라도 각자의 영역에서 정치적으로 목소리를 내는 일이 수월해
졌고 그 목소리 또한 무시할 수 없어졌습니다. 특히 기자 같은 전
문가들은 의식적인 정치행위가 아니더라도 직업에 충실함으로써
정부의 힘에 맞서는, 의도치 않은 정치행위를 할 수 있게 되었습니
다. 이러한 발전은 비용을 크게 줄임으로써 정치참여의 딜레마를

푸는 데 많은 도움을 주었습니다. 이들의 정치활동 또한 예전의 그것과는 달리 법적 테두리 안에서, 자신들의 통상적인 업무 안에서 이루어진 것이기에 정치참여에 드는 비용과 예상되는 위험을 상대적으로 줄임으로써 정치참여의 딜레마를 완화시켰다고 볼 수 있습니다.

천안함의 예를 얼핏 보면 다른 정치행위와 많이 달라 보일 수 있습니다. 김여진의 예에서처럼 특정 조직이 있는 것도 아니고 뚜렷한 목표와 그를 위한 구체적인 계획이 있는 것 같지도 않기 때문입니다. 하지만 천안함사건을 북풍으로 규정하고 이를 국민에게 납득시키고자 했던 정부의 노력이 정치적인만큼, 이 사태를 논의하고 정부의 발표를 검토함으로써 북풍공작을 차단한 이들의 노력 또한 치열하게 정치적인 것입니다. 친미반공 사상공세를 하는 목사들의 행위가 정치적이지만 우리가 쉽게 인식하지 못하는 것처럼, NGO와 언론 행위가 갖는 대중정치의 의미를 우리가 간과하는 것일 뿐이죠.

정부라는 거대한 힘이 밀어붙이는 스토리는 그것이 반공의 노래건, 용비어천가이건, 국민교육헌장이건 민중의 사고에 커다란 영향을 미칠 수밖에 없고, 그래서 정치적일 수밖에 없습니다. 이 정치적인 노력이 얼마나 성공적이냐는 여러가지 요소에 달려 있습니다. 그중 하나는 바로 듣는 사람들의 정치적 역량입니다. 민중이 얼마만큼 정치적으로 성숙해 있는가는 아주 중요하죠. 그 성숙도의 직접적인 잣대는 바로 정치참여, 즉 정부의 정치행위에 대응하는 민중의 정치적 대응입니다. 그 대응이 몇몇 지도자에 의해 특정한 사상이나 목적을 갖고 나올 수도 있습니다. 그리고 실제로 80년대를 기억해보면 그러한 정치투쟁은 성공적이었습니다. 하지만 천안함사건에서 보듯 이제는 그 싸움이 정치의 전문화를 통해 일어나는 셈입니다.

정치참여는 진화해야 한다

이렇게 보면 민의 정치참여는 형태가 달라졌을 뿐, 그 중요성이 줄어든 것은 결코 아닙니다. 민중의 정치참여는 민주체제하에서도 여전히 절실합니다. 민주체제라도 민중이 잠시만 고개를 돌리면 민주의 정의가 손가락 사이를 빠져나가는 모래처럼 줄어드니까요. 정치지도자들은 태생적으로 그 권력을 늘리고 싶어합니다. 민주체제는 그 욕망을 법과 제도로 억누르는 것입니다. 하지만 법과 제도를 만들고 관리하는 이가 바로 그 정치지도자들인 이상 민의 감시와 정치적 역량 없이는 법과 제도라는 것도 허수아비에 불과해지는 것은 시간문제입니다. 러시아를 보십시오. 1990년대 혁명적인 정치변혁으로 얻어진 민주체제가 어렵게 시작했지만 2000년대 들어 국민들의 무관심 속에서 도태된 지 오래입니다.

오늘날 민의 정치참여는 독재자라는 명백한 적(敵)이 있었던 옛날의 그것과는 그 성격과 방향이 다를 수밖에 없습니다. 다양한 목소리와 각자 다른 수많은 목표가 있습니다. 이렇게 분화된 사회지만 여전히 힘을 모을 필요가 있는 것은 어쩌면 아이러니일 수도 있지만 오늘날에도 여전히 연대는 필요합니다. 급격히 늘어난 사회의 다양성을 예전처럼 몇몇 지도자가 아우르는 것은 쉽지도, 바람직하지도 않을 테니까요. 그런 점에서 김여진과 날라리 외부세력은 오늘날 우리가 어떻게 연대하고 어떻게 소통해야 하는가에 관하여 시사하는 바가 크다고 하겠습니다. 이들은 달라진 시대에 맞는 민중의 정치참여의 좋은 예를 보여주었습니다. 또한 천안함사건을 보면 사회적 공공재, 즉 NGO나 언론의 중요성이 크다는 것도 확인했습니다. 이들의 소통과, 대중과의 호흡이 중요한 것이죠.

다윈의 이론에 따르면 주변 상황에 가장 적합한 종자가 살아남을 수밖에 없습니다. 민주체제의 도입을 위해 목숨을 걸고 눈에 보이는 적과 싸우던 시대가 일단은 마침표를 찍은 상황에서 그 시대에 맞게 진화했던 대중의 정치참여 모델이 또다시 진화해야 하는 것은 그런 면에서 당위인지 모릅니다.

10장

깨어 있는 시민의
조직된 힘을 위하여

정치는 투쟁

정치는 끊임없는 투쟁입니다. 이 말에는 두가지 의미가 들어 있습니다. 첫번째, 정치는 투쟁이라는 것입니다. 사람 사는 세상에서는 싸움이 없을 수 없습니다. 서로가 다른 생각을 갖고 있고 내 것이 더 소중하고 내가 이기고 싶죠. 하지만 폭력적으로 싸우는 것은 사회적 환경을 파괴하는 길이므로 정치로 대신하는 것입니다. 즉 총칼을 들고 싸우지 말라고 하는 것이 정치입니다. 한국이 정치싸움이 너무 심하다고 느낄 수 있지만, 사실 세계 어디나 정치싸움은 일상적입니다. 물론 의회에서의 몸싸움은 그렇게 흔한 것은 아니지만요. 우리는 뉴스에서 정치투쟁을 흔히 봅니다. 무슨 의원이 고함을 지르고, 무슨 법안이 통과가 됐다. 누가 경영권을 승계받고, 누가 감세를 받고, 누구의 규제는 풀렸다. 누구는 국가에 땅을 뺏기고 누구는 직장에서 쫓겨났다…… 이 모두 치열한 정치투쟁입니다. 두개 이상의 세력이 자신의 이익을 위해 싸우는 것이죠. 당연히 승자가 있고 패자가 있습니다. 당장 법안 하나를 갖고 싸우기도 하고 나라의 큰 흐름을 두고 이념적 투쟁을 벌이기도 합니다.

어떤 싸움은 눈에 잘 띄기도 하지만, 어떤 싸움은 잘 보이지 않기도 합니다. 박근혜 대통령 취임 초기 어느날(2013.2.25)의 신문을 펼쳐보죠. 박근혜 대통령의 취임식이 있은 지 며칠밖에 지나지 않아 아직 취임식에 관한 기사들이 눈에 띕니다. 박대통령은 취임연설에서 '제2의 한강의 기적'을 역설했습니다.[1] 일단 경제성장에 중점을 두는 것입니다. 복지에 대한 언급이 있었지만 노동이라는 말이 아예 쓰이지 않은 것을 보면 그녀의 경제정책은 지난 정부들의 그것과 그렇게 다르지 않으리라는 것을 짐작할 수 있습니다. 대통령이 노동계급의 편에 서지 않을 것은 쉽게 예측할 수 있죠. 이 예측은 불행히도 정확히 들어맞았습니다. 박근혜 정부는 민영화를 추진한다는 철도노조의 의심을 대화를 통해서 해결하기를 거부한 채 정부정책을 밀어붙였고 이는 철도노조 사상 최장의 파업으로 이어졌습니다. 12월 9일 파업이 시작되자 동시에 코레일 김명환 노조위원장 등 194명은 업무방해 등의 혐의로 고소되었고 파업에 참여한 4213명 전원이 직위해제되었습니다. 12월 16일 박근혜 대통령은 수석비서관회의에서 "철도파업, 국민경제 피해 주는 명분 없는 일"이라고 언급함으로써 정부의 강경드라이브를 재촉했고 결국 22일 노조 집행부를 검거하기 위해 전례없이 민주노총 사무실에 난입했습니다. 이는 이번 선거가 자본계급의 정치적 승리인 것을 보여줍니다. 나라의 흐름을 규정하는 커다란 싸움에서 또 한번 승패가 갈리는 모습이었다고 할 수 있습니다. 이날 미국의 『뉴욕타임즈』에는 인도 한 지역의 아동노동이 1면에 대문짝만 하게 났습니다.[2] 이 기사에서는 어린 청소년들이 노동을, 그것도 광산에서 별다른 보호장비도 없이 하루 종일 일하는 것으로 밝혀졌습니다. 단순히 인권문제로 보일 수도 있지만 가만히 보면 이는 인권을 지키고자 하는 지역 인권운동가들, 교육관련자들과 광산업자 및 이들을 보호하는 공권력의 정치투쟁임을 알 수 있습니다.

이렇듯 정치는 투쟁이자 싸움입니다. 매일 웃고 화목하다면 정치는 사실 필요가 없죠. 물론 그런 사회는 없습니다. 그러니 정쟁을 벌이는 정치인을 보며 혀를 차는 것이나, 시위나 파업을 하는 이들을 보며 눈을 흘기는 것은 사실 바람직한 반응이 아닐 수 있습니다. 싸움을 하지 말라고 하는 것은 싸움이 필요없는 쪽—보통 강자—편을 드는 셈이고, 그 싸움을 억제해서 더 큰 또는 폭력적인 싸움을 부르는 꼴이 될 수도 있으니까요. 대신 우리는 이 싸움이 어떤 싸움인가 궁금해해야 합니다. 누가, 왜, 무엇을 위해서 싸우는가? 나의 이익은 어떤 것이고 누가 내 이익을 위해서 싸우는가? 아무도 내 이익과 권리를 위해서 싸워주지 않는다면 왜 그런 것일까?

내가 이 싸움을 위해서 무엇을 어떻게 할 수 있을까? 이런 고민을 해볼 필요가 있습니다.

정치는 상수

정치는 끊임없는 투쟁이라는 말의 두번째 의미는 정치는 항시적인 현상이라는 것이죠. 당장 오늘부터 지난 일주일의 신문을 훑어보세요. 언제 정치면이 빈칸인 적이 있었나요? 게다가 우리 주변에서 언론에 보도되지 않는 수많은 싸움도 생각해보면 정말 정치투쟁이 늘 벌어지고 있다는 것을 알 수 있습니다. 심각하고 오래된 정치투쟁이지만 언론에 보도가 잘 되지 않는 예로는 제주도 해군기지 문제일 것입니다. 2007년 강정이 해군기지로 선정된 후 이를 추진하는 정부와 건설을 반대하는 주민들, 환경운동가 등 각종 시민운동가들의 끊임없는 투쟁이 벌어지고 있습니다. 기지 선정과정에서 주민들의 의견이 반영되지 않았고 구럼비 등 자연의 파괴, 중국과의 긴장 고조 등을 이유로 해군기지 건설을 반대하는 것이죠. 크고 작은 시위가 끊어지지 않고 있습니다. 부상·체포·단식이 계속 이어지고 있지만 기존의 대형 뉴스매체에서는 관심 밖의 일입니다. 자연히 이 투쟁의 정치적 중요성에 비해 일반 대중의 관심도 상대적으로 너무나도 작죠. 대기업 규제를 둘러싼 재벌기업, 정부, 소비자보호단체 간의 계속되는 긴장, 비정규직노동자들의 처우에 관한 당사자들과 정규직노동자들, 기업, 정부 간의 끊임없는 마찰, 개발을 위해 자연을 파괴하고자 하는 이들과 이를 지키고자 하는 이들 간의 싸움, 이렇게 정치적 투쟁은 끝이 없습니다.

정치투쟁은 끊임없지만 대부분 나와는 무관한 듯 보이기 쉽습니다. 내가 노동자이고 노동자계급의 정치적 목소리가 갈수록 위축되어도 당장 내게 큰 피해만 없다면 노동자계급의 정치투쟁은 큰 관심을 끌지 못합니다. 서울에 사는 사람에게 4대강사업은 그냥 뉴스로만 보일 수 있습니다. 강에서 공사가 진행되는 것을 본 적도 없거니와, 뭐가 무너지는 것을 겪어본 적도 없으니까요. 설사 문제가 있는 것 같아도 내 월급봉투에는 변화가 눈에 띄지 않습니다. 제주도에 해군기지가 생겨도 사실 내 일상과는 무관하죠. 그러니 아동인권문제, 하물며 인도의 아동인권문제는 나와는 너무나 무관한 문제로 보입니다.

하지만 정치의 문제는 우리를 지속적으로 지배하고 있습니다. 내 직장과 상관없어 보이는 노동문제도 나와 밀접한 상관이 있죠. 한 대기업이 자기 직원들을 함부로 대할 수 있게 되면 이는 그 기업의 일로 끝나지 않습니다. 사회 전반의 고용정책과 맞물려 나의 고용에도 영향을 미치게 됩니다. 자연 파괴를 용인하는 사회는 내가 사는 이곳의 풀과 공기도 파괴할 준비가 되어 있는 셈입니다. 내가 영향을 받는 것은 시간문제입니다. 정말 상관없어 보이는 인도의 인권문제도 마찬가지입니다. 인도의 인권에 아무 관심이 없는 사회는 그 사회의 인권에도 관심이 없는 것과 같습니다. 인권이라는 것이 사람이기 때문에 갖는 권리이기 때문입니다. 인도 사람이건 한국 사람이건 말이죠. 사람들이 인권에 관심이 없다는 것은 그 사회에 인권 침해가 많다는 반증이죠. 여성, 동성애자, 양심적 병역거부자, 사형수 등. 사람이라면, 사람이기에 누구나 누려야 할 권리, 즉 인권을 빼앗긴 사람들이 힘든 싸움을 하고 있는 한국의 모습입니다. 이 무관심은 당신에게 족쇄가 될 것입니다. 아니, 이미 족쇄가 되었는지도 모르죠.

정치투쟁과 민주체제

정치가 끊임없는 투쟁이지만 민주체제하에서 대중들이 정치에 실질적인 관심을 보이고 행동을 고려하는 것은 보통 선거가 가까워지면서부터입니다. 그도 그럴 것이 그때가 돼서야 갑자기 정치지도자들이 우리의 삶에 가까워지는 듯하니까요. 몇년 동안 코빼기도 안 보이던 정치인들이 갑자기 시장에, 길거리에 보이기 시작합니다. 고개를 숙이고 악수를 청합니다. 한표를 간절히 바라며 커다란 웃음과 믿음직스러운 눈빛을 날립니다. 내 한표가 조국과 민족의 미래를 좌우할 듯 치켜세웁니다. 새삼 내가 이 나라의 국민이구나 싶고 민주주의의 주인이라고 느껴집니다. 게다가 2012년 대통령선거처럼 치열하고 뜨거운 선거전이 치러지면 그 생각은 더욱 커지죠. 민주체제의 핵심이 선거를 통한 대중들의 정치참여인 이상 이러한 느낌이 틀린 것은 아닙니다. 하지만 정치의 모습을 온전히 보는 것도 아닙니다.

선거를 중심으로만 정치를 대하는 것은 대중정치가 선거로 축소될 소지가 있습니다. 선거 때만 정치가 눈에 보이고, 선거 때만 투표를 통해 행동하기 쉽죠. 그렇다면 정치의 마당에서 다양한 싸움이 항시 벌어지고 있는 상황에서 선거 때 몇주만, 그것도 아주 작고 수동적으로만 참여하는 셈입니다. 그러므로 자연히 대부분의 시간 동안, 대부분의 경우에 정치투쟁에서 빠져 있거나 소외되어 있는 것이죠. 문제는 내가 참여하지 않고 관심을 보이지 않는다고 해서 정치투쟁이 나에게 영향을 주는 것이 멈추지는 않다는 것입니다. 거꾸로 정치투쟁은 내가 관심을 보이건 보이지 않건, 내가 참여를 하건 하지 않건 직접적이고 커다란 영향을 항시 미치고 있습니다. 나의 무관심은 나의 정치적 패배로 연결되는 것입니다. 치열하게 정치투쟁에 관여하고 그 판에서 정치권력을 갖고 있는 사람들은 내 무관심의 크기만큼 쉽게, 큰 저항 없이 자신의 승리를 챙기고 있다고 할 수 있습니다.

다수는 정치에 무관심하기 십상이죠. 다수이다보니 이익도 다양하고 조직하기도 거의 불가능합니다. 민주체제가 다수의 지배라지만 실제로는 이와 상관없이 소수가 다수를 정치적으로 압도하는 이유입니다. 대기업들은 자신을 이익을 위해서 생사를 걸다시피 하며 노조를 약화시킵니다. 기업들은 소비자의 안전에 최소한만 돈을 쓰고자 하죠. 극단적인 국가주의자들은 나라 전체를 볼모로 잡습니다. 잠시만 돌아봐도 다수가 정치투쟁을 이기는 것은 그리 흔한 것이 아님을 알 수 있습니다. 선거 중심의 정치와 이로 인한 민의 정치적 소외가 낳은 결과라 할 수 있습니다.

물론 선거 그 자체에도 문제가 많습니다. 선거가 자주 있지 않은 것도 문제입니다. 국회의원은 한번 당선되면 다음 선거까지 4년 동안 사실상 아무런 간섭을 받지 않고 권력을 누립니다. 대통령은 그 시간이 무려 5년이나 됩니다. 사실 한국의 대통령은 단임제인 관계로 당선되는 그 순간부터 민의 통제에서 자유로워지는 셈이죠. 재선 걱정이 없으니까요. 이명박 대통령은 미국산 쇠고기 수입 결정을 시작으로 4대강, 공기업 민영화에 이르기까지 수많은 실정(失政)을 거듭해서 국민의 저항에 부딪혔지만 눈 하나 깜짝하지 않았습니다. 오히려 임기 내내 국민의 지지를 확신했고 퇴임을 앞둔 자평(自評)은 그야말로 아연실색할 만큼 국민 정서와 동떨어진 것이었습니다. "대한민국은 세계의 중심이 되었으며 (…) 해외 전문가 그룹들은 4대강 살리기 사업을 높이 평가하고 있다. (…) 〔남북관계는〕 원칙과 신뢰가 바탕이 되어야 한다는 점을 분명히 확인한 시간이었다. (…) 일을 아는 사람은 우리를 이해할 것이고 일을 안 해보고 모르는 사람은 우리를 많이 비판할 것"[3]이라고 했습니다. 이는 5년이라는 임기를 보장받고 재선의 걱정이 없는 대통령이라는 자리가 얼마만큼 민심에서 동떨어질 수 있는가를 보여주는 예라고 할 것입니다. 이는 박근혜 대통령도 마찬가지입니다. 민심은 둘째 치고, 새누리당 내에서조차도 "군사정권의 부활"[4]이라는 말이 나올 정도의 인사(人事)를 거듭 강행하고 있죠.

선거제도는 불완전할 뿐 아니라 권력자의 손에 조정될 수도 있습니다. 선거유세 중 후보가 제시한 공약은 민중이 그들에게 투표를 하거나 하지 않는 중요한 근거입니다. 공약을 보고 그 후보의 미래를 예측하니까요. 하지만 안타깝게도 한국에선 선거 후 공약을 뒤집는 것은 흔한 일이 되어버렸습니다. 공약에 기반에 둔 선거로 나타난 민심의 왜곡이라고 할 것입니다. 신뢰를 중요시한다고 그렇게 목청을 높이던 박근혜 대통령도 예외는 아닙니다. 박대통령이 취임을 하기도 전에 정권인수위원회는 핵심공약을 후퇴시키는 발표를 했죠.[5] 상급 병실료, 선택진료비, 간병비 등 비급여 대상은 환자 부담을 완화하겠다고 발을 빼며 4대 중증질환(암·심장·뇌혈관·희귀난치성 질환)에 대해 건강보험 비급여를 포함한 진료비 전액을 국가가 부담하겠다는 핵심 의료 공약을 사실상 포기했습니다. 65세 이상 모든 노인에게 매달 기초연금 20만원을 지급한다는 공약도 조건에 따라 4만원~20만원씩 지급하는 쪽으로 수정됐고 지역별 균형발전 공약은 국정과제에서 통째로 누락됐습니다.

선거 결과는 민의를 적극적으로 왜곡하기도 합니다. 약 50퍼센트의 표를 얻은 박근혜가 100퍼센트의 권력을 독점하는 것은 좋은 예가 아닐 수 없습니다. 민의는 사실상 박근혜와 문재인로 양분되었지만 50퍼센트에 가까운 표를 얻은 문재인은 0퍼센트의 권력을 얻었습니다. 법적 절차에 따라 나온 결과이긴 합니다만 민의가 뒤틀려서 표현된 것은 틀림없습니다. 선거가 민의를 대변하기 어려운 것입니다. 이는 어떠한 선거라도 갖는 근본적인 문제입니다. 하지만 어떤 선거제도는 그 왜곡의 정도가 심합니다. 한국의 선거는 그 왜곡의 정도가 가장 심한 종류여서 그 문제가 더욱 심각하죠.

현대의 민주체제는 대표를 통하여 이루어집니다. 선거로 대표를 뽑으면 그들이 민의 뜻을 파악하여, 민을 대신해서 정치를 하는 것입니다. 바로 대의정치 또는 간접민주주의로 불리는 것입니다. 이 논리를 따라 내 뜻을 대표하는 지도자가 나 대신 정치투쟁을 하고 있다고 믿습니다. 하지만 곰곰이 생각해보세요. 누가 그 지도자입니까? 누가 내 싸움을 대신하고 있습니까? 내 뜻을 온전히 대표해서 나를 위해서, 내 정적을 몰아치며 투쟁하고 있는 그 사람은 누구입니까? 박근혜 대통령인가요? 지역구의 의원입니까? 이들이 내 싸움의 아주 일부를, 아주 잠시 해줄 수는 있습니다. 하지만 결국 이들은 자신의 이익을 위해 자신의 정치투쟁을 하고 있죠. 어쩌다 내 이익에 맞는, 찰나의 순간이 있다 해도 내 싸움을 해주고 있는 것은 아닙니다.

이렇듯 민주체제는 많은 허점을 갖고 있습니다. 민의 뜻을 통한 통치라는 민주의 통치원리가, 선거라는 것만으로는 성취가 어려운 셈입니다. 다시 말하면 민주체제에서 민주의 정의를 구현하고자 한다면 선거만으로는 안 된다는 결론에 도달할 수밖에 없습니다. 다행히 민주체제의 발전은 민의 정치참여 통로를 어느정도 확보해놓았습니다. 발달된 언론과 헌법이 보장하는 양심의 자유(헌법 제19조)와 집회와 결사의 자유(헌법 제21조)가 그것입니다. 즉 헌법은 이미 선거(헌법 제41조, 67조)가 민주체제 유지에 부족함을 인정한 셈입니다. 더 나아가 헌법이 이들을 논의한 순서를 보면 선거보다 민의 직접참여가 더 앞선다는 뜻인지도 모릅니다. 그리고 이것은 역사를 보면 너무나 자명한 사실입니다. 민주체제의 발전을 살펴보면 다수의 약자들이 소수의 강자들과 투쟁하면서 발전한 체제이기 때문입니다. 유럽의 왕조가 혁명으로 무너지면서 민주체제가 성장했고, 남미나 아시아에서는 독재를 무너뜨리면서 민주체제가 커나갔습니다. 민주체제 그 자체가 절대가치는 아닙니다.

나의 정치

끊임없는 정치투쟁 속에서 민주체제도 제한적인 도구일 뿐이라면, 나의 정치투쟁은 내 손으로 할 수밖에 없습니다. 아무리 민주체제가 정착했다지만 누군가 대신해주기를 기다리는 것은 제주도에서 KTX 열차를 기다리는 것과 다를 바가 없습니다. 투표는 내가 할 수 있는 가장 쉬운 정치행위입니다. 대개는 투표소도 저번에 갔던 그곳일 테고, 많은 경우 걸어가도 되는 거리에 있습니다. 신분증만 있으면 다른 서류를 이고지고 갈 일도 없습니다. 본인 확인·투표용지 수령·기표·투표에 걸리는 시간은 10분도 되지 않습니다. 시간이 맞아 대기자만 없으면 집에서 나가 투표를 마치는 데까지 30분도 안 걸릴 수 있습니다. 이나마도 몇년에 한번 있는 일입니다.

정말 쉬운 일이 아닐 수 없습니다. 하지만 '민주주의의 꽃'이라 불리는 선거는 정말이지 최소한의 정치참여일 뿐입니다. 이것을 하고 내가 정치참여를 했다고 말하기엔 뭔가 초라합니다.

민이 다스리는 정치, 즉 민주체제를 위해서는 그러므로 민중의 적극적인 정치참여가 필수요소입니다. 거꾸로 말해 민의 적극적인 정치참여가 보장되지 않는 정치체제는 민주체제라고 할 수 없습니다. 민중의 정치참여는 시끄럽고 혼란스러울 수 있습니다. 많은 사람들의 목소리가 터져나오니까요. 하지만 그것은 건전한 민주체제에서는 자연스러운 현상입니다. 모든 사람들이 한목소리를 내면서 완벽한 조화를 이루는 좋은 예는 북한 같은 전체주의 사회일 것입니다. 우리가 지향하는 것은 그런 사회가 아닙니다. 우리가 지향하는, 그 시끄러운 길에는 아직 많은 장애물들이 있습니다. 그리고 그것들은 가만히 기다린다고 없어질 것도 아닙니다. 사회 전체의 노력이 필요하고 오랜 시간이 드는 것일 테죠. 쉽지 않습니다. 너무나도 쉬운 선거는 그만큼 모자란 것일 수밖에 없습니다. 그러니 투표로 세상이 바뀌리라고 기대했다면 너무 큰 욕심이 아니었을까요?

이제는 제 긴 이야기를 마칠 시간이 왔습니다. 몇년 전에 세상을 떠난 한 정치가가 있습니다. 세상을 떠나기 전 그는 정치가 쉽지 않음을, 민중의 정치참여가 절실한 것이 민주체제임을 주장했습니다. 이 책에서 제가 드린 말씀과 통한다고 하겠습니다. 그런 면에서 그 정치인에 대한 평가나 지지와 상관없이 그의 주장은 돌이켜보고 기억해야 할 듯합니다. 그가 남긴 말을 인용하면서 이 긴 글을 마치겠습니다.

"민주주의 최후의 보루는 깨어 있는 시민의 조직된 힘입니다."

1장 정치란 무엇인가

1 「삼성·현대가 자산, GDP 50퍼센트 넘었다」, 『시사저널』 2012.3.28.

2 「10대 그룹, 직원 5만명 증가… 삼성이 1위」, 『조선비즈』 2012.2.13.

3 「트위터로 북한 조롱했는데, 국가보안법 위반으로 구속?」, 『프레시안』 2012.1.2.

4 "David Kessler: Fat, Salt and Sugar Alter Brain Chemistry, Make Us Eat Junk Food," *The Washington Post*, 2009.4.27.

5 「'반값 등록금 효과'…성적우수생, 서울시립대 몰렸다」, 『한겨레』 2012.2.12.

6 「김진태 의원 "박창신 신부는 사제복을 입은 혁명전사" 또 막말」, 『한겨레』 2013.11.27.

2장 그들의 정치

1 "Why Are U.S. Health Care Costs So High?" *Forbes*, 2012.3.1.

2 Mary Mahon and Bethanne Fox, "Insured and Still at Risk: Number of Underinsured Adults Increased 80 Percent Between 2003 and 2010," The Commonwealth Fund(http://www.commonwealthfund.org/News/News—Releases/2011/Sep/Insured—and—Still—at—Risk.aspx, 2013.10.4 접속), 2012.7.20.

3 Jeff Madrick, "Obama & Health Care: The Straight Story," *The New York Review of Books*, 2012.6.21.

4 "Medical bills prompt more than 60 percent of U.S. bankruptcies," *CNN*, 2009.6.5.

5 "Texas Counties Fear Residents Will Pay the Price of Perry's Medicaid Rebuff," *The New York Times*, 2012.7.17.

6 "Federal Lobbying Climbs in 2009 as Lawmakers Execute Aggressive Congressional Agenda," OpenSecrets Blog(http://www.opensecrets. org/news/2010/02/federal—lobbying—soars—in—2009.html, 2013.10.6 접속), 2010.2.12.

7 "As Texas grew more Republican and conservative, Perry's politics evolved," *The Dallas Morning News*, 2011.11.19.

8 "Israel's Netanyahu faces coalition crisis amid military draft dispute," *The Associated Press*, 2012.7.3.

9 "Why the ultra-Orthodox enlistment law matters," *The Haaretz*, 2012.6.26.

10 "Demographics of Israel," Wikipedia(http://en.wikipedia.org/wiki/ Demographics_of_Israel, 2013.10.6 접속).

11 "Service to Israel Tugs at Identity of Arab Citizens," *The New York Times*, 2012.7.12.

12 Katie Hesketh, "The Inequality Report: The Palestinian Arab Minority in Israel," The Legal Center for Arab Minority Rights in Israel,

2011.3.

13 United Nations Office for the Coordination of Humanitarian Affairs, "The Humanitarian Impact on Palestinians of Israeli Settlements and Other Infrastructure in the West Bank," 2007.7.

14 "Buddhas of Bamiyan," Wikipedia(http://en.wikipedia.org/wiki/ Buddhas_of_Bamiyan, 2013.10.6 접속).

15 "Why the Taliban are destroying Buddhas," *USA Today*, 2001.3.22.

16 "Taliban Explains Buddha Demolition," *The New York Times*, 2001.3.19.

17 "A Nation Challenged: The Law; No TV, No Chess, No Kites: Taliban's Code, From A to Z," *The New York Times*, 2001.11.22; "A Nation Challenged: The Culture; Afghan Poets Revive a Literary Tradition," *The New York Times*, 2001.12.16; "Human Rights Watch World Report 2000," Human Rights Watch 웹싸이트(http://www. hrw.org/legacy/wr2k/Asia.htm#Afghanistan, 2013.10.6 접속).

18 「청계천엔 검은돈이 흐르는가」, 『한겨레21』 2005.5.17; 「청계천 개발 이익 1조원대 추정」, 『KBS뉴스』 2005.5.12.

3장 민주체제의 환상

1 Samuel P. Huntington, *The Third Wave: Democratization in the Late Twentieth Century*, University of Oklahoma Press 1991.

2 「〔총정리〕 국가기관 대선개입, 이것은 범죄다」, 참여연대(http://

www.peoplepower21.org/Government/1098785#0, 2014.1.4 접속),
2013.11.12.

3 "Iraq's First Free Election Since 1953 Draws 8 Million," *Bloomberg*,
2005.1.30.

4 "Turnout in Tunisia's first free elections exceeds 90 percent: official," *Al
Arabiya*, 2011.10.23.

5 「확대기자석」, 『경향신문』 1987.12.16.

6 「'역대 최저' 제17대 대선 투표율 분석」, 『연합뉴스』 2007.12.19.

7 「최종 투표율 54.3퍼센트… 여야 승패 가늠 어려워」, 『한겨레』
2012.4.11.

8 중앙선거관리위원회 웹싸이트(http://www.necpr.go.kr/etc_slogan/
slogan_01.jsp, 2013.11.19 접속).

9 「"보통선거는 권리일 뿐 아니라 의무이기도 합니다."–명지대 기현
석 교수님과의 대화」, 중앙선거관리위원회 공식 블로그(http://
nec1963.tistory.com/1304, 2013.11.19 접속), 2012.7.24.

10 「중도층 지지 45퍼센트로 상승… 쏠쏠한 '서민 마케팅'」, 『한겨레』
2009.9.6.

11 「이명박 지지율 27.6퍼센트로 급락… 한나라당 지지율도 동반 추락」,
『민중의소리』 2011.11.7.

12 「'레임덕 가속화?' MB 지지율 4주 연속 하락」, 『이데일리』
2012.4.30.

13 「미국산 쇠고기 수입량 3년 새 6배 늘어… 권경석 의원」, 『파이낸셜

뉴스』 2011.10.2.

14 미국 농무성 웹싸이트(http://www.ers.usda.gov/topics/animal-
products/cattle-beef/statistics-information.aspx#.UtOMMNJ_uRs,
2013.11.19 접속).

15 정종욱 「한국 대통령제의 성공을 실현하기 위한 운영 모델」, 『서울대
학교 법학』 43권 3호 266면; 서재정·남태현 「천안함사건이 보여준
한국 민주주의의 현재와 미래」, 『창작과비평』 2012년 가을호 83면
에서 재인용.

16 한국갤럽 『정치지표』 제25호(2012년 7월 1주)에 따르면 62퍼센트
(2012년 1/4분기), 58퍼센트(2012년 2/4분기).

4장 선거와 민의에 관한 불편한 진실

1 Joseph A. Schumpeter, *Capitalism, Socialism, and Democracy*, 3rd
edition, Harper Perennial 1962.

2 "Public Opinion; Poll Shows Bush Ahead of Gore, With Leadership a
Crucial Issue," *The New York Times*, 2000.5.16.

3 "Poll Shows Gore Overcoming Voter Concerns on Likability," *The New
York Times*, 2000.9.13.

4 "In Final Days, Voters Still Wrestle With Doubts on Bush and Gore,"
The New York Times, 2000.10.23.

5 "United States presidential election, 2000," Wikipedia(http://
en.wikipedia.org/wiki/United_States_presidential_election,_2000,

2013.8.14 접속).

6 「〔총선 격전지를 가다〕 ⑦ 고양 덕양갑」, 『경향신문』 2012.3.21.

7 같은 글.

8 「인천·경기도 절반이 접전… 심상정도 '빨간 불'?」, 『프레시안』 2012.4.4.

9 「심상정, 개표 막판 손범규에 170표 0.19퍼센트P차 역전승」, 『동아일보』 2012.4.12.

10 「역대 총선 최소—최대 표차는?」, 『동아일보』 2012.4.9.

11 「'임기 절반' 16개 시도지사 공약이행 30퍼센트뿐」, 『서울신문』 2012.8.16.

12 「대한민국 제13대 총선」, 위키백과(http://ko.wikipedia.org/wiki/대한민국_제13대_총선, 2013.8.19 접속).

5장 숨은 정치 1: 종교의 정치

1 John J. Mearsheimer and Stephen M. Walt, "The Israel Lobby," *London Review of Books*, 2006.3.23.

2 Cornerstone Church(http://www.sacornerstone.com).

3 「기도대성회 역사」, 『순복음가족신문』 2005.9.25.

4 「'촛불추모' 맞선 개신교 '8만 집회'」, 『오마이뉴스』 2003.1.11.

5 「촛불시위에 救國기도회」, 『월간조선』 2004년 5월호.

6 「나라 대신 'MB'를 위한 5·18 특별 기도회」, 『뉴스앤조이』 2008.5.19.

7 「시청앞 비상구국기도회 이모저모」, 『뉴스앤조이』 2008.10.4.

8 「'평화'는 없고 '친미·반공'만 있었다」,『뉴스앤조이』2010.6.23.

9 「보수 기독교의 끝없는 '종북 좌파 척결' 타령」,『뉴스앤조이』2012.5.4.

10 「'평화'는 없고 '친미·반공'만 있었다」,『뉴스앤조이』2010.6.23.

11 「(사설)우려스런 일부 기독교인들의 색깔론」,『한겨레』2004.4.8.

12 「성도들이여 봉기하라」,『한겨레21』2004.11.24.

13 「보수 기독교의 끝없는 '종북 좌파 척결' 타령」,『뉴스앤조이』
   2012.5.4.

14 「느헤미야처럼 나라와 민족 위해 기도해야」,『크리스천투데이』
   2012.5.7.

15 「성도들이여 봉기하라」,『한겨레21』2004.11.24.

16 앞의『월간조선』2004년 5월호, 같은 글.

17 「'촛불추모' 맞선 개신교 '8만 집회'」,『오마이뉴스』2003.1.11.

18 같은 글.

19 앞의『월간조선』2004년 5월호, 같은 글.

20 같은 글.

21 「송영근 "남재준 사퇴 요구하는 야당은 종북"」,『뷰스앤뉴스』
   2013.10.10.

22 「정총리 "이번 기회에 종북세력과 완전히 결별해야"」,『연합뉴스』
   2013.11.20.

23 「조중동이 '종북몰이'한 박창신 신부 발언 보니」,『프레시안』
   2013.11.25.

24 「박근혜의 코카시즘」,『한겨레』, 2013.11.15.

25 강인철「한국사회와 한국 기독교의 과제: 한국 교회의 정치참여에 관한 종교사회학적 분석 9」, 『크리스챤월드모니터』 2009.4.25.

26 「한국미래포럼, '이명박 장로 대통령' 노골화」, 『뉴스파워』 2007.3.17.

27 강인철, 앞의 글.

28 「보수 목사님들 '내가 너희를 낙선케 하리니…'」, 『한겨레』 2007.6.29.

29 「"盧정권은 우상, 반드시 사라지게 해야" 대선기도회 파문」, 『중앙일보』 2007.12.11.

30 같은 글.

31 같은 글.

32 「예장합동 목회자·장로 10명 중 6명, 이명박 후보 지지」, 『뉴스미션』 2007.12.6.

33 강인철, 앞의 글.

34 「한국 교회, 또 '장로 대통령' 만들기 나서나?」, 『뉴스파워』 2007.2.2.

35 「교계 특정 후보 지지 말아야」, 『동아일보』 1992.12.4.

36 「이명박정부의 위기, 목사들 잘못도 크다」, 『당당뉴스』 2008.6.4.

37 「조용기 등 교계 원로, 세종시 수정안 지지 성명 발표」, 『뉴스앤조이』 2010.1.15.

6장 숨은 정치 2: 돈의 정치

1 김용철 『삼성을 생각한다』, 사회평론 2010, 142면.

2 같은 책 143면.

3 졸저『영어 계급사회』, 오월의봄 2012 참조.

4 이종보『민주주의 체제하 '자본의 국가 지배'에 관한 연구』, 한울아카
   데미 2010, 238면.

5 「정태인, "김용철의『삼성은 말한다』는 전부 사실"」, 『노컷뉴스』
   2010.4.15.

6 이종보, 앞의 책 238면.

7 같은 곳.

8 김용철, 앞의 책 146면.

9 「삼성 '금산분리 완화' 물밑작업 해왔다」, 『한겨레』 2007.10.17;
   「금산분리 완화 법개정안, 삼성 로드맵과 '판박이'」, 『한겨레』
   2008.12.22.

10 「삼성은 참여정부 두뇌이자 스승이었다」, 『시사IN』 2007.11.26.

11 같은 글.

12 「MB정부 들어 금산분리 완화… 여야 정치권 "U턴" 목소리」, 『한국
   일보』 2012.8.22.

13 「삼성 봐주기식 금융감독 정책」, 『한겨레』 2005.7.24.

14 송태수「삼성의 사회-정치적 지배와 그 의미」, 조돈문·이병천·송원
   근 엮음『한국 사회, 삼성을 묻는다』, 후마니타스 2008, 72면.

15 같은 책 73면; 삼성생명에 대한 비판은 다음 글 참조: 「삼성家 자식
   들의 낯 뜨거운 이전투구」, 『프레시안』 2012.3.5; 「'삼성생명 상장'
   4조 대박난 이건희 회장, 풀어야 할 과제들」, 『프레시안』 2010.5.11;

「삼성생명 대주주만 웃었다」,『주간동아』2011.5.30.

16 김용철, 앞의 책 209면.

17 김용철, 앞의 책 347면.

18 김용철, 앞의 책 212면.

19 「검찰 최고위층에 삼성 장학생 있다」,『시사IN』2007.11.3.

20 김용철, 앞의 책 172면.

21 김용철, 앞의 책 172~73면.

22 김용철, 앞의 책 210~11면.

23 「'액수 500만원… 책으로 포장…' 김용철씨 증언과 거의 일치」,『한
     겨레』2007.11.19.

24 「이용철 전 靑 비서관 "삼성 법무팀이 500만원 보냈다"」,『프레시안』
     2007.11.19.

25 「정·관·법·언·학… 이건희의 넓은 품」,『한겨레21』2007.11.8.

26 프레시안 특별취재팀『삼성왕국의 게릴라들』, 프레시안북 2009,
     243~45면.

27 안은주「삼성은 언론을 어떻게 길들이나」, 조돈문·이병천·송원근 엮
     음, 앞의 책 141~42면.

28 같은 글 133~40면.

29 이종보, 앞의 책 214면.

30 민왕기「상위 30개 기업 광고액 절반, 기자해외연수 40억 지원」,『신
     문과방송』, 한국언론재단 2008.

31 이종보, 앞의 책 212면

32 안은주, 앞의 글 143면.

33 프레시안 특별취재팀, 앞의 책 246면.

34 안은주, 앞의 글 145~48면.

35 안은주, 앞의 글 151면.

36 이종보, 앞의 책 231면.

37 이종보, 앞의 책 231~32면.

38 「삼성, 그룹차원에서 역대 출입기자들 관리」, 『미디어오늘』
    2007.1.22.

39 2012년 9월 "22일(현지시간) 블룸버그통신에 따르면 이회장의 자산
    규모는 100억달러(약 11조원)로 '블룸버그 억만장자 지수' 100위를
    차지했다", 「이건희 회장, 세계 100위 부호」, 『중앙일보』 2012.9.24.

40 「〔그래픽〕 2012 서울시 예산 한눈에 보이네」, 『뉴데일리』 2011.11.10.

41 참고로 주식부자 2위는 정몽구 현대자동차 회장으로 6조 5368억원
    어치의 주식을 보유하고 있답니다. 이를 비교해보면 이건희는 1등
    도 2등과 차이가 많이 나는 1등입니다. 「이건희 삼성회장 재산 10조
    원 돌파」, 『스포츠경향』 2012.3.11.

42 「'친재벌'로 재미본 건 재벌뿐?」, 『한겨레21』 2011.5.9.

43 송태수, 앞의 글 88면.

44 금융감독원 웹싸이트(http://www.fss.or.kr/fss/kr/about/fss/info.jsp,
    2012.10.14 접속).

45 「국가운영 어젠다 주도하는 삼성경제연구소」, 『주간경향』 2008.11.4.

46 이종보, 앞의 책 237면.

47 김선빈·김창욱·이갑수·윤영수·채승병「국가경쟁력의 원천: 건강한 정책지식 생태계」,『CEO Information』576호, 삼성경제연구소 2006, 17면.

48 같은 글 15~17면.

49 이종보, 앞의 책 185면.

50 「국세청 퇴직관료의 이상한 변신」,『오마이뉴스』2007.1.11.

51 이종보, 앞의 책 192면.

52 이춘재「〔참여연대-한겨레 공동기획〕재벌 앞 작아지는 검찰 ③안팎 압력에 움츠리는 검사들」, 참여연대 사법감시센터(http://www.peoplepower21.org/Judiciary/514857, 2012.10.14 접속), 2005.7.1.

53 김용철, 앞의 책 188~90면.

54 이종보, 앞의 책 143~44면.

55 「이명박 정부, ‘삼성정부’ 인수하려나」,『프레시안』2008.1.2.

56 앞의『주간경향』2008.11.4, 같은 글.

57 「홍석현·이학수는 ‘X파일’ 깃털에 불과」,『오마이뉴스』2005.9.27.

58 「‘일류기업’ 삼성, 불법자금 제공도 ‘일류’」,『한겨레』2005.7.24.

59 이종보, 앞의 책 142면.

60 「2002 대선 자금 보인다, 보여」,『시사IN』2007.11.28.

61 「송영선 녹취록 보니 “6만표면 내가 국방장관…”」,『한겨레』2012.9.19.

1 밑의 노예제 논의는 "Abolitionism," Wikipedia(http://en.wikipedia.org/wiki/Abolitionism#United_States, 2012.10.24 접속) 참조.

2 링컨에 관해서는 Doris Kearns Goodwin, *Team of Rivals: The Political Genius of Abraham Lincoln*, Simon&Schuster 2006; "Abraham Lincoln," Wikipedia(http://en.wikipedia.org/wiki/Abraham_Lincoln, 2012.10.24 접속) 참조.

3 「그들만의 국부, 이승만 부활하다」, 『주간경향』 2008.4.15.

4 「"일제강점기, 근대화 기틀 마련" 서술」, 『주간경향』 2008.4.15.

5 김대중 『김대중 자서전 1』, 삼인 2010, 100~101면.

6 민주화운동기념사업회 연구소 『한국민주화운동사 1』, 돌베개 2008, 61면.

7 같은 책 65~68면.

8 같은 책 100면.

9 같은 책 111~12면.

10 「이승만과 3·15부정선거」, 『주간경향』 2010.3.16.

11 민주화운동기념사업회 연구소, 앞의 책 99면.

12 김대중, 앞의 책 115면.

13 민주화운동기념사업회 연구소, 앞의 책 77~78면.

14 「한홍구의 역사이야기: 거지 중의 상거지, 해골들의 행진」, 『한겨레 21』 2001.6.7.

15 아래의 논의는 민주화운동기념사업회 연구소, 앞의 책 2장 참조.

16 「대한민국 제11대 국회의원 선거」, 위키백과(http://ko.wikipedia.
org/wiki/대한민국_제11대_국회의원_선거, 2012.10.24 접속).

17 Gi-Wook Shin, Paul Y. Chang, Jung-eun Lee, and Sookyung Kim,
"South Korea's Democracy Movement(1970~1993): Stanford Korea
Democracy Project Report," The Shorenstein Asia Pacific Research
Center 2007, 90면.

18 김대중, 앞의 책 305~17면.

19 「한홍구의 유신과 오늘: 김대중 '납치' 사건(상)」, 『한겨레』 2012.6.1.

20 5·18기념재단 웹싸이트(http://www.518.org/ease/menu.
es?mid=a10304010000, 2012.11.10 접속).

21 이 일로 1997년 대법원은 전두환·노태우 전 대통령 및 다른 피의자
들이 "반란수괴, 반란모의참여, 반란중요임무종사, 불법진퇴, 지휘
관계엄지역수소이탈, 상관살해, 상관살해미수, 초병살해, 내란수
괴, 내란모의참여, 내란중요임무종사, 내란목적살인, 특정범죄가중
처벌등에관한법률위반(뇌물)"과 같은 범죄를 저지른 것으로 판결
했고, 이에 따라 전두환은 무기징역에 추징금 2205억원, 노태우는
징역 17년 추징금 2628억원을 선고받았습니다. 이들은 이후 김대
중 정권에 의해 징역형은 사면됐으나, 추징금은 현재까지 내고 있
습니다. 「5·18 광주민주화운동」, 위키백과(http://ko.wikipedia.org/
wiki/5·18_광주_민주화_운동, 2012.11.10 접속) 참조.

22 「박정희·전두환 '섬마을 간첩' 조작, 25억 배상 판결」, 『프레시안』
2012.9.4.

23 「간첩조작 '오송회' 연루자 9명 전원 무죄」, 『오마이뉴스』 2008.11.25.

24 「간첩조작 '아람회 사건' 무죄」, 『경향신문』 2009.5.21.

25 아래 '6월 민주항쟁'의 논의는 다른 주석이 없는 한 민주화운동기념 사업회 연구소 『한국민주화운동사 3』, 돌베개 2010을 참조.

8장 정치참여의 걸림돌들

1 International Campaign for Tibet 웹싸이트(http://www.savetibet. org/resource-center/maps-data-fact-sheets/self-immolation-fact-sheet, 2014.1.19 접속).

2 「국가보안법」, 국가법령정보센터 웹싸이트(http://www.law. go.kr/lsInfoP.do?lsiSeq=116750&ancYd=20110915&ancNo=1 1042&efYd=20120701&nwJoYnInfo=Y&efGubun=Y&chrCls Cd=010202#0000, 2012.11.22 접속).

3 대법원, 「국가보안법위반(찬양·고무 등)〔대법원 2003.4.8, 선고, 2002도7281, 판결〕」, 국가법령정보센터(http://www.law.go.kr/ precInfoPWah.do?precSeq=82491, 2012.11.24 접속).

4 「"김정일 찬양, 고무행위 국가존립 위태롭게 해" 대법, '從北 선처' 제동」, 『문화일보』 2012.10.31.

5 「북한 '우리민족끼리' 글 리트윗한 박정근씨, 유죄 판결」, 『프레시안』 2012.11.21.

6 「내 학생은 과제물로 잡혀갔소」, 『한겨레21』 2006.1.19.

7 「간디학교 최보경 교사, 국가보안법 위반 혐의 불구속 기소」, 『오마이 뉴스』 2008.8.26

8 "French Communist Party," Wikipedia(http://en.wikipedia.org/wiki/ French_Communist_Party, 2012.11.22 접속).

9 "Italian general election, 1976," Wikipedia(http://en.wikipedia.org/ wiki/Italian_general_election,_1976, 2012.11.22 접속).

10 "Japanese Communist Party," Wikipedia(http://en.wikipedia.org/ wiki/Japanese_Communist_Party, 2012.11.22 접속).

11 "Les Statuts du Parti Communiste Français," 프랑스 공산당 웹싸이 트(http://www.pcf.fr/326, 2012.11.22 접속).

12 「만들자마자 12만명을 잡아먹다」, 『한겨레21』 2005.12.7

13 「국가보안법 이야기」, 민주화실천가족운동협의회 웹싸이트(http:// minkahyup.org/html/menu0201.html, 2012.11.22 접속).

14 「2010년 사망원인통계 결과」, 통계청 사회통계국 인구동향과 (http://kostat.go.kr/portal/korea/kor_nw/2/6/2/index.board, 2012.11.22 접속).

15 「10년새 집시법 기소자 5배로 급증」, 『중앙일보』 2011.9.11.

16 "Street Speech: Your rights in Washington to Parade, Picket, and Leaflet," The American Civil Liberty Union 웹싸이트(http://www. aclu-wa.org/news/street-speech-your-rights-washington-parade- picket-and-leaflet, 2012.11.28 접속).

17 Don Mitchell and Lynn A. Staeheli "Permitting Protest: Parsing the

Fine Geography of Dissent in America," *International Journal of Urban and Regional Research 29(4)*, 2005, 796~813면.

18 "President Obama, a news conference", 백악관 웹싸이트(http://www.whitehouse.gov/the-press-office/2011/10/06/news-conference-president, 2012.11.28 접속), 2011.10.6.

9장 정치의 진화, 다른 정치

1 "Database: outdoor air pollution in cities," 세계보건기구 웹싸이트(http://www.who.int/phe/health_topics/outdoorair/databases/en/, 2012.12.11 접속);「대기오염에 가장 찌든 최악의 도시는? 서울의 대기오염은?」,『조선일보』2011.9.28.

2 『서울특별시 환경보전계획: 2006~2015』, 서울특별시 환경과 2006.

3 「서울특별시 교통량 현황」, 서울특별시 웹싸이트(http://traffic.seoul.go.kr/archives/359, 2012.12.11 접속), 2012.2.15.

4 「저는 1일 전경 방패에 코뼈가 부러졌습니다」,『오마이뉴스』2008.6.4

5 이 논의를 위해서 다음 책 참조. Mark Lichbach, *Rebel's Dilemma*, University of Michigan Press 1998.

6 이 시각은 여러 학자들에 의해 논의가 되어왔고 그 논의는 위에서 언급한 마크 리시바크(Mark Lichbach)의 책에 잘 정리가 되어 있음.

7 이승원·정경원『우리가 보이나요』, 한내 2011, 37~48면.

8 김여진「너에게」, 김여진 블로그 '무조건 행복'(http://kimyeojin.tistory.com/26, 2012.12.11 접속), 2011.1.7.

9 「날라리 외부세력 미래? '알게 뭐야, 하하'」,『오마이뉴스』2011.5.9.

10 같은 글.

11 이승원·정경원, 앞의 책 170면.

12 앞의『오마이뉴스』2011.5.9, 같은 글.

13 천안함 사태에 대한 논의는 서재정·남태현,「천안함사건이 보여준 한국 민주주의의 현재와 미래」,『창작과비평』2012 가을호를 참조하였음을 밝힙니다.

14 『천안함 피격사건 백서』, 대한민국정부 2011, 260면.

15 「'천안함 사건' 이명박 대통령 대국민담화 전문」,『조선닷컴』2010.5.24.

16 「이대통령 군대 강하게 만들 것」,『한겨레』2010.4.20.

17 「'5·24 對北제재 조치' 이후 보수·보훈단체 대북 규탄집회 잇따라」,『문화일보』2010.5.27.

18 「서울광장의 '보수' 집회」,『세계일보』2010.5.28.

19 강원택「차기 대선과 대북정책」,『2011 통일의식조사 발표: 통일의식과 통일준비 자료집』, 서울대학교 통일평화연구원 2011, 104면.

20 강원택「천안함 사건은 지방선거의 변수였나?」,『EAI 오피니언 리뷰』, 동아시아연구원 2010.

21 참여연대 논평「대통령 지시도 통하지 않는 군의 기밀주의」, 2010.4.2;「천안함 진상조사, 더욱 두터워지는 비밀의 장막」, 2010.4.19;「천안함 밀실조사, 독점 정보 오남용, 도를 넘어섰다」, 2010.5.12;「정보공개는 의무이지 쇼가 아니다」, 2010.6.1.

22 참여연대 논평「군 해명자료 사건발생 시간 제각각」, 2010.4.2.

23 참여연대 천안함 이슈리포트 1「천안함 침몰 원인 조사결과가 남긴 8가지 의문점」, 2010.5.25.

24 참여연대 긴급좌담회「천안함 침몰과 군사기밀」, 2012.4.6; 토론 회「천안함 참사 관련 정부의 정보통제와 언론보도의 문제점」, 2010.4.13; 긴급토론회「천안함사건 조사 결과에 대한 토론회」, 2010.5.23; 토론회「천안함 1주년: 천안함 진실과 민주주의 그리고 한반도 평화」, 2011.3.24.

25 참여연대 "The PSPD's Stance on the Naval Vessel Cheonan Sinking," 2010.6.1.

26 「'천안함 의문 제기' 추적60분, 불방 위기」, 『한겨레』 2010.11.17; 「"교양 프로그램에 김윤옥 여사 미화 장면 넣으라 지시"」, 『미디어 오늘』 2012.3.27; 「〈추적60분〉 '천안함'편 불방될 수도…"분노가 목 구멍까지"」, 『프레시안』 2010.11.17.

27 「"5공식 추적 60분 천안함 징계"」, 『미디어오늘』 2011.1.6; 「방통심의 위, 〈추적 60분〉 '천안함' 편 중징계 내려」, 『경향신문』 2011.1.6.

28 「버블효과는 없었다」, 『프레시안』 2010.5.27; 「美 물리학자 "어뢰 폭 발했다면 '1번' 글씨 타버려"」, 『프레시안』 2010.5.31; 「천안함 조 사, 더이상 과학이란 이름을 더럽히지 마라」, 『프레시안』 2010.6.7.

10장 깨어 있는 시민의 조직된 힘을 위하여

1 「박근혜 18대 대통령 취임 "제2 한강의 기적 만드는 위대한 도전 시

작"」,『경향신문』2013.2.25.

2 "Children Toil in India's Mines, Despite Legal Ban," *The New York Times*, 2013.2.25.

3 「퇴임하는 MB 자화자찬 연설 들어보니…」,『경향신문』2013.2.19.

4 「군 출신 국정원장에 새누리마저 "군사정권 부활"」,『한겨레』2013.3.2.

5 「핵심 공약 '4대 중증질환 전액 국가 부담' 사실상 포기」,『한국일보』2013.2.22.

참고문헌

강원택 「차기 대선과 대북정책」, 『2011 통일의식조사 발표: 통일의식과 통일준비 자료집』, 서울대학교 통일평화연구원 2011.

강원택 「천안함 사건은 지방선거의 변수였나?」, 『EAI 오피니언 리뷰』, 동아시아연구원 2010.

김대중 『김대중 자서전 1』, 삼인 2010.

김용철 『삼성을 생각한다』, 사회평론 2010.

남태현 『영어 계급사회』, 오월의봄 2012.

민주화운동기념사업회 연구소 『한국민주화운동사 1~3』, 돌베개 2008~10.

서재정·남태현 「천안함사건이 보여준 한국 민주주의의 현재와 미래」, 『창작과비평』 2012년 가을호.

이승원·정경원 『우리가 보이나요』, 한내 2011.

이종보 『민주주의 체제하 '자본의 국가 지배'에 관한 연구』, 한울아카데미 2010.

정종욱 「한국 대통령제의 성공을 실현하기 위한 운영 모델」, 『서울대학교 법학』 43권 3호.

조돈문·이병천·송원근 엮음 『한국 사회, 삼성을 묻는다』, 후마니타스 2008.

『천안함 피격사건 백서』, 대한민국정부 2011.

프레시안 특별취재팀 『삼성왕국의 게릴라들』, 프레시안북 2009.

Don Mitchell and Lynn A. Staeheli, "Permitting Protest: Parsing the Fine Geography of Dissent in America," *International Journal of Urban and Regional Research 29(4)*, 2005.

Doris Kearns Goodwin, "Team of Rivals: The Political Genius of Abraham Lincoln," Simon&Schuster 2006.

Jeff Madrick, "Obama & Health Care: The Straight Story," *The New York Review of Books*, 2012.6.21.

John J. Mearsheimer and Stephen M. Walt, "The Israel Lobby," *London Review of Books*, 2006.3.23.

Joseph A. Schumpeter, *Capitalism, Socialism, and Democracy, 3rd edition*, Harper Perennial 1962.

Mark Lichbach, *Rebel's Dilemma*, University of Michigan Press 1998.

Samuel P. Huntington, *The Third Wave: Democratization in the Late Twentieth Century*, University of Oklahoma Press 1991.